武士の誕生

関　幸彦

講談社学術文庫

はしがき

与えられたテーマは「武士の誕生」。まことに簡略である。問題の本質はその形成の過程にあるとの理屈を信ずれば、武士とは何かを考えるてだてが、この平凡な書名には宿されている。当然ながら、本書の照準には鎌倉の幕府がはいる。射程はどうか。武士が誕生する道筋という点で、平安時代が軸となろう。このあたりは予想どおりのはずだろう。そうなれば、問題設定もおのずと限定されよう。将門《まさかど》・純友《すみとも》の天慶《てんぎょう》の乱から筆をおこし、平忠常《たいらのただつね》の乱、さらに前九年・後三年の役《えき》、さらに保元《ほうげん》・平治《へいじ》の乱、そして平氏政権をへて源平争乱という流れのはずである。

多くの概説書に示されたコース・メニューということになる。だが、この標準のお品書きで出された料理はいささか食傷気味で、はなはだつまらない。食指が動かない。どうすればよいのか。刺激的な概説書に仕立てるための算段が必要となる。

そのために、切り口を少し変えようと思う。東国《とうごく》・坂東《ばんどう》の地域史を射程にすえての武士論である。当然ながら純友の乱や平氏政権、あるいは保元・平治の乱に代表される中央の政争の問題は、埒《らち》の外ということになる。これは軽重云々ではない。地域史に立脚し、これへの回帰のなかで、東国からみた武力の問題を考えたかったからである。

ただし、東国一元論の弊におちいることはなんとしてもさけたい。武士についての議論が、地域史の文脈で普遍性をもつ課題となるためにも、このことの確認は大切だろう。本書で、東国や坂東を云々しつつも、九世紀の新羅《しらぎ》問題や一一世紀の刀伊《とい》の入寇《にゅうこう》に材をとったのは、そうした理由もある。西国《さいごく》との比較も場合によっては必要だからだ。東国・西国の両者に共通の武力の課題を考えることで、坂東の史的な特質もきわだつのではないか。そうした判断によっている。

それはそれとして、坂東という地域の履歴を武士問題からひもとく場合、幾つかの視点が必要となろう。大づかみながら九世紀から一二世紀までの歴史を、ここでは怨乱《おんらん》―反乱―内乱という表現でくくりたいと思う。種々の議論もあろうが、武士がみずから坂東に樹立した政権の来歴を問う試みの一つ、と考えていただければと思う。三つの語にふくまれた意味についても、本書のなかでおいおい説明したい。こうした視点に立ち、「武」の遺伝子がいかに坂東の地に組み込まれたのかを問い、そこから武士の誕生を読み解くことが、本書の主題となる。

近年、武士についての議論は活況を呈し、通説が動揺している。有力農民が成長し、武士へと転身するという構図は、今日では通用しなくなっている。そうしたなかで、どのようなプロセスをへて武士が誕生するに至ったのかが、あらためて問われており、種々の議論が提起されている。いわば、学説の戦国時代とでもいうべき状況だ。学問の活性化という面では結構なことだが、基本への回帰もさけばれている。細分化する研究を網羅し、大局的に叙述する。概説書の要諦《ようてい》だが、いうほど容易ではない。昨今の武士論や軍制史論を読めば、その感がいっそう強い。そんなことを考えつつ本書を執筆した。

目次

II

武士の誕生

序章　ある武士団のものがたり――烟田一族の盛衰

中世の武士あるいは武士団をどうイメージするか。武士の誕生という課題を設定するうえで、中世という時代枠に見合う武士像とは何かをおさえる必要があろう。いわば理念型としての武士像だ。ここではその代表事例として、常陸《ひたち》国鹿島《かしま》郡を拠点とした烟田《かまた》氏に焦点をすえて考えてゆきたい。

東国・坂東の地域に根を張った小さな武士団の動向をさぐることで、実録的世界が語る現実の武士の姿をみたいと思う。『平家物語』や『太平記』に登場する文学的気分と同居した武士像とは、一味ちがうものが浮上しよう。デフォルメされた英雄的武士の世界や、バイアスをかけられた伝説的世界から離れた泥くさい武士の実像が確かめられるはずだ。

烟田氏の足跡を追うことで、中世武士の源流をさぐることができればと思う。古文書の世界に分け入りつつ、解決の糸口をさぐりたい。ここでの内容は、武士の成立史論をあつかう本論部分のウォーミングアップとでも考えていただきたい。

ともかく中世の東国を舞台に、武士団の典型を紹介することで、武の世界への扉としたい。当然だが、ここで叙述された中身は有形・無形にⅠ～Ⅲ章の内容とリンクすることになる。もちろん、この章を坂東の小さな武士団のものがたりとしてお読みいただいても結構である。

中世武士団烟田氏の世界へ

水戸《みと》から鹿島臨海鉄道で南下すること五〇分。ここが烟田一族の故地、鉾田《ほこた》である。行政区画上は茨城県鹿島郡（現鉾田市）に属する。北浦《きたうら》の先端に位置し、鹿島灘《なだ》と近接するこの地域が歴史の舞台に登場するのは、鎌倉時代のことだった。烟田氏はこの地を基盤とすることで、中世に小さいながら足跡を残した。

この一族が伝えた一連の文書は「烟田文書」とよばれ、昨今その全容が明らかにされつつある。*百数十点におよぶ古文書《こもんじょ》群は、鎌倉から戦国期にわたり、東国世界の小さな武士団の生の声を伝えてくれる。地頭職《じとうしき》の譲状《ゆずりじょう》をはじめ、一族内の所領紛争、さらには合戦のおりおりの軍忠《ぐんちゅう》・着到状《ちゃくとうじょう》の類など、中世という時代を漕《こ》ぎぬいた地方武士のリアルな姿が確認できそうだ。

桓武《かんむ》平氏常陸大掾《ひたちだいじょう》流鹿島氏の一族で、鉾田地域に所在する烟田・鳥栖《とりのす》・富田《とみた》・大和田《おおわだ》四カ村の地頭職を領有。南北朝の動乱にさいして足利《あしかが》・佐竹《さたけ》氏に与《くみ》し、その後の小山《おやま》氏の乱や上杉《うえすぎ》禅秀《ぜんしゅう》の乱など東国の諸乱に参陣、所領の保全をはかったが、最終的には天正年間（一五七三～九二）、鹿島・行方《なめかた》両郡の諸領主ともども常陸を制圧した佐竹氏に滅ぼされる。

烟田氏について事典風に簡略に示せば右のようになろうか。以下での話は、その烟田氏の武士団としての足跡をふり返ることにある。興味深い内容の一々の紹介は別の機会に譲りたい。射程はあくまで武士の実像の提出にある。この範囲のなかでの議論から、烟田氏のあらましをおさえておこう。

＊「烟田文書」――本文書の全容は、『鉾田町史　中世史料編　烟田氏史料』（鉾田町史編さん委員会編、一九九九）で明らかにされている。右史料集は、筆者もその編纂《へんさん》作業に参加し、四年にわたる共同作業をへて刊行された。同書の総説および解題部分には、中世武士団としての烟田氏の盛衰、あるいは烟田一族が残した一連の文書群の史料的性格にもふれているので、参照していただきたい。

「烟田文書」の原本の多くは散逸したが、幸いなことに写本の多くが京都大学総合博物館に所蔵されている。同文書については、古くは江戸時代の歴史家小宮山楓軒《こみやまふうけん》（一七六四～一八四〇）の手により筆写された『楓軒文書纂』所収のものが有名である（現在は内閣文庫より影印本として刊行）。刊本では、この『楓軒文書纂』所収の「烟田文書」を年代順

烟田氏と南北朝内乱関係略図

に整理した『新編常陸国誌』がある。『茨城県史料　中世編Ⅰ』にも数点の「烟田文書」が収められているが、烟田氏関係全体を精査したものは右の鉾田町史編さん委員会のものが最初とされる。同史料集には、京都大学本の「烟田文書」を軸に、編年の文書群一六三点、および参考文書群二五点が紹介されている。

なお、中世烟田一族の盛衰については、『鉾田町史研究　七瀬』(八号、一九九八)に所収の関係諸論文もあわせて参照していただきたい。

烟田氏のルーツ

まずは出自である。いったい烟田氏とは、どんなルーツをもった武士団だったのだろうか。本書でものさしとするべき武士団のタイプは、大きすぎても、小さすぎてもいけない。ある種の理念型とでもいうべきものが必要となろう。そこには血脈《けちみゃく》の正統性に加え、領主としての在地性、そして当然ながら戦士としての職能性といった面を所持していることが要件となろう。そうした尺度に照らしたとき、どうやら烟田氏はこの枠内に合致しているようである。

とりわけ血脈＝ルーツに関していえば、桓武平氏常陸大掾流に属し血統証つきでもある。血統をあまりふりかざすことはつつしむべきかもしれないが、他の武士たちの諸系図に照らしても烟田氏の出自ははっきりしており、これは武士団の雛型《ひながた》を推定するさいに大きなポイントになろう。

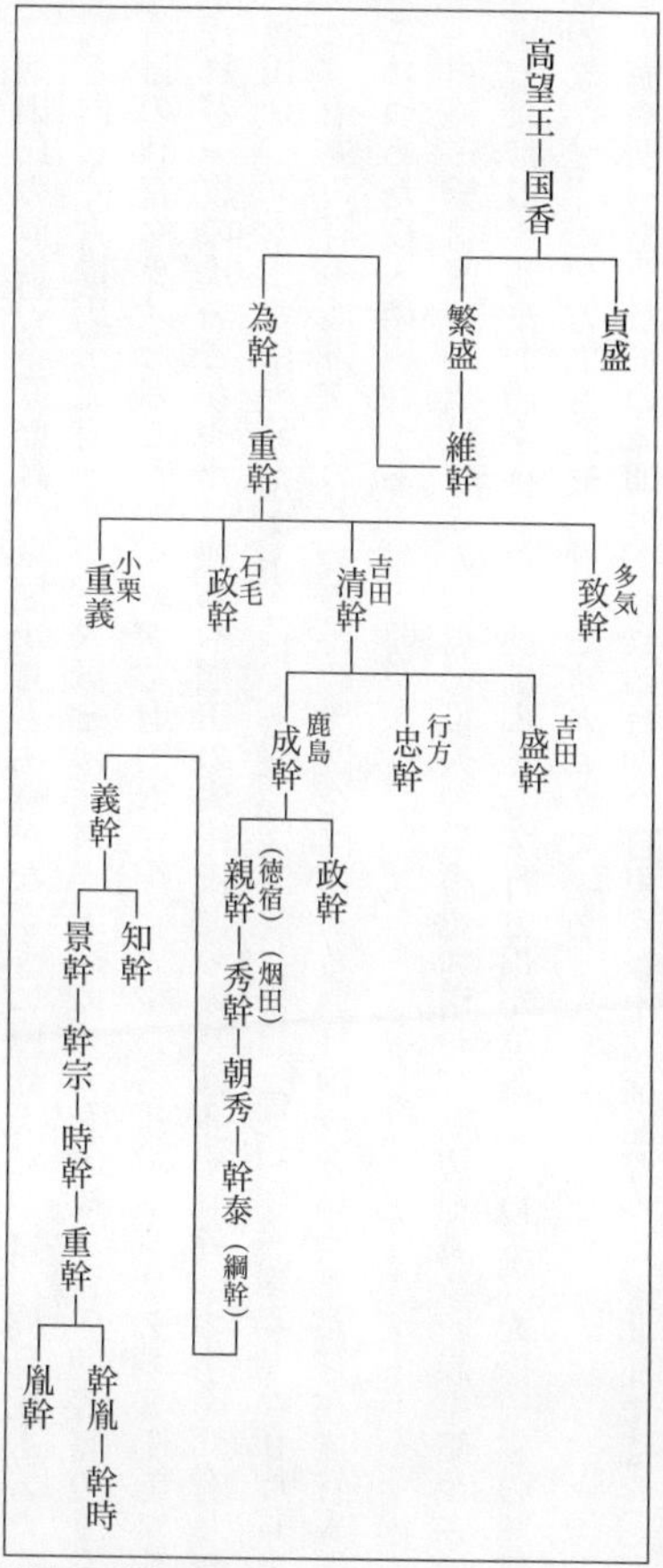

常陸平氏略系図

常陸平氏略系図を参照していただきたい。大掾氏の元祖は、平維幹《たいらのこれもと》（惟基）である。のちにもふれるが、この人物は『今昔物語《こんじゃくものがたり》』に「兵《つわもの》」として顔をのぞかせている。有名な平忠常《ただつね》の乱のおり、源頼信《みなもとのよりのぶ》とともに乱の鎮圧に功績をあげた武人である。平安武者《むしゃ》の代表的存在といってもよい。維幹は平将門《まさかど》の乱での功労者平貞盛《さだもり》の弟繁盛《しげもり》の子にあたる。いわば勝ち組としての分け前を常陸方面に与えられ、ここを基盤に子孫が広がったわけで、鹿島郡の徳宿郷《とくしゅくごう》烟田を拠点とした烟田氏は、維幹を元祖とする大掾氏流の最末端につながる。

烟田氏の直接の本家筋は、系図からも明らかなように鹿島氏だった。鹿島氏もまた、烟田氏と同じく大掾氏を流祖とした。大掾とは元来、国司の守《かみ》・介《すけ》・掾《じょう》・目《さかん》の四等官のうち第三番目の判官クラスをさしたが、やがて有力な在庁官人《ざいちょうかんじん》である維幹流平氏の肩書として定着。これが一族の氏名《うじな》となった。鹿島や烟田の大掾氏流の人々は多く「幹」の字を共有した。大掾氏は、名字（苗字）が示すように、常陸国府《こくふ》（石岡《いしおか》市）周辺を基盤とした在庁官人だった。中央政府の地方支配のための行政機関を国衙《こくが》あるいは国府といったが、在庁官人とはそこにつめた役人の総称である。

貞盛・繁盛流の平氏は、この国衙の役人の肩書を利用し、周辺地域に一族を繁茂させた。東方には霞《かすみ》ヶ浦《うら》や北浦をはさみ、鹿島郡そして行方郡が位置している。大掾一族の基盤拡大のなかで、この方面も開発の範囲とされたのである。

海や湖沼を介しての流通は、われわれが今日思う以上に活発だった。北浦に臨み、鹿島灘に位置した烟田の人々にとっても、水は活きていたに相違あるまい。室町時代の「御伽草子《おとぎぞうし》」で有名な塩焼長者の話『文正草子《ぶんしょうし》』の地盤は、この地域にも近かった。多くの沼沢にかこまれ、谷田《やとだ》を中心に開発を進めた烟田一族の姿に中世の在地《ざいち》領主を見出すことができる。

ところで烟田氏はむろんのこと、鹿島氏も、さらには本祖大掾氏も、本姓は平氏だった。この平姓にかわり大掾という官職名や鹿島なり烟田なりの地名を名字とする段階は、地域との密着度の点で大きな節目ということができる。だから武士が地生《じば》え領主であるとの側面を重視すれば、この在地性が大きな要素となる。名字（苗字）とは、その在地性の象徴でもあった。

武士はいつ誕生したのか。中世的と限定つきだが、その問いへの簡略な解答の一つは、名字をもった段階といえそうだ。この平凡な事実を確認する必要がある。

それでは史料上から烟田氏が確認できるのはいつごろからなのか。前掲の常陸平氏略系図から推測されるように、一二世紀の段階だった。大掾氏は重幹《しげもと》以降、大きく四つの家系に分かれる。鹿島そして烟田氏の祖は清幹《きよもと》の系統に属した。その清幹の子が行方・鹿島地域を基盤にした忠幹《ただもと》や成幹《なりもと》だった。

坂東の原風景

烟田《かまた》氏の足跡は、鎌倉時代の初期にさかのぼる。成幹の子親幹《ちかもと》が徳宿（鉾田市）の地を領し、徳宿氏を称したことにはじまるという。この親幹の子孫が徳宿近辺の安房《あんぼう》・烟田・菅野《すがの》谷《や》の地を開発し、その村々を拠点に中世武士としての風貌を顕著にしていった。

まずは烟田秀幹《ひでもと》である。親幹を父としたこの人物こそ烟田氏の祖だった。天福《てんぷく》二年（一二三四）一〇月、この秀幹が徳宿郷内の烟田・富田・大和田・生江沢《なまえざわ》の四ヵ所の所領を、嫡子の朝秀《ともひで》に譲っている。「烟田文書」に登場する秀幹の譲状（『烟田氏史料』一一、『鎌倉遺文』四六九三）の最初のものとして注目される。

譲り渡す　相伝の私領、常陸国鹿島郡徳宿郷内、
三郎朝秀分の村々、
烟田　富田
大和田　生江沢
烟田・安傍の堺　北は限る、堀・柏熊大海庄司塚・南下立、西は限る、向類河流・内海限、
富田・鳥栖の堺　東は限る、楢木沢流・塔麻河限、北は句沼(勾沼カ)を限る、西は曾利大佐古水口大道を限る、
右、件《くだん》の四箇村においては、三郎朝秀に譲り渡しおわんぬ。

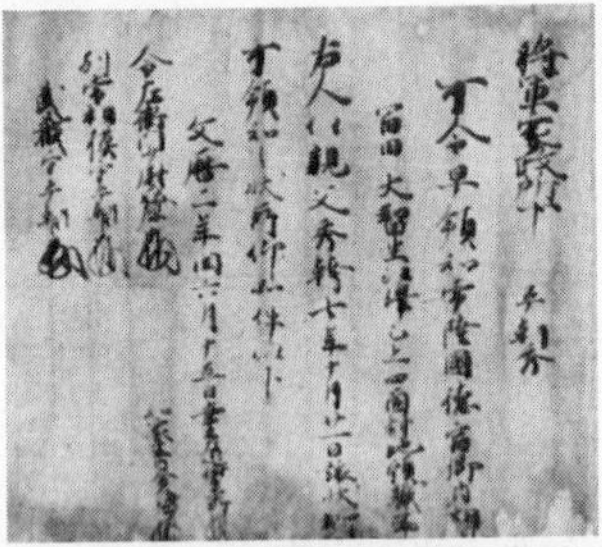

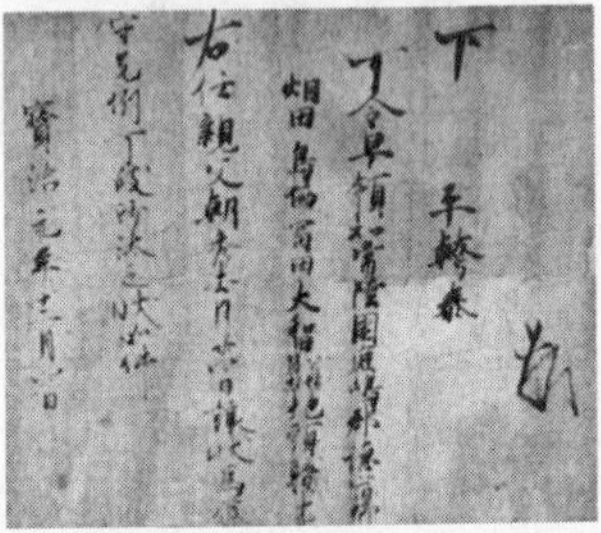

(上)は、文暦2年(1235)に4代将軍藤原頼経により、烟田(平)朝秀に与えられた将軍家政所下文。父秀幹の譲状にもとづき、徳宿郷内の烟田・富田・大和田・生江沢の4ヵ村の地頭職の安堵がなされた。(下)は、宝治元年(1247)の5代将軍藤原頼嗣袖判下文。烟田朝秀の死去後、子息の幹泰に譲られた徳宿郷内の4ヵ村の地頭職を認めたもの(上・下とも山口健治氏蔵)。

相伝の私領たるにより、譲り渡すところなり、よって後代の
証文として、譲り渡すの状件の如し
天福二年（一二三四）十月二十一日　　　平秀幹（花押）

「烟田文書」には朝秀の譲状もみえている。*嫡男の幹泰《もとやす》（綱幹《つなもと》）への宝治元年（一二四七）の譲状（同史料一三、『鎌倉遺文』六九〇三）がそれである。ここには前記の所領四ヵ村のうち、生江沢にかわり鳥栖《とりのす》の名がみえている。以後の譲状にはいずれもこの四ヵ村が譲与の対象として記されており、鎌倉期の前半の朝秀の時代に、烟田・富田・大和田・鳥栖四ヵ村の私領が固定したことがわかる。

谷田の風景

この四ヵ村は、現在の地図と照合してもわかるように、巴《ともえ》川の流域に位置した村々で、『和名抄《わみょうしょう》』（『和名類聚抄』）によれば、多くが鹿島郡の諸郷に属していた。中世のこの時代は、海がはいりこみ、沼沢地と微高地が織りまざった環境だったろう。谷あいに開発された田地（谷田）を中心に、開発がいとなまれたと思われる。中世のそうした風景は、古代のそれとさほどの隔たりはなかったにちがいない。

『常陸国風土記《ふどき》』が載せる「夜刀神《やとのかみ》」伝承は、舞台が烟田地域と隣

接する行方郡の設定であり、中世にも接続しうる説話の内容といえる。自然の猛威を夜刀神（谷《や》にすむ蛇《と》たち）に仮託し、行方郡の谷田を開発しようとする豪族との争いをテーマとしたもので、そこに描写されている世界は、中世の坂東《ばんどう》の原風景といってよい。

一般に在地領主が開発の主役となる中世の郡・郷あるいは荘の地域は、台地に深くはいりこんだ山林・原野をかこいこむ広い領域を支配の対象としていた。古代の律令《りつりよう》的な郡や郷が河川系統という自然による境を建前としていたのとは、この点でちがっていた。「夜刀神」説話でいえば、「人の地」と「神の地」を分け、前者のみを開発の対象とし、「神の地」への不可侵を誓った箭括麻多智《やはずのまたち》の世界は、まさに古代的開発そのものといえよう。中世は、その意味で、かつて「神の地」とされた台地の深部までが開かれた開発ラッシュの時代だった。烟田氏に象徴される武士の横顔には、そんな開拓者の一面もあった。

烟田氏が開発した村々は、そうしたイメージでくれるだろう。かれらは、この小さな所領を何代にもわたり守り抜くのである。文字どおり「一所懸命」の姿があった。

＊　この朝秀の譲状は、「嫡男一向に領知せしむべし」との文言に示されているように、長子単独相続制への移行を示す早い段階の証拠史料として注目されてきた。惣領制《そうりよう》にもとづく分割相続が一般的な中世にあっては、右史料のような単独相続の出現は、惣領制の変質あるいは解体の指標とされ、鎌倉末・南北朝期に多く登場する。その点では「烟田文書」にみる譲状の表現は、惣領制の変質を示す早い事例である。学

史上、こうした中世の相続法の古典的研究は、三浦周行《ひろゆき》（一八七一～一九三一）『続法制史の研究』（岩波書店、一九二五）、中田薫（一八七七～一九六七）『法制史論集』第二巻（岩波書店、一九三八）、牧健二（一八九二～一九八九）『日本封建制度成立史』（弘文堂書房、一九三五）、石井良助（一九〇七～九三）『日本不動産占有論』（創文社、一九五二）等々で基礎が与えられた。こうした諸論著もふくめて、戦後における法制史研究の論跡については、拙著『武士団研究の歩み』I・II（新人物往来社、一九八八）を参照していただきたい。

在地領主の風貌

それでは烟田一族の私領四ヵ村の権利の内容はなんであったか。これを知ることのできる史料が弘安元年（一二七八）一一月三日「関東下《げ》知状《ちじょう》写」（『烟田氏史料』二〇、『鎌倉遺文』一三二四五）である。ここには、朝秀から譲られた私領四ヵ村が、地頭《じとう》職《しき》というかたちで幕府より認定されている。すなわち幹泰（綱幹）の本領が地頭職として安堵《あんど》されたことがわかる。安堵とは、上級の権力者から自己の権益を保証してもらう行為をいう。中世の所領関係に登場する特有のことばである。

富士山館跡　烟田氏の有力家臣団の居館、烟田八館の一つ。写真・鉾田町史編さん委員会

この烟田氏の開発にかかる村々の規模については、証

拠の文書をみるかぎり、それほど広大な地域ではなかった。一般に地頭級の在地領主の場合、領域内の支配は大きく二つの場が考えられている。一つは領主（武士）の屋敷とその延長にあたる地域である。私的な所有権が強く発揮されるこの地域は、領主にとっての「根本私領」ともいうべき場とされる。このうち、開発の拠点として領主が依拠した屋敷地は、ふつう堀でかこまれ、内部には家族や従者が住み、農業基地・軍事基地としての設備がほどこされていた。館の延長・周辺は領主の館に付属する地域とされ、領主直営の田地が散在していた。それらの田地は門田《かどた》などとよばれ、領主に隷属する下人《げにん》や地域内の農民の労働力があてられた。私有権が強い館の延長地域は税が免除された。領主（武士）にとって「名字の地」とよばれるのは、まさに由緒正しき、この相伝の私領についてであった。

そして、もう一つの場がその外部に広がる領域で、領主としての支配権のさほど強くないところである。郡や郷あるいは保《ほ》とよばれる地域がこれにあたる。一般の百姓・農民の生活空間であるこの場は、他の領主や国司・荘園領主その他の諸権限が、複雑に入り組む場でもある。

このように中世の在地領主の農村経営には、主従制的原理に支えられた私的権力の強い場（館とその周辺地域）と、これ以外の公的（領域的）な場の両者があり、領主としての拡大運動の方向は、常に内から外への支配権の広がりとしてあらわれる。＊

とりわけ後者の領域的空間は、国衙《こくが》の権力や他の在地領主との抗争の場でもあり、武力の紛争が頻発する。多くの在地領主は、この最も外側の領域への支配権をより確かなものにするために、郡司や郷司などの役人の肩書をもとうとする。いわば公権を保持することで、領主権力の拡大をはかったのである。

おそらく烟田氏が相伝した四ヵ村での領主支配も似たようなものだと想像できる。散文的な古文書史料が語る領主（武士）の風貌とは、このようなものであった。

＊　多くの在地領主は、烟田氏の場合と同様に地頭職などの所職をもっていたが、その所職（職）とは、見方を変えれば、公的な領域（百姓の領域）を職務に応じ支配するための権力でもあった。領主がいくら武力をもったとしても、私的な主従関係で服属させることのできる空間は、館とその延長地域であり、その外部の領域的世界は支配の圏外だった。したがって職とは、主従制的原理とは異質な原理に立つことで、領主支配の圏外に位置する一般百姓の支配の実現をはかる手段ともなった。
　わが国の中世社会の特色がこうした職の重層的関係として表現されることはよく知られているが、それは、西欧の封建社会のような私的な主従制の延長・発展のなかで封建制が誕生した場合と状況が異なっている。アジア的封建制とよばれるように、古代の律令国家権力の残存度が大きく作用する場合には、領主制の最終的な発展は多くの場合、公的・領域的支配（職による支配）を前提としなければならなかった。なお、封建制についての論議は終章であつかったので、学説史の流れをふくめ参照のこと。

武士の出生証

「仁義をきる」という言い方をご存知だろうか。江戸時代に博徒《ばくと》など、アウトローたちの間でおこなわれた初対面での挨拶《あいさつ》である。「手前生国《てまえしようごく》と発しますは……」ではじまるおなじみの表現である。国定忠治《くにさだちゆうじ》や清水次郎長《しみずのじろちよう》といった面々の世界だろうか。

中世武士もまた、これに類する行為を戦場でおこなった。軍記物語にしばしば登場する「氏文《うじぶみ》よみ」がそれだ。いくさの場で、「ここにひかえし某《それがし》は……の国の住国、姓名を語り、つづいて先祖の系譜と勲功のドラマを語る。いわゆる「名乗り」である。『平家物語』や『保元《ほうげん》物語』に登場する武士たちの多くは、合戦の場でこの「氏文よみ」をおこなう。これが戦場でのルールだった。

先祖以来の土地へのかかわりが、古文書という散文的世界から領主の来歴を語るものとすれば、「氏文よみ」の世界は、武士の詩的（韻文）世界での出生証ということになる。そこでは、語るべき先祖をもつことが重要だった。しばしば「某国住人」と記されているように、それは正統の開発領主であることの証《あかし》でもあった。

徳宿郷《とくしゆくごう》内の四ヵ村の領主だった烟田《かまた》一族も、所領の証拠文書（公験《くげん》）を相伝していた。今日、われわれが目にする一群の文書類には、鎌倉時代以来の烟田氏の所領相続の正統性が語られている。そして戦士たる側面では、烟田一族は大掾《だいじよう》氏の支流として多くの合戦にも参加している。のちにもふれるように、武士団烟田氏の面目を示す軍忠状《ぐんちゆう》も多数残されている。

そうしたおりおりの戦闘では、この烟田氏もおそらく「氏文よみ」をおこない、「常陸国鹿島郡住人烟田某……」と一族の出自を語ったのかもしれない。ただし、武士団としての烟田氏の活躍は南北朝以後のものであり、源平争乱期の「氏文よみ」の世界そのままとはいかない面もあったろう。それはともかく、武士団としての同氏の姿にも目を向けなくてはならない。

その前に最低限、この武士・武士団という語についての説明が必要となる。

領主としての武士

当たり前のことだが、武士団とは歴史学上の用語である。史料上に登場する武士とはおのずと区別されねばならない。武士の語は奈良時代にも確認できる。近世にもむろんある。いわば前近代を通じて存在する。だから武士を事典風に規定すれば、「武という職能にもとづく戦士」ということになる。広く古代から近世の江戸時代までの武士の説明は、これでカバーできることになる。

武士が武芸を職能とした武的領有者である点は、中世のみの世界に該当するわけではない。武士をすぐれて中世的な存在と規定しうるには、常識的だがそこに所領という要素が必要となる。先ほどから何度か指摘する、中世という時代の武士の出生証が問題となる。領主的風貌云々は、これにかかわる。いわば中世武士像の常識に属することだ。

この常識がいささかゆらぎはじめていることを承知のうえで、あえてここでは領主としての武士を考えたい。武士団という学問概念はこの領主という側面を無視しては成り立たないからだ。領主とは土地＝所領の領有者を意味する。一般に中世社会では、所領観念を示す用語として「職《しき》」ということばが用いられた。畑田氏が開発の地として受け継いだ四つの村々も、地頭職《じとうしき》と表現された。

この地頭職を保証された者は、鎌倉時代には御家人《ごけにん》とよばれた。畑田氏も御家人だった。御家人とは何か。一般には将軍（鎌倉殿）の従者として認められた者をいい、多くは武士だった。『沙汰未練書《さたみれんしょ》』（一四世紀初めにつくられた幕府の法律書）では、その御家人を、

①昔からの開発領主であること
②将軍から御下文《おんくだしぶみ》を賜わり、所領の支配を認められた者

と規定している。鎌倉幕府による御家人の条件は右の二点によっていた。当然のことだが、これに合致しない者は非御家人とされた。「身分は侍であっても、将軍に仕えずに、御家人役を分担すべき所領をもたぬ者」と『沙汰未練書』が規定するのが、それだ。ここにいう「侍」とは一種の法制上の身分用語で、武士一般をさした。

ただし「侍」の語の本義は、貴人に仕えて「さぶらう」者をいい、武士に限定されたものではなかったが、武家政権の成立後は、武的な奉仕者は「侍」とよばれるようになった。右の規定から「侍」に御家人と非御家人の別があったことが理解できるはずだ。*

畑田氏も御家人としての要件を満たしていた。本領である徳宿郷内の畑田村以下の四ヵ村を地頭として安堵された、正真正銘の御家人ということになる。武士の符丁《ふちょう》ともいうべき

「根本私領」（開発の所領）を有したことが重要だった。俗に「名字の地」とされるものがそれだ。「畑田」とは、まさに、この「名字の地」にあたる。武士の語は、御家人と非御家人の別を問わない。当然のことだが、武士は社会的には御家人の制度が成立する以前にも存在したからである。

一族の開発による所領（「根本私領」「名字の地」）を有することは、「氏文よみ」の世界にあって、自己のルーツの正統性の基本をなすものだった。武士団とは、そうした領主たちの同族的な戦闘組織をいった。畑田氏についていえば、惣領鹿島氏の配下に属し、南北朝期の諸種の合戦に参加している。畑田氏の上位に位置した鹿島氏は、畑田氏などの庶流を幾つか統合し、中規模の武士団を形成した。畑田氏内部をみれば、同氏が開発に従事した村々の地名を冠した武士の名も確認できる。

建武二年（一三三五）の鎌倉片瀬河《かたせがわ》合戦に畑田幹宗《もとむね》・時幹《ときもと》とともに参陣し、討死した家人《けにん》の鳥栖彦太郎幹安《とりのすひこたろうもとやす》（『畑田氏史料』三四、畑田幹宗・時幹軍忠状写）は、その名から推測して畑田氏の庶家の立場にあり、畑田村の近隣鳥栖村の開発に従った人物と思われる。鳥栖は畑田の惣家が伝領した徳宿郷内の四ヵ村の一つだった。同じく建武四年二月の常陸小田《おだ》城の戦闘で右の膝《ひざ》を負傷した家人鳥栖太郎三郎貞親《さだちか》なる人物も、同族と思われる（同史料四二）。畑田一族の武士団組織は、相伝の村々に同族の庶子が館をかまえて、それぞれが家子《いえのこ》あるいは家人というかたちで参陣していたようだ。

このあたりのことは、「烟田文書」が語る現実の戦闘の場面に目を転じながら考えてみよう。

＊ここで確認したいのは、「侍」（御家人、非御家人）をふくめた、中世社会の身分秩序である。著名な「貞永式目《じょうえいしきもく》」には、刑罰に「侍」「郎従《ろうじゅう》」「凡下《ぼんげ》」による区別のあったことが指摘されている。前二者は広く武家の身分に入れられるべきもので、「凡下」とは、一般庶民を意味する。この「凡下」の下部に属し、隷属度の強い「下人《げにん》」（奴婢《ぬひ》）とよばれる最下層の人々もいる。被支配身分は、大きくこうした農民・百姓と奴婢で構成される。

他方、支配身分についていえば、「侍」身分を構成する武家（武士）、さらに寺社家、そして貴族が中心の公家《くげ》の三つからなる。簡単に図解すれば、

①公　家 ②寺社家 ③武　家
④凡下（百姓・農民）
⑤下人（奴婢）

ということになろう。このうち、①～③までが支配層に属する家々で、一般には「権門《けんもん》」とよばれる。この三つの権門は、権力をそれぞれに相互に補完しつつ、中世の国家を構成する。①の公家は、政事《まつりごと》を職能

とする権門で、古代以来の正統的な権力であり、天皇の王権の基盤を提供した。②の寺社家は、宗教分野を職能とした権門で、これまた①と同様に伝統的な世界を構成した。そして③の武家は、軍事分野において国家の権力を分担したもので、武士とは、その武家に属した身分をいった。侍と武士との関係をふくめ、中世の制度上での位置づけについては、石井進『鎌倉武士の実像』(平凡社、一九八七)を参照。法制史的な分類でいえば、右のような理解となる。本書では、このような法制史的な身分呼称の考え方をふまえたうえで、社会的に実態としての武士がどのようなプロセスをへて誕生したのかに力点をおき叙述した。

なお、中世国家の権力の分掌機能の在り方については一九六〇年代にはいり国家論の観点から活発な議論が展開された。黒田俊雄の提起にかかる「権門体制」なる概念は、武家・公家・寺社家三者が国家権力を相互に補完しあうと理解することで、中世社会の構造的特質を把握しようとしたものである(黒田俊雄「中世の国家と天皇」、のち『日本中世の国家と宗教』所収　岩波書店、一九七五)。

軍忠状が語るもの

武士団烟田一族が輝いた時代があった。中世を画する南北朝の動乱は、東国の一地域にも影響を与えた。動乱の波は東国常陸を直撃し、在地領主烟田氏をも襲うことになる。武士として戦うことで一族の存在を証明する以外に、途《みち》は残されていない。そこには、武士として戦うことを宿命づけられた小さな武士団の「一所懸命」の姿が確かめられる。

烟田時幹については、前にも若干ふれた。「烟田文書」には、この時幹の時代の史料が比較的多く残されている。そのなかには着到・軍忠状も多くふくまれ、武士団としての烟田氏の姿をいくさの場からもながめることができる。

目安

　常陸国鹿嶋郡烟田又太郎時幹軍忠の事

右、吉野没落の朝敵人北畠源大納言入道（親房）以下の凶徒等、海路を経て、当国東条庄《とうじょう》に着岸の間、これを誅伐《ちゅうばつ》せんがために、発向せらるの間、時幹罷《まか》り向うのところ、今年建武五年十月五日神宮寺城に押し寄せ、至極合戦を致すのところ、若党新堀修理亮公夏右脛《すね》に疵《きず》を被《こうむ》りおわんぬ。この条、御実検に預かるものなり。ついで家子《いえのこ》鳥栖太郎三郎貞親壁を切り破り、城内に責《せ》め入り、散々に合戦を致し、切り捨てせしめおわんぬ。この条、小野崎次郎左衛門尉見知《けんち》しおわんぬ。同じく若党富田次郎太郎信行、同じく城内に責め入り切り捨ておわんぬ。これまた二方七郎左衛門尉見知しおわんぬ。これらの次第、鹿嶋又次郎幹寛・宮崎又太郎幹顕、見知せしむるものなり。かくの如く忠節を致し、御敵等を追い落とし、城郭を対治せしめおわんぬ。その後、阿波崎城に罷り向うのところ、所々の御敵等、後攻をなし、多勢を引率し寄せ来たるの間、馳せ向い、散々に合戦を致し、御敵を打ち散らすのところ、阿波崎城没落せしめおわんぬ。かくの如く他に異なり軍忠を抽《ぬき》んずる上は、御注進に預かり、御証判を給わり、向後《きょうご》の亀《き》鏡《けい》に備えんがため、よって目安件《くだん》の如し。

建武五年（一三三八）一〇月　日

（異筆）「志波殿（斯波家兼）」　（証判）「承り候い了んぬ」在判

（原漢文『烟田氏史料』四五）

建武五年（一三三八）一〇月日付の「烟田時幹軍忠状」である。いささか長文だが内容はさしてむずかしいものではない。神宮寺《じんぐうじ》城（稲敷《いなしき》市神宮寺）での合戦において、時幹とその家臣たちの軍功を記したものだ。文中にみえるように、伊勢より海路で信太《しだ》郡東条浦《とうじょううら》に着いた北畠親房《きたばたけちかふさ》は、神宮寺城に拠《よ》って、東国・陸奥での南朝側の勢力回復を策した。これを討伐するために出陣した佐竹勢のなかに、烟田時幹とその一党がいた。この史料は、そうした背景のなかで書かれた軍忠状である。

ここには、若党《わかとう》の新堀修理亮《しんぼりしゅりのすけ》が右脛に疵を受けたこと、家子の鳥栖太郎《とりのすたろう》が敵陣に討ち入ったこと、さらに若党の富田次郎太郎《とみたじろうたろう》も城内に攻め入ったこと等々、時幹が率いた武士団の奮戦が指摘されている。と同時に、こうした家臣・従者たちの戦場での活躍については、小野崎次郎左衛門尉《おのさきじろうざえもんのじょう》・二方七郎左衛門尉《ふたかたしちろうざえもんのじょう》、さらには鹿島又次郎および宮崎又太郎の面々がそれぞれに「見知」（そばにいて、確認すること）している旨が示されている。

時幹によりその軍忠を注進された配下の武士たち（若党なり家子なりの呼称で示されてい

る）の多くは、その氏名から推測できるように、烟田地域周辺の地名を冠している。時幹が率いた武士団は、その規模からすればせいぜい一〇人内外だったろう。他方、かれらの戦功を保証する人々は、佐竹氏家臣の小野崎氏や二方氏であったり、烟田氏の主筋鹿島氏だったりした。

右の事実からは、論功行賞《ろんこうこうしょう》での「見知」主義ともいうべき戦場での慣習を確認できよう。太刀か矢疵かは不明だが、右脛に疵を負った新堀修理亮はまさに〝名誉の負傷〟だった。負傷の深浅が恩賞の高下を左右したわけで、敵陣に討ち入った鳥栖貞親や富田信行ともども烟田武士団の「一所懸命」の証ということになる。

同時に注目されるのは、時幹の合戦での「見知」が、佐竹氏家臣や鹿島氏という上位者により認定された事実だろう。そこから烟田氏をふくむ当該期の武士団の仕組をさぐることも可能だ。時幹の部隊は、神宮寺・阿波崎《あわさき》城の両合戦で惣家の鹿島氏に属し、そうした大掾一族の庶流をふくめた、より大きな武士団が佐竹氏という図式だろう。時幹の若党や家人たちの論功行賞には、鹿島氏や佐竹氏の関与・保証が大きな意味をもったわけで、重層的なヒエラルキーの構造を確認できよう。

戦乱をいかに生き抜くか

一般に当時の合戦は、軍勢催促状に応じ参戦するが、参陣したおりに提出したのが着到状だった。そして合戦終了後に戦闘行為と戦功を記したものが、軍忠状である（両者が一体化した着到・軍忠状というものもある）。これらは戦後の恩賞要求の証拠となるので、証判や証人の花押《かおう》（名前の一字および一部を意匠化した署名）を必要とした。時幹の軍忠状でいえば、「承り候い了《おわ》んぬ」と証判をしている斯波《しば》家兼《いえかね》が、最終的な恩賞認定者ということになる。

斯波氏はいうまでもなく足利《あしかが》一門の武将で、常陸における北朝勢力の中心の佐竹氏を配下におき、南朝側と敵対していた。この時期、常陸北部に基盤をもった佐竹氏は足利（北朝）側であり、西南部の小田《おだ》氏は南朝側だった。そして東南部を拠点とした烟田氏の本家筋大掾

山内経之の書状が納められていた高幡不動本尊不動明王坐像（上）と胎内文書42号（下）。文書の裏には不動明王あるいは大黒王の印仏が押捺されている。写真・日野市史編さん委員会

氏は旗幟《きし》鮮明ならず、一門諸派それぞれの判断で行動したようだ。そうしたなかで烟田氏は、鹿島氏とともに足利・佐竹側に参じた（一七頁の地図参照）。

時幹は前年の建武四年二月にも、佐竹氏とともに南朝側の小田治久《はるひさ》の拠点小田城攻撃に参加している（『烟田氏史料』四二）。ここでも「身命を捨て責め戦う」時幹の姿とともに、家人の鳥栖貞親が右膝に傷を負い乗馬を射られたこと、同じく井河幹信《いかわもとのぶ》が敵一人を「切り落とし」戦功をあげたことが記され、佐竹義篤《よしあつ》の証判が与えられている。おどろくべきことに、この時幹はその後、文和四年（一三五五）三月、京都におもむき合戦し、足利尊氏《たかうじ》より京都参陣の忠節が賞されている（同史料五五、五六）。観応《かんのう》の擾乱《じょうらん》以降の紛糾する情勢のなかで、烟田氏は結果的に勝ち組に身をおくことで相伝の四ヵ村の地頭職の保全をはかろうとした。

時幹の時代は、武士団としての烟田氏が自己を合戦の場で発揚した段階といえそうだ。前に引用した建武年間の軍忠状をはじめ、家人たちの軍功を語る着到・軍忠状が確認でき、日々の合戦の状況が今に伝わってくる。

時幹に率いられた烟田氏が戦場におもむいた時期、同じく関東出身で足利側に参陣した武士がいた。以下では、その姿を追いかけることで烟田氏との対比を考えてみよう。

戦場からの手紙

建武の争乱は坂東諸地域にひとしなみに伝染した。武蔵国《むさし》にあっても同様だった。ここでの主人公は武蔵国土淵郷《つちふちごう》（現東京都日野市）を拠点とした山内経之《やまのうちつねゆき》という武士である。足利方の高師冬《こうのもろふゆ》軍が、北関東にあって南朝側の拠点小田・関・大宝《だいほう》の諸城を攻略しつつあった暦応二年（一三三九）一一月、山内経之は、次のような書状を武蔵の日野《ひの》にいた妻子に送っている。*

（前紙欠）むま《（馬）》も身かほしく候、むま《（馬）》をくせい《（供勢）》のもち《（持）》て候しを、ゑひとのゝ《（海老名殿）》もと《（許）》より候て、とり《（取）》てたひ《（給）》て候、かふと《（兜）》もこのほと《（程）》ハ人のかし《（貸）》給て候へハ、それにてかせん《（合戦）》をもき《（着）》てし候也、

人〳〵これほとうた《（討）》れ、てをひ《（手負）》候に、いまゝて《（今　迄）》をおも《（重）》たハす候へハ、きか《（聞）》せ給候ても、かせん《（合戦）》もいかやう《（如何様）》に候やと、心もと《（許）》なくハしおも《（思）》ハせ給候ましく候。（下略）

（『高幡不動《たかはたふどう》胎内文書』四二号）

暦応二年は、前述の建武五年の時幹軍忠状の翌年にあたる。『烟田氏史料』からは不明だが、この時期、経之が参陣した足利勢のなかに、あるいは時幹もいたかもしれない。たとえ、すれ違いだとしても、まったく異なる環境にいた両者が、近接した時間枠のなかで戦い、生きた姿を想像するだけでも興味深い。

まずは、経之がしたためた書状の内容をみると、文意不明な箇所もあるが、激戦のさなか馬も兜《かぶと》も失い、仲間の軍勢から借りうけ戦っていること、人々が多く討たれるなか、自分は負傷していないこと、合戦の様子を案じていようが心配なきこと、などがしたためられている。生身の武士の声が聞こえてくるようだ。この手紙には、合戦のおりの臨場感がただよっている。

経之の消息を伝える他の史料には、「日々かせん（合戦）」のおり、領地の百姓たちをなだめて宿直《とのい》させるようにとの指示（『高幡不動胎内文書』四六号）とか、日付不明の一通には戦場から多数の従者が逃亡し困窮している様子（同四〇号）などもみえており、興味深い内容を伝えている。

山内経之は平安以来の相模《さがみ》の名族山内首藤《すどう》氏の支族と推測されている。鎌倉幕府滅亡のおり、北条《ほうじょう》氏の被官《ひかん》と考えられる日奉《ひまつり》氏の拠点であったこの地に入部《にゅうぶ》し、新地頭として所領経営にのりだしたらしく、領主としての経営基盤は決して確かなものではなかった。このことは戦いにさいし、戦費調達が思うにまかせなかったことや、武器・武具の補給に困難をきわめた様子からもうかがえる（同二四号、二五号、三四号、四一号など）。

地頭クラスの武士の実際とは、どこも似たようなものだったにちがいない。いずれにしても地域領主にとって戦場におもむくことは、自己の所領を保全するための方策であった。戦場に向かわない者の所領没収の風評を伝える経之の書状（同三四号）からもそのあたりの事情を確認できよう。

＊本文で紹介した山内経之の書状は、日野市史編さん委員会が中心となって一九九〇年（平成二）から調査が進められ、一九九三年、『日野市史　史料集　高幡不動胎内文書編』として刊行された。同史料集には、日野市にある高幡山金剛寺（高幡不動）の本尊不動明王坐像の胎内（首部）から発見された文書六九通七三点が紹介されている。同史料集の解説（峰岸純夫ほか執筆）によれば、胎内文書群の発見は戦前の大正末・昭和初年のころとされる。その後、一九八五年（昭和六〇）に東京都と日野市教育委員会の合同調査がおこなわれ、その成果は三年後に『日野金剛寺文化財調査報告』として公刊された。前述の史料集はこの調査をふまえて刊行されたもので、本文で紹介した史料番号はいずれもそれによっている。

すでに本文でも述べておいたように、この胎内文書には、鎌倉末・南北朝期に活躍した山内経之という武士の戦場からの手紙（消息）が収載されている。当時、常陸の北畠親房軍を攻撃するために、高師冬の軍に率いられ下総《しもうさ》の山川陣におもむいていた経之が、その出陣先から故郷の妻子に書き送った書状とされる。中世武士の生態を見事に伝えた本文書をひもとくことで、『平家物語』や『太平記』の世界とは異なる合戦の様子をかいまみることができるはずである。なお、山内経之の在地領主としての側面については、小川信「南北朝期における在地領主の実態と合戦の一断面――高幡山金剛寺不動明王像胎内文書にみる――」（『國學院大學大學院紀要』文学研究科二二輯、一九九一）を参照されたい。

中世武士の二つの側面～戦士と領主

ところで、われわれは経之がしたためた戦場からの手紙を通して、何を読み取ることができるのか。幾つかのポイントがあろうが、まずは、ごく一般的な中世の武士像を設定できそうだ。その第一は、戦闘を遂行する主体であったこと。馬と兜のことが記されているが、要は武器を駆使した戦士であったことを確認したい。

そして第二は自己の所領を有していること、すなわち領主として戦場に臨んでいることだ。経之に関していえば、本領の武蔵の土淵郷を離れて足利氏の北朝側に参陣したが、この間、数ヵ月にわたる所領の経営は他者にゆだねられていた。

以上の二点である。このことは前述来指摘してきた烟田一族にも共通する。徳宿郷を拠点とした烟田氏も土淵郷の山内氏も、荘郷レベルの地頭職を領有する弱小武士団であることに変わりはなかった。戦場における「一所懸命」は、「弓箭《きゅうせん》の勇」(『烟田氏史料』四二)を表明する武士たちのもう一つの姿でもあった。

領主であることと戦士であることは、中世武士が保有した二つの側面ということができる。じつはこの二点こそ、中世という時代における武士像の根幹だった。いうまでもなく武士の武士たる所以《ゆえん》は、武力(武芸)の保持者たることにあった。いわば職能者としての存在だ。だが、こうした規定のみでは、武士の通有性は理解しえるかもしれないが(古代にも、近世にも武士は存在する。その点では中世的な武士の存在を職能論や武芸論のみで規定しても十分ではない)、中世社会に固有の武士とは何か、という点からの問いは依然必要となってくるはずだ。

とすれば、その領主としての側面にこそ留意しなくてはならない。中世という時代に規定された武士は、多く地生《じば》えの領主（在地領主）であったから、地域性や在村性を無視できない。しばしば指摘されることがある。すべての在地の領主が武士ではなかったと。そのとおりだろう。なぜなら領主とはすぐれて中世的世界の所産である以上、武士と在地領主とがまったく同一である必要はないからだ。だが、他方で多くの武士が領主であったことも事実だろう。

いずれにしても職業的戦士と領主という側面は、中世的武士の実態を語る二つの面であり、相互に重なることになる。その意味で、本書の主題をなす「武士の誕生」を探るなかでは、職業的戦士の成立過程と領主制形成という二つの問題を整合的に解くことが必要となろう＊。

いかがであろうか。ここに示した武蔵の武士山内経之と常陸の武士烟田時幹とは、その武士団の規模においてそんなに大きな差はないだろう。かれらの始祖は、ともに坂東に生まれ育った「兵」であった。本書の課題は、ここに紹介した烟田氏や山内氏のような武士たちのルーツをさぐることにある。次章では、東国の歴史的風土が育んだ中世武士の源流を広くそして深くたどりたい。

＊　この問題は、武士についての「通説のゆらぎ」にも関連する。ここでいう「通説」とは、武士＝在地領主とする考え方をいう。戦後、石母《いしも》田正《だしょう》（一九一二～八六）により提唱された領主制理論を土台にしたも

ので、社会構成史的観点から封建社会の基礎構造を領主と農民に求め、その領主制にもとづく封建的な経済制度（ウクラード）の成立が論議された。古代社会の胎内に育まれた封建的な萌芽の成長の過程は、そのまま中世社会への移行と認識された。

すでに一九三〇年代以降の社会経済史や荘園研究の発展を土台に、奥田真啓《しんけい》（一九一二～四九）『武士団と神道』（白揚社、一九三九）などで武士＝領主との規定が定着しつつあった。石母田の領主制理論は、マルクス主義の立場から武士を都市貴族＝荘園領主に対抗しうる在地領主と規定し、これを中世への唯一の推進主体と認識することで、理論的な道筋を明らかにした。石母田の右の領主制理論は一九六〇年代以降も、大枠としては支持されていた。

石母田理論の特色の一つは、武士および武士団を育んだ東国への心情的傾斜だった。要は武士の原郷たる東国の粗野にして新鮮な力強さ、この新しいエネルギーこそが中世への原動力をなしたとの解釈だった。そこには頽廃《たいはい》した古代との対比のうえで、中世が語られていた。伊賀《いが》国黒田荘を舞台に、古代の象徴ともいうべき東大寺と在地領主（武士）の源俊方《としかた》一族の対立・抗争の歴史を活写した名著『中世的世界の形成』（東京大学出版会、一九五七）は、その代表といえる。そこでは、古代を打倒すべく登場した武士は民衆そのものであった。貴族・大寺社、ひいては天皇に代表される古代を、武士＝民衆はいかに戦い克服するのかという壮大なストーリーだった。

「中世は農村から」とのテーゼにすり合わせるならば、中世の主役たる武士の成長の原点は東国こそがふさわしかった。西欧中世の誕生がゲルマン的世界を前提とするように、力強さと新しさが同居した東国こそが武士の原郷と認識された。右の石母田的東国観は、戦前来の学脈でいえば、法制史家の中田薫の立場を継承したものであり、そのあたりの事情は、武士の政権としての鎌倉幕府を、古代国家にかわるべき新しい簒奪《さんだつ》の政権と位置づけていることからも首肯される。

こうした石母田の領主制理論に対し、一九七〇年代以降、種々の批判が提起されるに至った。批判点のポイントは二つ。一つは、石母田の武士への心情的傾斜への批判であった。つまりは武士＝民衆という図式自体への疑問だった。そこでは武士もまた領主である以上、都市貴族である荘園領主と同様、支配階級に位置しており、これを民衆と同一レベルの被支配階級とすべきではないとの見解だ。

戸田芳実《とだよしみ》（一九二九〜九一）『日本領主制成立史の研究』（岩波書店、一九六七）に代表される一連の研究で論議が深められた。本文でも指摘するが、戸田の提起にかかる「地方軍事貴族」概念の提出は、支配階級としての武士が中世へとシフトする方向性を垂直移動（農民のチャンピオンが領主化、武士化する）から理解するのではなく、水平移動（軍事貴族の兵・武士化）のなかで考えようとするものだった。

そして、二つ目の批判である、おもに石母田の東国観、すなわち、武士の原郷＝東国という視点への批判だ。これは、一九八〇年代以降に顕著となったもので、代表的論者、高橋昌明により提起されているものだ。高橋の論点の概要は『武士とは何だろうか』（『週刊朝日百科日本の歴史別冊　歴史を読みなおす8』朝日新聞社、一九九四）にほぼつくされている。常識的武士論への明快な批判は、領主制理論との対比から、一般に職能人論あるいは芸能人論ともいわれている。〝武士は京都から生まれた〟。これが眼目だ。

高橋は、「一昔前まで都の貴族は、儀式や遊宴にあけくれ、無為と退廃の中で未来への展望を失った存在（中略）古代から中世への社会進歩を押し進めた武士から見れば、打倒されるのがあたりまえの守旧的存在」と指摘したうえで、そうした武士＝善玉、貴族＝悪玉との「常識」的構図の由来を、近代日本の歴史認識の深部にまで掘り下げ、議論を展開した（「常識的貴族像・武士像の創出過程」『日本史における公と私』青木書店、一九九六）。そこでは、近代が創造した健全な武士像と頽廃の貴族との対比が、われわれの歴史観に影響を与えたことが語られている。石母田の領主制論もまた、そうした場面から自由ではなかったという。こうした論点から、領主以前の武士の生態を追究した場合、武士＝職能人・芸能人論が浮上してきた。つまり弓・太刀などの武器・武具を駆使する戦士という規定だ。

ただし、学史的にいえば武士＝職能人論は、領主制論が登場する以前にも、武士の社会的属性を規定する考え方として一般化していた。例えば、中田薫が比較法制史の立場から武士の象徴を「弓矢」に求めたのは、その代表だろう（「古法制雑筆」、のちに『法制史論集』第三巻下所収　岩波書店、一九四三）。戦後においても、領主制論が通説的地位を占めるなかで、佐藤進一が「武士は武芸をもって支配階級に仕える職能人もしくは職能団体である」（『日本の歴史９　南北朝の動乱』中央公論社、一九六五）との見解を示したわけで、基底的トーンの意義を有した。

この点では、石井進が戦後の武士研究の流れを鳥瞰《ちょうかん》して、領主制論の論者として安田元久に代表される立場を、職能論の代表として佐藤進一に代表される立場をそれぞれあげていることは、武士論の潮流の二つの流れをみきわめるうえでは参考となろう。もっとも、この二つの学説は、必ずしも二項対立として理解されるべきではなく、両者相まって妥当する場を異にする武士の二つの側面と解することも可能だろう。

この点、拙著『武士団研究の歩みⅡ』において、「武士＝職能論をおし進めていけば、中世・近世に共通する「武」をもって奉仕する社会的集団という属性は明らかにし得ても、逆に中世固有の武士の属性が不鮮明になることはまぬがれない。ある面では固有の歴史性を問題とする限り、共通分母としての職能論には限界もあるわけで、ここに分子として領主論をうわのせしたときに浮かび上る武士の実像が問題となるはずである」（二一〇頁）と論じたのも、そうした観点によっている。

ちなみに「武士」の用語自体は、多くの論者も指摘するように『続日本紀《しょくにほんぎ》』（養老五年正月二七日条）の「文人・武士は国家の重んずる所……」とみえるのが、その早い例である。この場合の武士とは、前後の文脈よりみれば、明らかに職能＝芸能により仕えるという意味が濃厚となる。そのかぎりでは、古代はおろか中世、さらに近世においても、武士が職能の保持者であることに変わりはない。となれば「中世的」と形容しうる「武士」とは何か。これへの問いかけが必要となる。

武士＝領主であるとの規定は、そうした意味では、右の設問に正しく答えていることになる。ただし、必要にして十分の条件を満たすためには、職能人論に立脚した場合への解答も用意する必要がある。つまり古代から近世までの職能人論で武士を整理した場合、古代・近世と区別されるべき「中世」固有の武的職能は何かを問う必要性である。近年盛んに論議されるようになった武器・武具論には、そうした理論的要請があったはずである。この点については、福田豊彦「武士＝在地領主論と武士＝芸能人論の関係」(『日本歴史』六〇一号、吉川弘文館、一九九八)に要諦《ようてい》をおさえた整理があるので参照されたい。

以上で、武士論の現状および問題点についてのおおよそを理解していただけたと思う。なお、終章でも、領主制論と職能人論についての総括的整理をおこなっているので、参照されたい。

Ⅰ　怨　乱――蝦夷問題の遺産

武士登場以前の東国の歴史を探ることが、ここでの課題である。序章では、東国《とうごく》・坂東《ばんどう》が育んだ武士団の姿を烟田《かまた》氏に象徴化させて語ってきた。本章では、こうした烟田氏に代表される武士の基盤となった坂東の風土的特質を、「武」の問題に点景化させて語りたい。

地域としての坂東の特質、それはしばしば指摘されるように東北（奥羽）との戦争により規定された。一言で表現すれば、蝦夷《えみし》戦の兵站《へいたん》基地であるという点につきる。八世紀末から九世紀にかけて律令国家が直面した軍事課題の最も大きな部分が、この蝦夷問題だった。

一二世紀、この東国を基盤とした武家の政権が樹立された。鎌倉幕府と呼称されたこの政治権力は、その後のわが国の中世そして近世を「武」という場面で規定しつづけた。

蝦夷問題を軸に語ることで、東国・坂東の特質をおさえ、この地が誕生させた武家政権に刻印された「武」の諸相を語りたい。

三善清行の防衛白書

一〇世紀初頭、三善清行《みよしきよゆき》は国政の刷新を「意見封事《ふうじ》」として醍醐《だいご》天皇に奏した。一二ヵ条にわたる清行の見解のなかに、軍制改革に関する指摘がみえている。清行についてはご存知の読者も多いと思う。菅原道真《すがわらのみちざね》のライバルとして知られた文人貴族だ。藤原時平《ときひら》や醍醐天皇のブレーンとして活躍したことでも知られる。かれが延喜一四年（九一四）に上申したのがこの意見封事である。以下、関係箇所を紹介しておこう。

縁辺の諸国に、各《おのおの》弩師《どし》を置くは、寇賊《こうぞく》の来犯《らいはん》を防ぐためなり。臣伏して本朝の戎器《じゅうき》を見るに、強弩《きょうど》を神となす。その用たること、遂撃に短にして、守禦《しゅぎょ》に長ぜり。古語に相伝えて云わく、この器は神功《じんぐう》皇后の奇巧妙思《きこうみょうし》ありて、別に製作したまえるところなりといえり。故に大唐に弩の名ありといえども、曾てこの器の勁利《けいり》なるにしかず。臣伏して陸奥《むつ》・出羽《でわ》の両国を見るに、動《やや》もすれば蝦夷の乱あり。大宰《だざい》管内の九国に、常に新羅《しらぎ》の警《いましめ》あり。自余の北陸・山陰・南海の三道の浜海の国、また皆隣寇《みなりんこう》に備うべき者なり、

（原漢文『本朝文粋《ほんちょうもんずい》』巻二）

大意は以下のようになる。

海防政策として、縁辺・浜海地域への弩師の配置は外敵襲来防止のために必要である。強弩はわが国の兵器の中心的役割をはたすものだが、追撃戦に不適で迎撃・防衛戦に適して

いる。それは伝え聞くところでは、神功皇后の発明による独自の兵器で、大唐国にも弩はあるが、日本のそれには性能的に及ばない。私が思うところ陸奥・出羽両国では蝦夷の乱が、そして大宰府管内の九州では新羅の侵寇の危機にさらされている。したがって北陸・山陰・南海諸国への防衛が必要だろう。

蝦夷問題と新羅問題

武力や軍事力の発動の在り方は、武的な領有者の誕生経路を暗示する材料ともなろう。古代の律令国家の軍事的課題をさぐることは、その目安になりそうである。

右に示した清行の「意見封事」には、当時の国家の軍事的課題が指摘されている。ここには、海防の見地より弩師の配置の必要が説かれると同時に、戎器としての弩の由来が指摘され、わが国の軍事的課題を「蝦夷の乱」と「新羅の警」の二点から認識し、早急な対応の必要性が説かれている。現代風にいえば防衛のガイドラインということであり、清行を介しての〝防衛白書〟とでも表現できる。

清行自身の指摘をまつまでもなく、蝦夷問題と新羅問題は、九世紀以来の律令国家が東と西で背負った大きな軍事課題であった。

蝦夷問題は八世紀末から九世紀初めの光仁《こうにん》・桓武《かんむ》両朝にピークをむかえ、その後、九世紀後半の貞観《じょうがん》・元慶《がんぎょう》期に再度の山をなした。出羽における元慶の乱をはじめとして、この時期には後述するように、坂東諸国に配置された俘囚《ふしゅう》（帰順した蝦夷）たちが断続的に反乱をくり返していた。

そして西の世界がかかえたのが、新羅海賊問題だった。知ってのように新羅は唐と同じく一〇世紀前半に滅亡するが、蝦夷・俘囚問題が活発化する九世紀後半には、この海賊問題も浮上する。

律令国家がかかえた東西の二つの軍事的課題は、一見無関係のようだが、両者は深くかかわっていた。のちにふれる俘囚兵力の利用という点である。かれらは衰退する律令の軍団兵士にかわる軍事力として、関東をはじめ瀬戸内・北九州方面に移住・配備された。平安初期以来の健児《こんでい》制とともに、律令軍団制の転換のうえで、俘囚勢力の利用は大きな意味をもった。広く農民兵力を軸とした軍団制の解体は、軍事力の質的転換をもたらすことになる。軍制史のレベルでは、兵力のこうした変化は注目に値する。

清行の意見封事のなかでいま一つ注目したいのは、兵器（この場合、新弩）の海辺諸国への新設配置である。新弩の特性を〝専守防衛〟と位置づけ、大唐国と比較し、神功皇后を持ち出すあたりはなんとも興味深いものであろう。

この新弩は九世紀前半の承和《じょうわ》年間に改良されたもので「四面に射すを可とも、廻転し発し易し」（『続日本後紀《しょくにほんこうき》』承和二・九・一三）とあり、発射方向の回転性能が高かったようだ。事実、わが国が開発した新弩をめぐり、〝密輸スパイ事件〟ともよぶべきスキャンダルが発覚している。貞観八年（八六六）、肥前《ひぜん》国郡司山春永《やまのはるなが》らによる新羅通謀《つうぼう》事件がそれだ（『三代実録』貞観八・七・一五）。春永らが、報酬とひきかえに新羅に渡って弩の製法を教えようとしたもので、わが国の開発にかかる新弩への関心の高さがうかがえる事件といえよう。清行の意見もまんざら意味のないものではなかった。

以上、九世紀の軍事的課題を考えるうえで清行の意見封事を取り上げ、蝦夷と新羅両問題への着目と、武器（新弩）の問題に言及した。

以下では、右に指摘した武器の議論を挿入しつつ、蝦夷および新羅問題についてさらに検討を加えたい。武の源流は、戦争により発動される武力・軍事力の質から理解されるべきであり、「兵」あるいは「武士」の登場以前の東国・坂東は、そうした武のエネルギーが蓄積された地域だったということができる。われわれはその東国・坂東の武的風土を、蝦夷問題の射程から考えたいと思う。そこでまずは、東国・坂東の地勢的・歴史的特質を簡略におさらいしておこう。

坂東とは何か〜その地勢的条件

古代の律令国家にとって坂東とは何か、という問いを発した場合、「坂」と「東」に込められた異域と答えておきたい。将門の乱も、その後の忠常の乱も、そして一二世紀の頼朝の幕府も、この坂東を舞台とした。

坂東は令制の行政区画では、武蔵・相模・安房・上総・下総・常陸・上野《こうずけ》・下野《しもつけ》の八ヵ国をさし、一般的には相模の足柄《あしがら》坂、上野の碓氷《うすい》坂以東の地域をさした。この二つの峠は、坂東の地を外部からさえぎる壁となっていた。この地勢的条件が、あずまの国々に半独立的地域としての性格を与えた。観念からすれば、律令制を原理とした古代国家は、日本全域を包み込むかたちで成立する。だが支配の内実からいえば、坂東とさらなる奥に存在する「みちのく」奥州は、ともに〝辺境〟とみなされていたのである。

畿内《きない》政権として出発した律令国家にとっての東の世界との接点は、三関《さんせき》（越前《えちぜん》の愛発《あらち》、美《み》濃《の》の不破《ふわ》、伊勢の鈴鹿《すずか》）に象徴されるように、畿内的西方世界に対する防御ラインであった。それを同心円的に拡大した坂東は、「関」の自然的・地勢的境の意味においても異域だった。それゆえに、中央権力の求心性が衰えると、この地域は切断されやすかった。のちにも指摘する、九世紀末の騎馬盗賊集団「僦馬《しゅうば》の党」が、坂東の入口の足柄・碓氷を舞台としたのも偶然ではない。兵・武士が誕生する場としての坂東の特色は、こんなところにあった。

東方世界への異域観念は中華主義の辺境意識と結合し、「東夷《とうい》」の観念を生み出した。これは、京都・畿内・諸国・化外《けがい》の地という周縁関係による政治的地域区分が、前提となっている。当然のことながら東夷的世界にあたる坂東は、律令的支配の密度からいえば粗いということになる。

古代国家は支配の内実からいえば、まさに〝西高東低〟であった。律令支配の浸透度という面で、東国・坂東の性格はこう理解できる。辺境という点では、東北奥州の世界はさらに粗い。もっとも、それは律令的〝文明〟尺度からの観点で、地域的・個性的尺度を前提とする〝文化〟の場面とは尺度が異なる。

兵站基地としての坂東

『延喜式《えんぎしき》』（民部）に定められている畿内・近国・中国・遠国《おんごく》という区分（調庸物の運搬にかかる日数から割り出した基準）では、坂東の地域は遠国にあたっている。〝辺境〟の語感が含意するものが、中央からの文明的距離感と対応している点は確認されるべきだろう。ともかく粗密の差はあるにしても、畿内を中軸とした律令国家の版図《はんと》（領域）概念からすれば、坂東も、そして東北奥州もともに辺境であったことに変わりはない。

ついでにいえば、東国と坂東は重なるが、より厳密にいえば、東国には三つの用例がある。一つは「関東」と同義のもの。要は三関以東の諸国で、東海・東山・北陸諸国を意味した。二つは坂東と同義のそれである。そして三つは東海道の遠江《とおとうみ》から東、東山道の信濃《しなの》以東の地域をさす概念だ。

それでは異域の中身を問うた場合、坂東に対してどんな回答が用意されるべきなのか。ここではそれを、〝夷をもって夷を制する〟地域とでも答えておこう。前者の〝夷〟が坂東

年　月	内　　容
神亀1(724) 4	海道の蝦夷を鎮めるために坂東9ヵ国の軍士に騎射を習わせる。(『続日本紀』以下同じ)
天平宝字2(758) 12	陸奥国桃生城（陸奥）・雄勝柵（出羽）を坂東の人々を徴して造らせる。
天平宝字3(759) 9	坂東8ヵ国および北陸4ヵ国の浮浪人2000人を遷し雄勝の柵戸とし、また上総など7ヵ国の軍士器仗を雄勝・桃生の2城に置く。
神護景雲3(769) 2	坂東の8ヵ国の百姓を陸奥国桃生・伊治2城に遷す。
宝亀5(774) 8	坂東8ヵ国に勅して、陸奥国へ援兵を手配。
宝亀7(776) 5	出羽国志波村の蝦夷が反乱を起こす。下総・常陸・下野などの騎兵がこれを鎮圧。
宝亀7(776) 7	安房・上総・下総・常陸の4国に命じ船50隻を造らせ、陸奥に配置。
宝亀8(777) 5	下総・相模・武蔵・下野・越後の5ヵ国に甲200領を造らせ、出羽国に送らせる。
宝亀11(780) 3	陸奥国上治郡大領伊治公呰麻呂、乱を起こす。
宝亀11(780) 5	坂東諸国他に令して糒3万斛を準備させる。
宝亀11(780) 7	坂東の兵士を多賀城に集結させ、常陸国1万斛と下総国6000斛の糒を軍所に運ばせる。
天応1(781) 1	那賀郡大領宇治部全成ら軍粮を進め外従五位下となる。
天応1(781) 10	常陸などの国人、私力で軍粮を陸奥に運ぶ。
延暦2(783) 4	坂東諸国、軍役と物資調達で疲弊。
延暦7(788) 3	坂東諸国の騎兵が多賀城に参集。
延暦9(790) 閏3	東国各国に革甲を造らせ、軍粮糒14万斛を備えさせる。
延暦10(791) 11	坂東諸国に命じ軍粮糒12万余斛を備えさせる。
延暦15(796) 11	常陸国人らを陸奥国伊治城に遷す。(『日本後紀』)
延暦21(802) 1	常陸国などの浪人を陸奥国胆沢城に配す。(『日本紀略』)
大同5(810) 5	坂東の官稲を陸奥国の公廨にあてる。(『類聚国史』)
弘仁13(822) 9	常陸国の俘囚吉弥侯部小槻麻呂、編戸民となることを望む。(『類聚国史』)
貞観17(875) 5	下総国の俘囚反乱。(『三代実録』)
元慶2(878) 7	出羽国・夷俘の反乱にさいし、常陸以下の国に兵士の出動を請う。(『三代実録』)

蝦夷関係年表（8～9世紀）

を、後者のそれが奥羽をさすと考えれば、このあたりの事情も明白となるだろう。

坂東が兵力の主要な供給地域であったことは、『万葉集』の防人《さきもり》たちの歌からも知られているが、この地域に課せられた軍事的負担を最も鮮明に語るのは、やはり八世紀末から九世紀初頭にかけての蝦夷との戦争だった。

律令国家による版図の拡大は、異域の征服の過程でもあった。奥羽と境を接する坂東諸国は、その意味で蝦夷戦の最前線地域の役割を負わされていた。兵士・兵器・兵糧の膨大な負担は、多くこの坂東の地に課せられたわけで、兵站基地としての性格が強い。

前頁の表をみていただきたい。国家の軍事的政策のなかで、光仁・桓武朝にかけての宝亀〜延暦年間（七七〇〜八〇六）は、国家的威信をかけた武の光芒《こうぼう》が強く点滅した段階だった。有名な坂上田村麻呂が征夷大将軍として登場し、一躍名をあげたのも、この時期であった。武力の問題からすれば、坂東は〝戦争〟というかたちで固有のシワなりヒダなりが、その風土に刻み込まれることになった。別の表現をすれば、歴史的原形質がこの蝦夷戦を通じ形成されたということになろうか。

兵站基地から俘囚基地へ

「坂東の安危、この一挙にあり」（『続日本紀』延暦七・一二・七）として鼓吹された蝦夷との戦争も、九世紀初頭には一応の鎮静をみた。律令国家の征夷政策は最終的には、衣川《ころも》以北を蝦夷勢力の自治区と認める共存路線への転換で完了する。蝦夷の反乱エネルギーを自治の名のもとで〝封印〟することで妥協がはかられた。九世紀の坂東は、この奥羽の蝦夷勢力の一部を〝封印〟したままかかえ込むかたちで存在した。

いささか比喩《ひゆ》的な言い方になったが、俘囚にはそんな表現もあてはまる。正しくは古代東北住民への一つの呼称で、特に投降・捕虜となり帰順した蝦夷の総称ということになる。早く奈良時代には史料上に確認される。そこには陸奥国の俘囚一四四人を伊予《いよ》国に、五七八人を筑紫《つくし》に、そして一五人を和泉《いずみ》に配したことがみえており（『続日本紀』神亀二・閏一・四）、全国レベルでの俘囚の分散配置がおこなわれたことがわかる。

その傾向は蝦夷戦が終息した九世紀には、さらに強まることになる。俘囚を強制移住させることで、勢力を分割し統治するという方策が講ぜられた。と同時に、俘囚の分散配置には軍事・警察力の補完という目的もあった。

政府側に帰順した特別保護民ともいうべき蝦夷＝俘囚は、かくして各国に分散収容されたが、とりわけ坂東の地域はかつての兵站基地としての性格上、俘囚が重点的に移住させられた。これは準異域（辺境）としての坂東に、兵站基地から俘囚基地としての性格を与えることになった。

『延喜式』（主税）には各国ごとに「俘囚稲」とよばれた経常費用が書き上げられている。これは、田租の一定の割合を「俘囚料」として確保して出挙《すいこ》（民間に貸し付け、三割〜五割の利子をとる）し、その利益を俘囚の給養（生活維持費）にあてたものとされる。

この「俘囚稲」の額を調べると、全国三五ヵ国の一〇九万五〇〇〇束《そく》のうち、坂東諸国（安房を除く）の内訳は、常陸・下野がそれぞれ一〇万束、武蔵三万束、相模二万八六〇〇束、上総二万五〇〇〇束、下総二万束、上野一万束となっている。坂東諸国の合計三一万三六〇〇束は全国の三割近くを占める計算となる。これに五割の利を加えると、約四七万束にも達する。

この「俘囚稲」の額は、そこに移管される俘囚の数に対応するわけで、おそらくは当時の兵士の日糧八合を参考にすれば、一万人程度の俘囚が坂東地域に配されていたことになる。そのかぎりでは、全国に配された俘囚の三分の一が坂東にいたと解される。健児制にもとづく同地域の兵数の総計が一〇〇〇人弱であった点を参考にすれば、俘囚はその一〇倍ということになる。それだけにかれらに対する軍事・警察力への期待も大きかった。

ところで「俘囚」の残り三分の二についていえば、大宰府管内の九州諸国と瀬戸内から琵琶湖周辺の二つのブロックに二分される。予想されるように、前者は新羅海賊の侵寇という対外的危機に向けて、後者は律令国家の物資動脈ルートに出没する内海海賊への対応という点にあった。要は内外の海賊問題への対応だった。西国《さいごく》・東国いずれにしても、地域規模での俘囚配置のなかにこの段階の軍事的課題をさぐることも可能だろう。

以上、東の蝦夷問題と西の海賊問題は俘囚を通じあい接したわけで、三善清行の指摘した論点とのすり合わせを考えるうえで参考になる。

蝦夷戦争の後遺症

九世紀後半以降、坂東の地を震撼させる俘囚の反抗が相次ぐ。蝦夷戦争の後遺症とでもいうべき騒擾《そうじょう》事件は、兵站基地から俘囚基地へと、坂東がその歴史的風貌を変化させた段階で生じたものだった。六一頁の表を参照していただきたい。これは八〜九世紀の坂東諸国で勃発した俘囚および群盗事件を示したものだが、この時期には西へ移送された俘囚勢力による事件も重なっている。

俘囚勢力の分割統治という表現が妥当かどうかは別にしても、平安初期の国家は明らかに奥羽東北方面の内国化をはかるため、この地域に蓄積された反抗のエネルギーを分散・分断することに腐心したようだ。奥羽が領域（面）としてもった蝦夷（俘囚）の勢力を、坂東・九州・瀬戸内という幾つかの地域（俘囚稲設置重点国）に吸収させることで、軍事力へと転化させようとした。この点は以前にふれた。

九世紀後半は、こうした国家政策（俘囚勢力の重点配置主義）にともなう諸国移送の俘囚が〝点〟として自己を主張し、自身を覚醒《かくせい》させていく過程でもあった。その動きは、九世紀初頭の弘仁年間にすでに坂東以外の諸地域にもあらわれている。弘仁五年（八一四）五月には、出雲《いずも》国で俘囚の騒動がおこり、同七年八月にも隣接の因幡《いなば》・伯耆《ほうき》両国の俘囚が上京し越《おっ》訴《そ》する事件がおきている（『類聚国史《るいじゆうこくし》』風俗部、俘囚）。

こうした状況は、俘囚基地としての性格が濃厚であった坂東にあって最も先鋭化した。承和一五年（八四八）二月一〇日、上総国から俘囚丸子廻毛《まりこのつむじ》の反逆が報ぜられた。そのおり政府は上総国に勅符《ちよくふ》を発すると同時に、相模・下総などの近隣諸国に追討を命じている（『続日本後紀』）。坂東五ヵ国を動員しての追討であり、この乱の規模が小さくなかったと推測される。反逆の俘囚五七名を斬することでこの事件は終結をみるが、俘囚勢力の不穏な動きは、依然として坂東諸国に根強かったようだ。

貞観一二年（八七〇）一二月に上総国に下された官符《かんぷ》には「夷種をさき取って国内に散居させるのは、盗賊を防御させるためである。いま聞くところによると、上総国では夷俘たちが野心をもち、民家を焼いたり武器をたずさえ財物を掠《かす》めとっている」と指摘したうえで、すみやかに群党の原因をなす夷俘＝俘囚の禁圧を命じるとともに、「皇化」におもむかせ、「優恤《ゆうじゆつ》」（生活保護）を加えることを指示している（『三代実録』貞観一二・一二・二）。この官符が丸子廻毛の乱からかなりの歳月をへていることからもわかるように、上総地域での俘囚騒動は断続的・長期的に続いた。

俘囚反抗の根強さは、隣国の下総でも同様だった。数年後の貞観一七年五月、下総守文室《ふんやの》甘楽麻呂《かんらまろ》の奏上によると、「俘囚が反乱し、官寺を焼き、良民を殺略」したと報じている。これに対して政府は、上総・武蔵・常陸・下野の四ヵ国から援兵三〇〇人を送り、鎮圧を命

年月日（史料）	内　容
神亀2(725)閏1.4(『続日本紀』)	陸奥国の俘囚578人を筑紫に配す。
宝亀7(776)9.13(『続日本紀』)	陸奥国の俘囚395人を大宰府管内諸国に配す。
宝亀7(776)11.29(『続日本紀』)	出羽国の俘囚358人を大宰府管内諸国及び讃岐国に配す。
延暦14(795)5.10(『類聚国史』)	俘囚大伴部阿弖良ら妻子・親類66人を日向国に遷す。
大同1(806)10.3(『類聚国史』)	近江にある夷俘640人を大宰府に遷し防人となす。
弘仁4(813)11.21(『類聚国史』)	肥前・肥後・豊前などの国司に俘囚の教喩を命ず。
天長5(828)閏3.10(『類聚国史』)	豊前・豊後の俘囚に叙位。
天長5(828)7.13(『類聚国史』)	肥前の俘囚に叙位。
天長10(833)2.20(『類聚国史』)	筑後の俘囚に叙位。
貞観11(869)12.5(『三代実録』)	新羅海賊侵掠により大宰府、俘囚を動員しこれを防ぐ。
寛平7(895)3.13(『類聚三代格』)	博多警固所に夷俘50人を配す。

俘囚関係記事一覧

じている（『三代実録』貞観一七・五・一〇）。ここで注目されるのは、この乱を政府が「俘虜の怨乱《おんらん》」と解している点である。「怨乱」は下野にも波及したらしく、翌六月から七月にかけて、反逆俘囚の討伐報告が相次いでいる。

坂東諸国でのこうした俘囚による大小の騒擾は、当時の政府が正しく認識したように「怨乱」だったのである。不当な抑圧と皇化主義への強要がかれら俘囚の怨《うら》みを誘発していることは、当の中央政府も知らぬはずはなく、事あるごとに当該国司へ適切な対応を命じていた（例えば『類聚国史』弘仁四・一一・二一）。

だが、律令軍団制が解体しつつあった段階では、皇化主義的王威のみで激発する「怨乱」に対応することはむずかしかった。まして本来、警察・軍事力の補完機能を分担するはずの俘囚が、群党勢力と同化しつつある状況ではなおさらであった。前述の下総国での「俘虜の怨乱」にあって、この乱が波及した下野国からの報告には、「討殺の賊徒二十七人、帰降の俘囚四人」とあり、賊徒（群党）と俘囚の両者が一体となって蜂起したことがわかる（『三代実録』貞観一七・七・五）。

こうした坂東諸国における俘囚の反乱は、多くの場合、その鎮圧に当該国のみでは対応できず、隣接諸国の官兵の援軍を要していることは注目されてよい。群党や俘囚の広域的な活動は、一国のみの対応では限界があったということだろう。例えば、元慶七年（八八三）二月、上総の国府のある市原郡では俘囚三〇人余が蜂起し、山中へ逃亡する事件がおきたが、数千の兵でも容易に追討しえなかったという（『三代実録』元慶七・二・九）。

征夷＝蝦夷戦争の後遺症ともいうべき坂東の俘囚基地化の状況が、九世紀の坂東地域にどのような歴史的性格を与えたかは、以上の記述を通じ、ほぼ推測されよう。

元慶の乱を考える

蝦夷・俘囚問題のなかでも、元慶《がんぎょう》の乱は最大のものだった。出羽国を舞台に九世紀後半におきたこの争乱は、まさしく俘囚たちの「怨乱」を象徴した事件といえる。事件の詳細は多くの専論に譲りたいが、武士論あるいは軍制史のレベルを考えるための誘い水として、最小限のことだけはおさえておきたい。

「元慶二年（八七八）春から冬に至る、ほぼ一〇ヵ月にわたった俘囚による争乱」、事典風に略記すれば、こうなる。『三代実録』には、出羽国守藤原興世《おきよ》の言として、この元慶の乱の勃発事情が次のように記されている。「夷俘《いふ》反乱し、今月一五日、秋田城幷《ならび》に郡院の屋舎、城辺の民家を焼き損う。よりて且《か》つは鎮兵《ちんぺい》を以て防守し且つは諸郡の軍を徴発す」（『三代実録』元慶二・三・二九）。俘囚たちが蜂起して秋田城を襲い、郡の役所や民家にも放火したため、鎮圧軍が出動する大きな争乱へと発展したものだった。

①まず乱の原因について。この時期、前年来の凶作にみまわれ、出羽の地でも疲弊の色が濃かった。そうしたおりでの秋田城司の苛政《かせい》が引き金となったようだ。そのあたりの事情は『藤原保則伝《やすのり》』が示すように、秋田城司良岑《よしみねの》近《ちかし》の強引な課税が、「怨を畳《かさ》ね怒を積もりて反逆」をまねいたようだ。つまりは従来の苛酷な治政への俘囚たちの怨嗟《えんさ》がこの争乱につながったわけで、「怨乱」そのものといってよい。城司の政治に反発した現地の人々の反乱といえる。

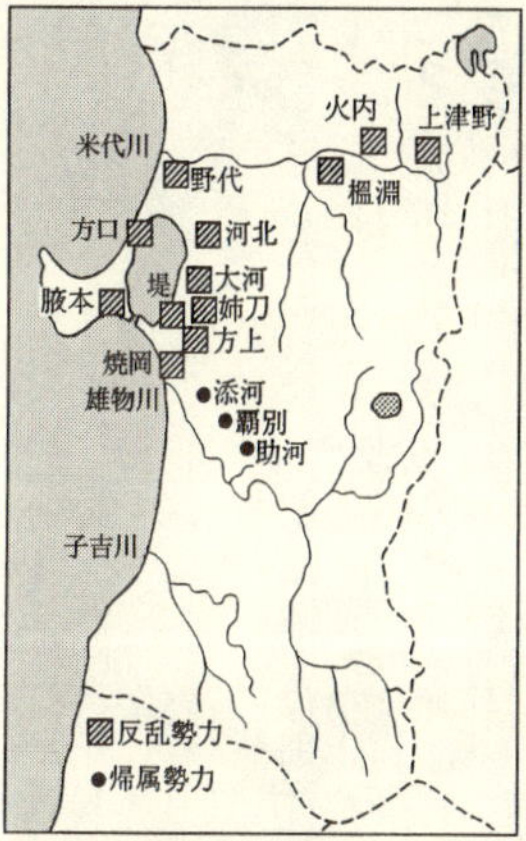

元慶の乱関係略地図

　ここにみる『藤原保則伝』はあの三善清行

により書かれたもので、九世紀に登場した「良吏《りょうり》」たちの伝記を記したものだ。むろんお手本は中国である。この藤原保則は、元慶の乱の鎮圧に大きな功績を残したリリーフ・エースとして知られる。

②次にわれわれは、この『藤原保則伝』や『三代実録』を参考にしながら乱の経過をふり返っておこう。乱は保則や小野春風《おののはるかぜ》らの投入後、急速に鎮まることから、これ以前の段階と二つに分けて考えることができる。

まず出羽権掾《ごんのじょう》小野春泉《はるずみ》と文室有房《ふんやのありふさ》に兵をさずけ平定に向かわせるが、秋田郡南域は反乱軍の手に帰し、その勢力は増大の一途だった。朝廷では陸奥国に二〇〇〇の派兵を命じたが、秋田郡域の背後を制圧するための六〇〇の軍勢も敗走するしまつだった。

元慶の乱の地域については『三代実録』（元慶二・七・一〇）から上津野《かみつの》（米代《よねしろ》川流域の陸奥・出羽両国の接合部。鹿角《かづの》地方）以下一二村が俘囚側につき、添河《そえかわ》（旭川の中流域）以下三村が政府側についたことが知られる。

その後、俘囚側からの「秋田河以北」の自治を要求する申し出もあったが、五月上旬に至り戦闘が再開。小野春泉・文室有房らは陸奥押領使《おうりょうし》藤原梶長《かじなが》とともに兵五〇〇〇を率い、秋田旧城で合流するものの、甲冑《かっちゅう》三〇〇領や馬一五〇〇疋《ひき》を奪われるなどの大敗北を喫した。

こうした政府側の劣勢が伝えられるなか、当時政府の最高責任者藤原基経《もとつね》は、藤原保則の起用を決定した。かくして〝怨乱〟は第二段階にはいる。政府は出羽権守《ごんのかみ》に保則をすえ、清原令望《よしもち》を出羽権掾《ごんのじょう》に、また茨田貞額《まんださだぬか》を権大目《ごんのだいさかん》にすえる一方で、鎮守府将軍に小野春風を任命し、反乱に対処しようとした。

七月上旬、保則は着任した。春風は保則の委任をうけ、陸奥権介《ごんのすけ》坂上好蔭《よしかげ》（田村麻呂の曽孫）とともに、八月上旬に陸奥に隣接する出羽の上津野村にはいり、ここで反乱をおこした俘囚たちの説諭にあたった。その後、八月の末には三百余の俘囚が投降、九月には「賊気すでに衰える」という状態で、この年の冬にはほぼ終息した。

将種・兵家の登場

③以上のような経過をたどったこの乱の意義についてはどうか。軍制史の観点から気づいた諸点をあげておこう。ここで注目されるのは、第二段階以降、鎮圧に向けて投入された出羽および陸奥両国の国司級官人の顔ぶれだ。のちにもふれるが、かれらの多くは前歴において軍事部門のエキスパートであり（例えば、清原令望や茨田貞額は左衛門府《さえもんふ》や近衛府《このえふ》の尉官《じょうかん》クラス）、その最たる人物は小野春風ということになる。「累代《るいだい》の将家にして、驍勇《ぎょうゆう》人に超えたり」と指摘されたこの武人は、他方で「少《わか》くして辺塞《へんさい》に遊び、能《よ》く夷《えびす》の語《こと》を暁《さと》れり」（『藤原保則伝』）という特技をもっていた。父石雄《いわお》は弘仁四年（八一三）、陸奥の蝦夷の反乱を平定し、兄春枝《はるえだ》も陸奥介としての経歴を有していた（『三代実録』貞観一二・三・二九）。こん

な環境が奥州育ちの春風に夷語を通暁させたのだろう。

その春風は他方で、新羅海賊問題が一つの山場となった貞観年間（八五九〜八七七）、対馬《つしま》守に赴任し海防の任にあたった経験をもっていた。藤原保則による鎮守府将軍への強力な推薦も、春風のそうした蝦夷・新羅問題に精通した点を評価してのことだった。

この点は、乱の勃発時に「将種《しょうしゅ》、兵家に非ず」（『三代実録』元慶二・六・八）と語り、辞任した陸奥・出羽按察使《あぜち》源多《まさる》（仁明《にんみょう》天皇皇子）とは対照的であった。源多が指摘するように、自身とは区別された春風に代表されるような「将種・兵家」の流れが定着していたことは注目される。むろん、これが後世の武士団成立期の武門と同一ではないにしても、留意したい。

そして戦局打開の面での最大の功労者は、やはり藤原保則その人だった。かれの徹底した和平路線が俘囚たちを軟化させることにつながった。〝戦わずして敵を屈するは善の善たるもの〟との孫子《そんし》の兵法を代弁しているようだ。屈敵主義とでもよぶべき信条があったにちがいない。

寛大な施政で民心を安定させること、この方針はかれが歴任した備中《びっちゅう》・備前《びぜん》においても善政として高い評価をうけていた。桓武《かんむ》朝の右大臣継縄《つぐなわ》の曾孫として、辺境とは無縁の立場にいた保則が、春風らの武的官人を右腕にすえたことは重要だった。そこでは西国の海賊問題に向けての戦力の客観的分析も検討されたにちがいない。この元慶期には活発化した新羅海賊への対処など、軍事力の温存も必要とされていた。

新羅海賊問題とは

こんどは西の世界に目を転じたい。例の清行が指摘した「新羅《しらぎ》の警《いましめ》」の問題だ。海とのかかわりということになる。海賊、とりわけ新羅海賊による侵寇は、九世紀後半の貞観期以降に激しさを増しつつあった。貞観一一年（八六九）五月には「新羅海賊が二艦で博多津《はかたつ》に来寇」（『三代実録』）、豊前に至り略奪をはたらいたことがみえている。九世紀後半以降、新羅海賊問題は断続的に史料に登場するようになるが、その対策として俘囚が利用され、海防政策として俘囚の配備がなされた（例えば『三代実録』貞観一一・一二・五）。

六九頁の表を参照していただきたい。これは海防問題が再燃した寛平《かんぴょう》年間（八八九〜八九八）における新羅来寇の記事を拾ったものだ。ここで注目したいのは次の二点である。一つには兵器および兵備についての問題。二つには兵力の配置に関する問題だ。

前者は弩《ど》の配備とこれにともなう弩師の派遣ということになろうか。表中からもわかるように、沿岸諸国への弩師の派遣は、寛平期以前からの継続された政府の施策だった。新羅海賊問題が活発となった貞観・元慶期に限っても、貞観一一年から一七年にかけては隠岐《おき》・長門《ながと》・出雲《いずも》・因幡《いなば》・伯耆《ほうき》・石見《いわみ》に弩師が配され、元慶三年（八七九）の肥前、同四年の佐渡・越後などでも、弩や弩師の配備・増派が確認される（『類聚三代格《るいじゅうさんだいきゃく》』）。

とりわけ、越後の場合は深刻だった。「東に夷狄の危、北に海外の賊」（『類聚三代格』元慶四・八・一二、太政官符）をひかえた地勢的関係は、その緊張を大きくした。特にこの時期は、出羽の元慶の乱の余熱がまだ残っていた。蝦夷の地と踵《きびす》を接した越後の軍事的緊張を想像できよう。これに加えて「海外の賊」＝新羅への警戒も必要だったわけで、ここでもまた蝦夷（俘囚）と新羅問題が関係していることを確認できる。

以上のことは、当然ながら第二の兵力の問題にも関係する。俘囚の諸国配置は、奈良時代以来の一貫した政策ということができる。特に九世紀にはいって律令軍団制が崩れた時期には、俘囚勢力を新たに軍事・警察力として利用しようとする方策が強くなる。いわば兵力不足を補うための苦肉の策でもあった。しかしそうした意味を超えて、より積極的にはかれらが有した武力・戦力としての卓越性も大きかった。八世紀来の長期にわたる蝦夷との戦争体験が、中央政府に優秀な戦闘能力に着眼させることとなった。蝦夷戦はその意味でも、律令軍団制の試金石だった。

たしかに「弓馬の戦闘は夷獠《いりょう》の生習」と指摘され、一般の兵士一〇人分に相当するとの俘囚への評価（『続日本後紀』承和四・二・八）は、九世紀以降、着目の度を深めた。新羅海賊問題での兵力配置とは、この俘囚勢力の活用を意味した。先に指摘した貞観一一年の新羅船二隻の博多津侵入にさいしては、防戦した俘囚の戦闘能力が大いに評価されたらしい。その後、かれらは五〇人を一番として、一ヵ月交替で新羅海賊への警固にあたっている（『三

年月日（史料）	内　容
寛平5(893) 3.3（『日本紀略』）	新羅僧長門に漂着、粮を給し放却。
〃 5.11（『日本紀略』）	※新羅賊、肥前松浦郡を寇す。大宰帥是忠親王、大弐安倍興行らをして、追討させる。
〃 閏5.3（『日本紀略』）	※新羅賊、肥後飽田郡に入寇し、民家を焼く。勅符を下して、これを追討する。
〃 10.25（『日本紀略』）	新羅人、長門国阿武郡に漂着。来由を問う。
寛平6(894) 2.22（『日本紀略』）	※大宰府、新羅賊来寇を報告。これを追討する。
〃 3.13（『日本紀略』）	※大宰府、新羅賊辺島を侵すと報告。これを追討させる。
〃 4.14（『日本紀略』）	※大宰府、新羅賊の対馬来寇を報告。その後、北陸・山陰・山陽諸国に警固を命ずる。
〃 4.16（『公卿補任』）	参議藤原国経を大宰権帥に任ずる。
〃 4.19（『日本紀略』）	新羅賊追討により、大神宮に奉幣。
〃 5.7（『日本紀略』）	※大宰府、新羅賊の退去の由を奏す。警固を厳しくさせる。
〃 8.9（『類聚三代格』）	旧に依り、対馬に防人を差遣させる。
〃 8.21（『類聚三代格』）	能登の史生一員を停め弩師を置く。
〃 9.13（『類聚三代格』）	大宰府の史生一員を減じ弩師を加える。
〃 9.17（『扶桑略紀』）	※大宰府、新羅賊の対馬来寇を言上。守文室善友ら、防戦しこれを破る。
〃 9.19（『日本紀略』）（『北山抄』）	※大宰府、新羅賊撃破の状を報告。飛駅使に位記などを賜う。
〃 9.19（『類聚三代格』）	出雲・隠岐両国に烽燧を置かしむ。
〃 9.23（『西宮記』）	新羅賊の来寇により、山陵に奉幣す。
〃 10.6（『日本紀略』）	※大宰府、新羅の賊船退去の由を奏す。
寛平7(895) 3.13（『類聚三代格』）	博多警固所に夷俘50人を増置し、新羅賊に備えさせる。
〃 7.20（『類聚三代格』）	越前の史生一員を停め、弩師を置く。
〃 9.27（『日本紀略』）	※大宰府、壱岐の官舎など、討賊により焼亡の由を報告。
〃 11.2（『類聚三代格』）	伊予国史生一員を停め、弩師を置く。
〃 12.9（『類聚三代格』）	越中国史生一員を停め、弩師を置く。

寛平期における新羅来寇記事一覧　　※印は新羅賊襲来の記事

代実録』貞観一一・一二・五)。

同じく表には、寛平七年(八九五)三月に博多警固所に夷俘・俘囚五〇人が配された記事が確認できる(『類聚三代格』同・三・一三)。これは、前年の新羅との戦闘(後述)による情勢の緊迫化にともない、軍備補強の一環として俘囚軍の増強がこころみられ、「射戦を練習させ、非常の備え」としていた。

この「射戦」がいかなるものかはっきりしないが、おそらくは新弩の技術的訓練もあったと思われる。狩猟民の系譜を引くかれらの力量は、「射戦」においていかんなく発揮されたはずだ。このように考えるならば、海賊問題における二つの視点(兵器=新弩配備と兵力=俘囚配置)は一体化してくることが理解できるだろう。

藤原保則と清原令望

さらにいえば、じつは右の献策をおこなった人物が清原令望《よしもち》その人だった点も、忘れてはなるまい。元慶の乱において、小野春風とともに鎮圧・平定に尽力したあの令望である。なお、この寛平年間の前半(寛平三年)まで大宰大弐《だざいだいに》という最高責任者の地位にあったのは、例の藤原保則だった。保則と令望という蝦夷問題のエキスパートが海賊問題解決の任にあったとは、おもしろい。したがって、令望の献策も、保則との協調・相談の成果といえそうだ。当時、令望の肩書は大宰少弐従五位上で、軍事官僚の典型ということになる。

どうやら元慶の乱平定の実績が買われ、緊迫した状況下でこの大宰府への赴任がなされたようだ。「今新羅凶賊の危機に向け、兵力不足を補うべく、諸国で公役《くやく》に従わず散在する夷俘を利用したい」との令望の発言は、まさに東の蝦夷問題への対応の成果を、西の新羅問題に活用しようとしたことの表現といえる。

かれは後世、後三年合戦で主役を張った出羽の清原氏の祖とも仰がれた人物であった。真偽は別にして、出羽でのかれの活躍の足跡が伝説として沈殿し、そのルーツとかつがれたのかもしれない。前九年合戦での安倍《あべ》氏も、この点では同様だった。古く阿倍比羅夫《ひらふ》以来の伝説の記憶ともいうべきものは否定できないだろう。

話をもとにもどせば、軍事的緊張を高めた新羅問題も、蝦夷（俘囚）問題と無関係ではなかったことを確認しておきたい。それでは再来に備え警戒を余儀なくされた新羅との戦いとは、いかなるものだったのか。武士誕生の原点*をあつかうにあたり、われわれはこの寛平期の新羅戦についてもみておかねばならない。軍団制変質後の軍事力の実態を示す材料として、東の元慶の乱との対比から考えたい。

＊　武士の問題を考えるにあたり、以下のような図式を念頭におきがちではないだろうか。古代の軍団制が崩れ、これにかわるべき制度として郡司子弟による健児制が登場、弓馬に秀でたかれらは他方で武力をたくわえ、近隣の有力農民とともに武士となっていった、と。教科書的フローチャートはそれなりに整合的だが、一歩分け入るとわからないことがたくさんあることに気づく。その最たるものが、古代の律令兵士

と中世の武士をつなぐ流れがよくわかっていないことである。

それは一つには、武士の研究が多く中世史の研究者により担われてきた結果、律令軍団制とのかかわりをふくめ、古代史との相互の連携が十分とはいえないことにもよろう。近年の軍制史研究では、そうした研究上の隘路《あいろ》も解消されつつある。本文で指摘した軍団制解体後の健児制の問題や俘囚の軍事力としての再利用の視点は、そうした成果でもある。この点は、福田豊彦『中世成立期の軍制と内乱』（吉川弘文館、一九九五）、戸田芳実『初期中世社会史の研究』（東京大学出版会、一九九一）などを参照。

寛平の新羅侵寇事件

寛平六年（八九四）九月、新羅船四五艘《そう》が対馬を襲ったが、これを迎撃した大宰府軍の奮戦で危機を脱した。この事件の顚末《てんまつ》については、『扶《ふ》桑略記《そうりゃっき》』『日本紀略』などの史料により確認できる。

この事件は一一世紀前半の寛仁年間（一〇一七〜二一）におきた刀伊《とい》の入寇事件とともに、平安時代のわが国が遭遇した大きな戦いだった。すでにふれたが、寛平年間は、新羅船の漂着や来寇が多くみられる。大唐帝国の衰退とともに、この時期には新羅もまた国力が疲弊し、難民の多発をまねいていた。巨視的には新羅問題は、こうした東アジア情勢の変化のなかで登場したものだった。

戦いの概要については、留意の二、三を列記しておこう。

①まずは原因について。合戦後の捕虜となった新羅人の賢春《けんしゅん》は、尋問で、前年来の不作により「人民飢苦」の状態がつづき、新羅では「王城不安」だったと答えている。これを打開すべく王命により、二五〇〇人の軍が大小一〇〇艘に分乗、飛帆したという。王命による公認の海賊行為であったわけだが、この賢春の発言は、命乞いのためのウソではなさそうだ。飢饉《ききん》を回避するため、略奪をも辞さない切迫した状況が読みとれよう。

こうした事情が、周辺諸国への大軍の派遣をもたらした。四五艘での日本への来襲は、その一部だった。ここにみるように、これが単に私的な難民や海賊の枠を超えた大規模なものであったことは、のちに指摘する敗走した新羅軍の戦利品からもうかがえる。敗軍の将には「大唐一人」との記載もあり、唐側の人物も新羅軍に加わっていた。その点、右の戦争の性格を考えるうえで重要と思われる。前述した東アジアの激動を語る材料といえる。

②つぎに戦闘の経過である。対馬守文室善友《ふんやのよしとも》および前司の田村高良《たむらのたかよし》らが、郡司以下の士卒たちを率い、「百人の軍を各二十番に結び」、戦闘を展開したとある。特に国守の善友は、全軍に楯《たて》を用いさせ、弩《ど》による勝負をいどみ、新羅軍を撃退させた。互いに「乱声」を発し、その矢は「雨の如し」だったという。敗退した敵軍の被害は甚大で「射殺三百二人」にのぼっている。このなかには大将軍三人、副将軍一一人もはいっており、わが国の圧倒的優勢で戦闘は推移した。

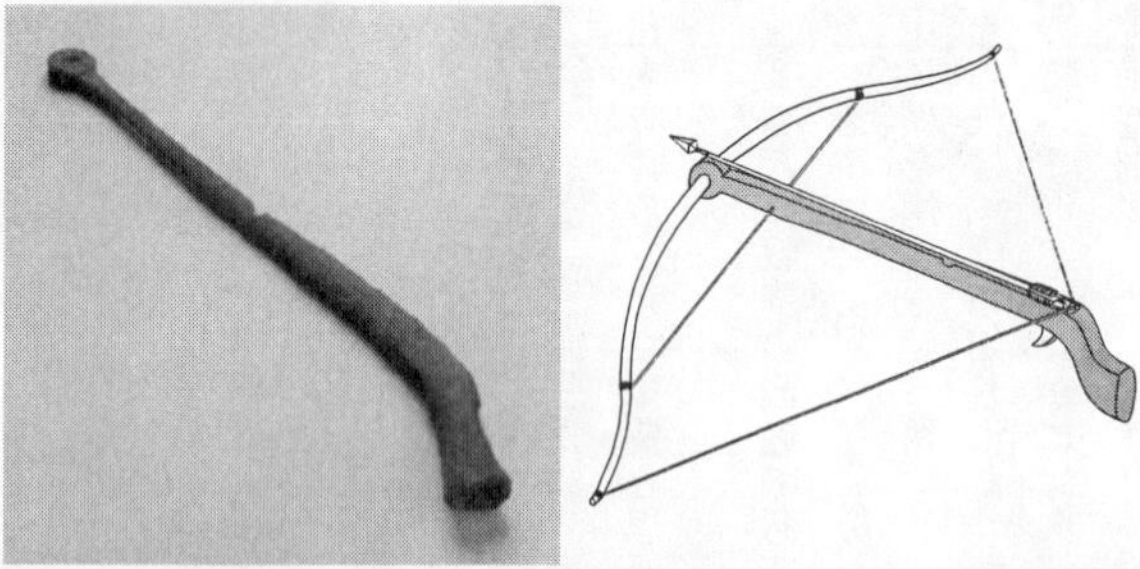

左は島根県の姫原西遺跡から出土した弩形木製品。右は中国・戦国時代の弩をもとにした推定復元図。当時、現代でいえばバズーカ砲並みの威力があったのではないかと推測されている。写真・島根県埋蔵文化財調査センター

ここで興味深いのは、戦闘にさいしての善友の訓令である。「箭《や》に背を向けるならば軍法に照らして罰し、額を立てる者は賞する」という詞《ことば》だろう。ここには「軍法」の語が、軍隊統率の規範として強く生きていたことが確認できる。その意味では、律令軍団制の遺産は依然として継承されているとみてよく、国司—郡司の令制での系統が軍制にも生きていたことがわかる。

③最後に戦果についてである。三百余人に及ぶ射殺者に加え、まことに多くの戦利品が残された。戦場に残された甲冑・銀作太刀・弓・胡籙《やなぐい》・保侶《ほろ》などとともに、拿捕《だほ》された一一艘の新羅船には「太刀五十柄、桙《ほこ》千基、弓百十張、胡籙百十、房楯三百十二枚」という膨大な量の武器があった。ここからわれわれは、新羅軍がどのような戦法を用いて戦闘を遂行したかの推測もできそうで

ある。

徹底した歩兵を中心とした集団戦だったのだろう。ここにみえる相当量の楯の存在は、多数の歩兵を投下しての弩戦や弓矢戦を想定しなければ理解できない。また、ここに残された弓矢がどのような構造をもつものかは不明だが、新弩をしのぐものではなかったろう。さらに一〇〇〇基に及ぶ桙は、中世の槍《やり》の前身をなすもので、これまた歩兵の集団戦に有効な兵器といえる。

こうした戦果の品々はいずれも新羅軍が残したものだが、わが国の武器と対比しても、さして大きな違いはなかったと判断される。貞観の新弩技術の密輸事件が象徴するように、海をはさんで対峙《たいじ》する朝鮮半島との人的・物的交流は、思う以上に活発だったのだろう。先端技術をともなう兵器・兵備面での情報は相互に関係も深かったはずだ。新羅軍が残した戦利品に、わが国と共通するものが多いのも当然といえる。

三点にわたり新羅戦の概要をみたが、以下ではこれをふまえ、前述した兵器・兵備面と兵士（人材）面の両者から整理しておこう。兵器・兵備の点で留意したいのは、この戦いの雌雄が弩により決せられたことだった。

蝦夷―俘囚問題の影響

大量殺傷兵器としての弩は、八世紀末の蝦夷征服戦でも活用されたもので、その後、国家的開発のなかで改良を重ね、九世紀前半の承和年間（八三四〜八四八）には、わが国独自の新弩が誕生した。おそらくはこの戦いでも、この新弩が存分に威力を発揮したのだろう。三百有余人に及ぶ戦死者の多さは、これを物語る。

武士が誕生した段階の戦闘では、戦死者数はさほど多くはない。〝どれだけの数の首級《しるし》か〟よりも、〝だれの首級か〟が重視されたからで、量より質が重視された。その点で質より量が重視された兵《つわもの》・武士以前の戦闘との相違はあきらかだ。中世では、弩のような大量殺傷兵器は影をひそめる。個人戦を中核とした射芸が前面に登場した結果だった。後にも指摘するように、各矢柄に自己の氏名を記し、戦功の手柄とするのもその現れだった。その点で寛平の新羅戦においては、〝どれだけ〟という数量のほうが重視された。新弩は、そうした戦闘段階に対応した兵器ということになる。

それでは兵士（人材）についてはどうか。予想されるように、ここでも俘囚が関係したようだ。ちなみに、この新羅戦のおりの大宰府の実質的責任者は、例の清原令望だった。かれが新羅再来に備え、翌寛平七年に俘囚五〇人の博多への増配を要請したことは、すでにふれた。令望は前年の八月、「弓矢に便なる者、百分一、二」（『類聚三代格』）という兵力の劣勢をカバーするために、対馬へ「府兵五〇人」の派兵を要請している。新羅軍の来襲が翌月のことであり、事態は緊急を要した。この「府兵五〇人」が俘囚であるか否かは不明だが、弓矢に便なる存在は、この時期の兵力転用例から推して俘囚だった可能性が高い。となれば、前記史料に表現されている現実の戦闘にさいし、文室善友に率いられ、二〇番に編制された兵力のなかには俘囚勢力も多かったことになる。

以上、前述来の指摘とすり合わせれば、ここにおいても蝦夷―俘囚問題が兵力・軍事力（兵器・兵備面と兵士面）に大きな影響を与えていることが理解できる。

軍事官僚の登場

ここでは、東の蝦夷問題と西の新羅問題が俘囚の存在を介して接していたことを確認したうえで、元慶の乱や寛平新羅戦での分析の成果を、軍事官僚を軸に整理したい。この問題は、一〇世紀以降に登場をみる兵との関係を考えるうえで重要となろう。

以下、九世紀後半の二つの軍事的争乱（元慶の乱と寛平新羅戦）で活躍した指揮官たちに再び登場してもらおう。

①文室善友――かれが寛平新羅戦の最大の功労者であろうことはいうまでもない。危機に臨んでの適切な対応は、単なる国司級官人のレベルを超えた存在といえる。軍事官僚という表現が妥当かどうか議論もあろうが、律令軍制が命脈を保っていた九世紀段階に登場した新しいタイプの中下級官人を、このようによんでおきたい。八世紀末以来の蝦夷戦争を経過するなかで、律令国家の軍事戦略から登場した存在といえる。かれらに共通するのは、鎮守府

や大宰府の辺境防衛の実質的責任者であったり、軍事的騒擾の多発地域（坂東・瀬戸内・北九州など）の国司級官人の肩書を有したことだった。

善友もこうした軍事官僚の枠組にあてはまる。出自ははっきりとしないが、ここに興味深い事実がある。善友が坂東での俘囚の乱＝怨乱鎮圧にかかわる戦歴を有した点である。かれは上総国大掾として、同国市原郡の俘囚の反乱に対し「諸郡の人兵千人」を発し、「夷虜を平定」した経験をもっていた。寛平新羅戦の一一年前の元慶七年（八八三）のことである（『三代実録』元慶七・二・九、一八、二一）。その後の対馬守への赴任は、どうやらこの坂東での〝怨乱〟鎮圧の戦歴が買われたようだ。蝦夷―俘囚勢力といった〝武の異種〟を胚胎《はいたい》させた坂東の地での俘囚追討の功績は高く評価されたことだろう。

われわれは、ここでも東と西の武の連鎖が軍事官僚を介して結びついている事実を確認できた。

②**清原令望**――幾度かふれたように、令望もまた軍事官僚の典型といえそうだ。元慶二年の出羽の乱にさいし、藤原保則のもとで出羽権掾《ごんのじょう》として指揮にあたった経験をもつ。「討賊使」の立場で、新羅対策に向けて大宰少弐への起用は、卓越したその資質によるのだろう。俘囚兵力の対馬や大宰府への増派の申請など、緊迫した新羅関係への対処をゆだねられた官人といえる。一貫して〝地方の現場畑〟をあゆむその姿には、軍事実務に秀でたイメージも

重なる。

令望は元慶の乱後に秋田城城司に転任、この地で同国「例兵」の再組織に取り組んだ経験もある（『三代実録』元慶三・六・二六）。藤原保則の提言にもとづくもので、乱鎮定後、陸奥や上野・下野方面より集兵した各国の兵士の「解陣」にともない設置された。出羽俘囚の反乱の再発を防ぐために、兵力維持として設けられた軍隊だった。その数は、出羽国で一六五七人とされ、秋田城・雄勝城など主要地域に配された。

令望も秋田城城司の立場で、「例兵」組織の整備に取り組んだと思われる。ついでに、そのおりの雄勝城城司は権掾文室有房であり、出羽国国司として権掾小野春泉の名も見出される。いずれも元慶の乱の平定の功労者たちである。かれらは五位から六位クラスの官人たちで、いずれも地方にあって軍事実務に従事した人々だった。

③**小野春風**——かれもまた元慶の乱での立役者だ。鎮守府将軍で五位の肩書を有した春風は、ほかの二人に比べて地位も高く、実務官僚に該当するか否か議論もあるだろう。しかし、履歴からすれば、その名に恥じない存在だろう。前二者とは逆に、春風の軍事官僚としての出発点は、貞観年中の対新羅問題からだった。貞観一二年（八七〇）正月、春風は従五位下対馬守に任ぜられる（『三代実録』）。そのおり兄の春枝《はるえだ》も陸奥介となっており、小野兄弟が東の蝦夷と西の新羅にそれぞれかかわっていることはおもしろい。

春枝・春風の父石雄《いわお》は弘仁四年（八一三）の陸奥の俘囚の反乱平定に活躍した人物として知られており、春枝・春風がのちにいずれも陸奥の鎮守府と関係するのも、そうした縁があったようだ。元慶の乱鎮圧にさいし「累代の将家にして、驍勇人に超《こ》えたり」とされた人となりも、奥州でつちかわれたものかもしれない（『三代実録』『藤原保則伝』）。

対馬守に着任した春風は、新羅防衛の最前線で、中央政府に即戦力の充実を要請している。また、「保侶依《ほろい》千領」と「納糒帯袋《のうびたいたい》千枚」（保侶依は矢を防ぐための布製のマントで、甲冑の上に着した。納糒帯袋は糒《ほしいい》を入れる携帯用の食料袋）を申請し、許可されてもいる。さらに春風は、父石雄が着た羊革の甲《よろい》を陸奥から送ることを奏言し許されている（『三代実録』貞観一二・三・一六、二九）。

蝦夷戦から学ぶ

以下は想像に属するが、春風は自身の戦闘用のためということ以上に、この羊革製の軽便な甲をモデルに、大量の甲冑の製造を構想したのかもしれない。この革製の防具はかつての蝦夷・俘囚の弓矢戦で用いられ、その機能性が着目されたものだろう。この時期、春風が薄い甲冑の上に着するための保侶依を大量に申請しているのも、右の想像を支持している。春風の対新羅への戦略構想には、蝦夷・俘囚から学んだものが大きく作用していたようだ。

その後の元慶の乱にさいし、春風が実質上の責任者の立場から、〃火消し役〃として赴任するのも、この貞観期の新羅海防問題の実績が大きかったのであろう。

ついでながら、この戦闘で苦戦した出羽掾小野春泉は、その名前から春風の一族の可能性も高く、これまた軍事官僚と位置づけてよかろう。あるいは、この元慶の乱にさいし、春風とともに抜擢《ばってき》された陸奥権介従五位下坂上好蔭《よしかげ》も田村麻呂の曾孫であり、それに該当する。いずれにしても、文室・坂上・小野・清原姓は蝦夷問題にかかわった戦歴を有する律令官人の末裔《まつえい》であり、そうした血脈のうえに軍事官僚が形成されたことがわかる。

律令軍事システムの特色

武士誕生の道筋をさぐるという課題のもとで、中世の前史をなす九世紀の軍事的諸相をみてきた。蝦夷と新羅という二つの問題が、軍制改革に多くの影響を与え、兵器（装備）や兵士（人材）に変化をもたらしたことを確認した。東方の世界でおきた出羽の元慶の乱と、西方の世界での寛平期の新羅の侵寇事件は、九世紀の軍事的緊張の一端を示す好例だった。東西のこの二つの事件から幾つかの諸点を確認できる。

兵器の装備という点では、実戦に威力を発揮した弓弩の存在は大きく、甲冑・楯・刀剣などとともに、律令的軍制の遺産はそれなりに機能していたこと。兵士の点でも、歩兵による集団戦に適応した戦闘形態がとられるが、他方で俘囚勢力の利用という新しい局面もみられたこと。軍事官僚ともよぶべき新しいタイプの軍事エキスパートの登場も人材面の改革につながったこと、などである。

以上の整理にのっとり、ここでは九世紀の軍事の内実にもふれておこう。中世的武力や軍制と一線を画するものがなんであるかを明確にするうえでも必要となろう。すでに序章で述べた烟田《かまた》氏の世界からもうかがわれるように、中世は、領主レベルの族縁集団が所領を介した主従の関係にもとづいて武士団を形成したわけで、そこには古代のような統一的軍制は存在しない。人間（兵士）も武器も自弁を前提とした（例の山内経之の戦場からの手紙を想起されたい）。

九世紀は、律令軍制がそれなりのかたちで残っていた。〝それなり〟としか表現できない理由は、例の元慶の乱の収束のされ方からも推測できるはずだ。藤原保則の和平路線といえば聞こえはいいが、現実には俘囚の〝怨乱〟のエネルギーを打破できる軍事力が不足していたことは否めない。元慶の乱は〝辛い勝ち〟でしかなかった。

その元慶の乱での戦闘で蝦夷・俘囚に敗れ、秋田の旧城でかれらに没収された官側の武具は「甲冑三百領、米糒七百碩、衾一千条、馬一千五百疋」（『三代実録』元慶二・六・七）という膨大な量にのぼっているが、これ以外にも大量の兵器具があったであろう。

いうまでもなく、弓弩・甲冑・刀剣など、武器・武具は、中央の官衙や地方国衙で集中的に管理されることとなっており（『延喜式』兵部省「諸国器仗」）、右にみる兵器具もそうしたかたちで製造されたものだったのだろう。それは集権性に根ざす律令の軍事システムの結果でもあった。「凡《およ》そ私家には、鼓《こ》・鉦《しょう》・弩・牟《む》・矟《しゃく》・具装……あることを得じ」との規定を持ち出すまでもなく、武器具の国家による占有が兵器体系を支えていた。

騎兵と歩兵

こうした諸点を考えれば〝中世的〟と形容される世界は、こと兵器に関するかぎり、右の集権的な国家による兵器管理の体系からの解放を意味しており、相対的自立が前提となる社会だった。中世へと傾斜する兵段階での武的領有者の多くは、自己の営田を物質的基盤とした先駆的領主（私営田領主）だった。その特色は、広大な領域に各工房や職人をかまえ、自給的世界を実現していたことにある。そこでは、馬牧をもち、未熟だが自己の工房において武器・武具を製作していたと考えられる。とりわけこの傾向は東国坂東に顕著だった。そこでは、明らかに自立と自給が先行していた。こうした中世の問題は別に考えるとして、律令軍制の特色のおおよそは理解いただけたと思う。

話を秋田城の兵器具にもどせば、注目されるのは、一五〇〇疋にのぼる馬である。奥羽が中央への貢馬の地であるのを差し引いたとして、この数はやはり騎馬用の軍馬と考えられよう。誤解してはならないのは、律令の軍団制の中心は歩兵制のみではないという点だろう。騎兵制も存在していたのである。律令軍団の兵士は「弓馬に便なる者、騎兵隊となせ、余は歩兵隊となせ」（「軍防令」隊伍条）とあり、五〇人を一隊とし、歩・騎それぞれ別個で構成

騎射　『年中行事絵巻』より。田中家蔵。左手の木のそばに的が置かれている。

されるのが建前だった。

すでにふれたように、光仁・桓武朝の蝦夷との戦争では「弓馬戦闘は夷獠の生習」であり、これがために苦戦をしいられたことが指摘されている。九世紀初頭の健児制の創出にかかわる一連の軍制改革は、困難な徴兵制による軍団システムをやめ、良質の騎兵をつくり出すことを目ざしたものだった。おそらくは蝦夷戦争での経験に根ざしたものだろう。当然ながら陸奥・出羽の俘囚の故地での軍制は、歩兵制とともにこの騎兵制での対応が重視されることになる。ここにみられる一五〇〇疋もの馬は、この点で同国における軍制の一つの特色を予想させるものだろう。事実、元慶の乱では弓射騎兵と思われる「軽兵百余人」(『三代実録』元慶二・六・七)についての記述もみえ、興味を引く。

弓射を軸とするこうした騎兵の存在は、のちの兵や武士の原点ということになる。ところで弓射自体は古代以来の武芸で、別に中世武士の専売特許ではない。弓射のなかには歩兵も騎兵もあったが（『和名抄』「術芸部」）、中世的武士の世界では騎射《うまゆみ》が選択された。その理由を即答するのはむずかしいが、一つには、これまで再三指摘したように、蝦夷戦での〝歴史的記憶〟が作用したのかもしれない。文学的表現となったが、歴史学からの解答はもう少し先に送りたい。

律令軍制の遺産〜弩について

今度は、寛平の新羅戦での武器を考えよう。すでにふれたように、そこでは弩《ど》（新弩）の威力が大きかった。新弩の配備が海防の要となった背景は、いうまでもなく新羅問題だった。貞観期以降、本格化する新羅海賊への対応は、新弩の配備と弩師の関係諸国への派遣に象徴されている。高度な技術力を駆使して製作された新弩は、律令国家の威信を語るものだった。その意味では弩のような重装兵器は、製造・管理・操作など完成された軍制システムが前提となる。こうした点からは、弩の役割の大小と、律令軍制の関係も予想できよう。

実際、この寛平期の新羅戦を最後に、弩の活躍は減少する。そこには、高度な技術力を集中し、維持することが困難になったという国内の事情、さらには新羅の滅亡という対外関係の変化の二つがある。これらが相まって重装兵器としての弩の役割を小さくしたのだった。弩に限らず、国家権力の集中管理に帰した重装兵器の運命は、いずれも似た道をたどった。

以下、この点を、「上野国交替実録帳」の世界*をのぞくことで確認したいと思う。そこには十数種にのぼる器仗・戎具《じゅうぐ》（武具）が列記されており、上野国衙の軍制の内実を知る参考となりそうだ。

「実録帳」の兵器の記載は大きく「無実」（帳簿上は存在するが、実際に国衙の武器庫にないもの）と「破損」（存在が確認されるが、焼損した兵器具）に大別されている。

前者の「無実」のグループでは、

槍二二柄、□（桙）三九柄、弓一七四〇枝、手弩《てゆみ》二五具

鉄冑《かぶと》二三領、鉄甲《てつよろい》一二〇領、樋箭《ひせん》二〇〇〇隻、箭一八一二七隻など、

後者の「破損」のグループでは、

槍四〇柄、桙四〇柄、弓六四一枝、革甲《かわよろい》五領、箭四六五九隻、

大刀二二一柄、鉄冑三二領

となっている。上野国の国衙に蔵されていた兵器のおよその量と種類を推測できそうだ。「交替実録帳」の作成が長元四年（一〇三一）前後とされるから、史料内容の文言から一〇世紀段階の国衙の兵装備の体制を示すものと解されている。

先ほどからの議論でいえば、九世紀の花形兵器である弩が姿を消していることが注目される（弩が海防的見地から沿岸諸国に配される傾向があるにしても）。集団歩兵制に対応した弩の展開は、律令軍制の衰退とともに、明らかに使命を終えたことがわかる。重装兵器とし

ての弩の再生産には限界があったことになる。その名称から、弩に比してより軽便と思われる手弩二五具のみが姿をみせるのも、そうした事情なのだろう。

この弩の消滅と対照的なのが、軽装兵器としての弓箭《きゅうせん》類の存在である。弓は「無実」「破損」両方で二三八一枝、箭は二四七八六隻、膨大な数の弓矢だ。おそらく律令軍制以来の遺産を引き継ぎ、右肩あがりでのびたといえる。騎射戦への需要の高まりが、これに拍車をかけたことは疑いない。

＊　「上野国交替実録帳」は、長元三年（一〇三〇）に上野国司の交替にさいし作成された文書の草案で、一〇〜一一世紀の同国における財政事情を知るうえで貴重なものとされる。同史料は、正税・出挙などの財政状況、寺社の資財など行政一般にかかわる内容をもつもので、前任国司と新任国司との交替にともない作成された、いわゆる不与《ふよ》解由《げゆ》状《じょう》（前任者に職能上の怠慢があった場合、新任者は事務引き継ぎができない旨の報告をおこなった。新任者により作成された報告書を不与解由状という）の性格をもつものとされる。

本文でも指摘したように、これには上野国の国府内に所蔵する器仗・戎具（武具）などの破損・無実の状況が記されている。とりわけ破損した武具には、長徳三年（九九七）の火災で使用不可となったものもそのままの状態とされていたことがわかり、この段階での地方国衙の軍制の実情をかいまみることもできる。

この実録帳の本格的分析は早く、竹内理三「郡衙の構造―上野国交替使実録帳について―」（『史淵』五〇、一九五一）でなされた。最近のものとしては前沢和之「九条家本延喜式紙背文書・上野国交替実録帳」解題（『群馬県史』資料編4　一九八五）がある。なお、本文で指摘した交替帳に記された兵器具の分析については、戸田芳実『初期中世社会史の研究』（前掲）一二九頁以下に負うところが大きい。あわせて参照されたい。

機動性の重視

大刀も同様だろう。ここに記載された大刀の形状がどのようなものであるか不明だが、そこには蝦夷戦から学んだ蝦夷刀—蕨手刀《わらびて》*のような刀もあったに相違ない。騎馬戦に適応し、のちの日本刀の源流ともなる蝦夷刀は、俘囚勢力の利用という律令軍制の改編のなかで、諸国に定着したであろう。

改編云々でいえば、九世紀の律令軍制のもう一つの目玉は健児《こんでい》制の採用だ。健児と俘囚という二つながらの変革に共通したものは、精兵主義に根ざす機動性への転換だった。弓馬に便なる人材への着目は、やがて訪れる中世の騎馬武者の先駆をなした。大刀の問題に話をもどせば、「交替帳」に記載されたその大量の数は、弓矢とともに軽装兵器の象徴であった大刀の重要性を語るものだろう。

さらに興味深いのは、鉄甲および鉄冑の減少だろう。弩と同じく高度な加工技術を要する鉄製の甲冑は、これまた重装具の代表だった。集団歩兵戦を想定しての甲冑類の整備は、もはや意味が失われつつあったようだ。軽装で機動性を重視する戦術的要請が、鉄製装備の後退につながった。その点では「破損」として記されている「革甲五領」の存在は、おもしろい。すでに失われた「鉄甲一二〇領」と比べると、素材と数量のうえで、次のような予想も成り立つ。

素材の革は、鉄に比べて技術的に加工が簡単であり、歩兵戦にかわるべき機動性を重視する方向にあっては、弓矢戦に規定された軽装備が必要とされる。この点で「革甲」の需要は「鉄甲」に比べて高かった。

ここで想起されるのが例の小野春風仕様の羊革の甲である。対馬守在任当時に父石雄が着したものを、陸奥から取り寄せている。これは九世紀後半の貞観期のことだが、この段階には、革製の兵具の普及は一般化していなかったことがうかがえよう。

それに対して、「実録帳」では、鉄甲にかわり革甲が国衙レベルに拡大したことが想像される。このことは数量の問題にも関係する。「革甲五領」という数は鉄製甲に比べ少数であるが、それは別の面からいえば、一〇世紀以降の自給性の高まりの結果ともいえる。鉄製武装具の製造加工の困難さに比べ、軽便な革製の装具は個人レベルでの所有が可能なのである。甲冑についても、弓矢・刀という来たるべき中世の武器体系に対応した、軽装具（革甲）に移行しつつあった。

以上、弩の問題から兵具・武器の世界にまで話が広がった。

九世紀軍制の大枠を述べると以上のようになろうか。古代の律令軍制を継承しつつ、中世的軍制への〝種子〟が胚胎された段階といえる。次の話は新たに胚胎した中世的要素が、その後どのように発芽するかを確かめることである。

＊刀剣の形状からいえば、広く直刀から彎刀《わんとう》へという流れでおさえることができる。兵《つわもの》および武士が誕生する一〇～一二世紀に、反《そ》りをもつ彎刀（日本刀）が生まれた。この変化の背景には、馬上での使用が前提となる。騎射戦が重要な戦闘方式となるなかで、馬上からふりおろすさいの有効な打撃力を考慮しての技術的改良があったと考えられる。と同時に、その彎刀の祖型・ルーツを蝦夷・俘囚の使用した蕨手刀《わらびて》（柄頭《えがしら》が早蕨《さわらび》を巻いた形に似ていることからの名称）に求める考え方もある。蕨手刀から毛抜形太刀への形状の変化から類推する立場である。柄と刀身の間に柄反りの角度があり、その柄反りがやがて刀身自体に及ぶことで日本刀が登場をみる。直刀からこうした彎刀への変化は、馬上戦での対応はもとより、地上での斬撃戦においても大きな役割をはたしたにちがいない。一〇世紀以降に誕生した兵、さらにその延長上に登場した武士は、こうした彎刀を駆使した戦士ということになる。

武の連鎖～群党の蜂起

律令軍制の遺産を武装論の視点からながめることで、来たるべき中世武士の源流を確認した。騎兵登場の歴史的由来は、九世紀来の軍制改革が目ざした攻撃性・機動性への方向転換の帰結にあった。以下では、騎兵登場のさらなる理由を群党問題を軸にみておきたい。

蝦夷（俘囚）問題、そして新羅問題とともに、九世紀後半のもう一つの課題が群党（群盗）問題だった。〝非体制的な武装集団〟といえば、どの時代にも通用しそうな表現だが、これに運輸動脈での物資の略奪、さらには活動の広域性など、群党問題としての固有の歴史

年　月	内　　容
承和14（848）	上総の俘囚丸子廻毛が反乱。
貞観3（861）	武蔵で群党横行、郡ごとに検非違使を設置。
貞観9（867）	上総に検非違使を設置。
貞観12（870）	上総の俘囚の反乱。
貞観17（875）	下総で俘囚反乱、常・総・武・下野に派兵を命令。下野で120人を斬首。
元慶2（878）	出羽の俘囚大反乱。
元慶7（883）	上総市原郡の俘囚三十余人、山中へ逃亡。
寛平1（889）	東国群党の首領物部氏永ら蜂起。
寛平6（894）	院宮諸家使の船車人馬の強雇を禁止。
昌泰2（899）	僦馬の党により足柄・碓氷に関門設置。
昌泰3（900）	上野で群党追捕、武蔵で群党蜂起。
昌泰4（901）	信・甲・武・上野で群党横行。
延喜2（902）	駿河富士郡の官舎、群党に焼失さる。
延喜9（909）	下総騒乱、国守菅原景行過状を提出。
延喜16（916）	下野の罪人藤原秀郷ら18人を配流。

群党関係年表

的性格も付加できる。東国・坂東が、ここでも主役だ。

九世紀にはいると、こうした武装集団の動きが激しさを加え、貞観三年（八六一）、武蔵国では「凶猾《きょうかつ》党をなし、群盗山に満つ」という状態だった（『三代実録』貞観三・一一・一六）。このため郡ごとに検非違使《けびいし》がおかれるに至った。この武蔵国の状態は隣国下総にあっても同様だったらしく、やがて上総そして下総にも検非違使が配された（同　貞観九・一二・四および一一・三・二二）。

上の表は、九世紀後半の群党蜂起事件を一覧したものである。俘囚や海賊の反乱と重なっていることが注目されよう。東国・坂東にあっては、俘囚問題に加え、群党問題が連鎖的にクローズアップされた段階ということになる。より重要なことは、この両者が別個のものではなく、時として結合することによって騒擾化している点だろう。前述した俘囚の「怨乱」のエネルギーが、群党に点火されることで坂東の治安を悪化させた。ここに語られているように、俘囚と群党はまさに一体化しているのである。

僦馬の党

だが、他方で群党固有の問題もあった。「僦馬《しゅうば》の党」の場合がそれである。馬を駆使し、東国を活動範囲とした運送業者の集団をいった。むずかしい「僦」の字は〝雇う〟の意で、昌泰《しょうたい》二年（八九九）の上野国解《こくげ》には、「坂東諸国の富豪の輩《ともがら》」が略奪した馬を用いて荷を運び、群党をなして百姓の命を侵害したとみえている（『類聚三代格』昌泰二・九・一九）。彼らは、東海道の馬を奪って東山道《とうさんどう》に用い、東山道の馬を東海道で使う凶賊集団だった。

ここで注目されるのは、その構成員が「坂東諸国の富豪の輩」であった点だろう。「富豪の輩」とは九世紀以降の史料に多く登場する富豪浪人と共通するもので、営田と出挙《すいこ》などで富をたくわえるようになった人々をさす。周辺農民の税を肩がわりして、やがてかれらを自分の配下におく。こんなメカニズムだった。なかには一〇世紀以降、「私営田領主」へと成長し、兵《つわもの》としての風貌をもつ者もいた。

ところで、そうした富豪浪人は多く「秩満《ちつまん》解任《げにん》の人（任期の切れた官人）、王臣子孫の徒、党を結んで群居」（『類聚三代格』斉衡二・六・二五付官符所引延暦一六・四・二九官符）とあるように、土着官人や王臣子孫の場合も少なくなかった。

群党蜂起かまびすしい坂東にあって、これを鎮圧する方策、それは同質の武力でしかなかった。健児制を補うべく投入された俘囚と同様、「富豪の輩」とよばれた人々が治安維持に一役も二役も買っていた。つまりは俘囚・群党ともども反乱の主体であり、時には鎮圧者にもなった。〝夷ヲ以テ夷ヲ制ス〞る状況ということだろう。

このことは当該期における武力の質に連動する。すでにふれたが「僦馬の党」のような広域的な活動を展開した群党勢力に対しては、その鎮圧にあたり機動性が重視された。騎射を軸とした精兵主義の方向は、以上のような群党問題への対応にも有効だった。

武士が騎兵であることの歴史的起点には、右のような坂東固有の事情もあった。

王威の移植～軍事貴族の登場

九世紀後半以降の坂東は、相次ぐ俘囚の反乱と、これと結合する群党蜂起の結果、アナーキー（無秩序）状態にあった。寛平から昌泰期（八八九～九〇一）の約一〇年間、「東国強盗《とうごくごうとう》の首《しゅ》」といわれた物部氏永《もののべのうじなが》の蜂起も伝えられ、治安は極度に悪化していた（『日本紀略』『扶桑略記』）。すでにみた「僦馬の党」の跳梁《ちょうりょう》も、治安悪化に拍車をかけたことだろう。

後世、「坂東八平氏」と称される桓武平氏の一流が土着したのは、こうした時代の坂東であった。源氏でも平氏でも、そうした王胤《おういん》（＝貴種）たちは、周辺の郡司クラスの豪族と婚姻関係を通じ、その勢力を拡大した。貴種たちが坂東に土着する理由について〝藤原氏の政界進出で、中央での出世がみこめず、新天地を求め下向した〟としばしば説明される。戦前からの伝統的解釈である。いまでも、参考書や概説書の一部には顔をのぞかせる説明だろう。

しかし、現在の研究では、このような理解は訂正されつつある。〝新天地云々〟は別にしても、藤原氏が政界に進出し、人事権を握るのは時代的にはさらに後のことだ。九世紀末の段階では摂関体制の確立には至っておらず、桓武平氏をはじめとする貴種たちの坂東下向には、別の理由を考えるべきだろう。

この点では、やはり政策的観点が必要だろう。政府が坂東の貴種に期待したもの、それは〝武〟による治安の回復だった。そのさいに、皇孫としての〝血統証〟は、坂東にあっては大きな力となったはずだろう。王威の移植とでもいうべき場面だろう。王威を背にした武力の保持者への期待という面もあったはずである。

律令軍団制の解体したこの時点で、国家の分身たる王胤＝貴種が、坂東に同化するに至った。分身であることのシンボルは貴種としての〝血統証〟に加え、官人としての〝身分証〟にあった。そしてこの〝身分証〟は多く国司であることもあれば、鎮守府将軍である場合もある。

高望《たかもち》王の子息である平国香《くにか》が常陸大掾、良兼《よしかね》が下総介、良持《よしもち》（良将《よしまさ》）が鎮守府将軍であったことを考えるならば、そのあたりの事情もわかる。公権（所職）を帯有したかれらの存在は、王威に加えて武力を保持していることもあり、これが坂東の鎮静化に作用することになった。

坂東平氏の元祖高望王が赴任したのは、親王任国の一つ、上総国だった。この高望王については『平家勘文録《へいけかんもんろく》』（『続群書類従』一九輯下所収、寛平一・五・一二、『日本紀略』『本朝皇胤紹運録』）に寛平元年（八八九）一二月、民部卿宗章《みんぶきょうむねあき》の謀反を追討した功によって上総の国守に、また朝敵を平らげたので平氏の姓を与えられた、と語られている。

琵琶法師の『平家物語』相伝の秘事を記したものが右の『平家勘文録』だが、多分に伝説的な脚色が強く、信用することはむずかしい。平氏賜姓は別段この高望にはじまるわけではない。また、上総が親王任国であることから、正しくは上総介とあるべきだろう。

そして高望王下向の直接の契機が謀反の追討とあるが、これがどのような事件かも不明だ。後世の史料を鵜呑みにはできないが、高望王が武的保持者として、追討に功績があったとされているのは、何らかの根拠があったものと思われ、興味深い。

寛平期は、菅原道真が中央政界で政治の刷新を進めた時期である。現実主義に立つ道真には、地方の実情がよくみえていたにちがいない。坂東の九世紀後半は、治安回復が急務とされた。ことに高望王が下向した寛平年間は、前述したように物部氏永の乱、あるいは僦馬の党に代表される群党問題への対応が、以前にもまして必要とされた時期にあたる。「寛平の治」を推進した道真が、どの程度、坂東の治安回復に有効な方策を講じたかは不明だが、九世紀末から一〇世紀初頭の寛平そして延喜の段階は、ある程度の中央政府の威信が功を奏した時期だった。

王威の再生

律令的王威を坂東の地で再生すべく、役務を担い登場した存在、いささかオーバーだが、高望の赴任にはそんな面もあった。あるいは常陸を基盤とした源護《まもる》の一党もそうだったかもしれない。のち平将門と敵対する源氏の一門は嵯峨《さが》源氏の流れをくみ、王胤としてこの坂東に下向、この地域で勢力を拡大したのだった。

もっとも、右の点とは別に、高望とその一族が、実態としては王臣子孫の立場で地方に土着し、群党勢力と同化していた面も否定できまい。入口と出口はちがう。政府の政策や思惑とは異なる次元で、王胤とその子孫が蟠踞《ばんきょ》する状況をおさえておく必要もある。

坂東に下向した王族・王胤は、桓武平氏の高望王の子孫たちだけではない。将門の乱の存在感のゆえに、ともすればこの高望系が重視されやすいが、あくまで結果からの発想にすぎない。九世紀という時代は、坂東がかかえた軍事・警察上の課題からして王威の移植が望まれた段階でもあった。

嵯峨源氏に関していえば、寛平五年(八九三)、源悦なる人物が上野以下信濃・武蔵・甲《か》斐《い》四ヵ国の御牧使だったことが確認される（『類聚三代格』寛平五・三・一六「太政官符」）。嵯峨源氏の一族では、『今昔物語』（巻二五）に兵として登場する村岡五郎（＝平良《よし》文《ふみ》）と雌雄を決した源充《あつる》（宛）が知られる。この充は「箕田源次《みたげんじ》」と称され、武蔵国足立《あだち》郡箕田郷（鴻巣市《こうのす》）を拠点とした。この充の父仕《つかう》（任）は一〇世紀初頭に、武蔵守として同国に基盤を有した人物でもあった（『尊卑分脈』）。

貴種の地方居住という点では、先の源護《まもる》も同じだろう。『将門記《しょうもんき》』で知られるこの人物は、将門の敵役でもあり、いささか気の毒なイメージが強いが、高望王の一流と同格の貴種とみてさしつかえあるまい。事実、高望王の子孫たちは、こぞってこの源護の子女と婚姻関係を結んでおり、早くから、王胤として坂東に勢力を拡大していたことがわかる。

ちなみに高望王の祖父葛原《かずらはら》親王（桓武天皇皇子）は、九世紀初めに上野国利根《とね》郡長野牧を賜わっており（『日本後紀』弘仁二・一〇・五）、坂東地域と桓武平氏のかかわりを見出すことができる。

親王任国の意味

こうした前史をふくめ、天長三年（八二六）に登場した親王任国の制は、王威の移植という面で一つのエポックとなったのではなかろうか。明確な徴証があるわけではないが、上総・常陸・上野三ヵ国を親王の任国にあてるとの制度は、賜国＝給与の発想を前提としたものだった。しかしなぜにこの三国でなければならないかは、単に封禄的側面のみで解決できない点もある。

防人を供給した坂東は、古代以来、名代《なしろ》・子代《こしろ》が設定された因縁の地域でもあった。その意味では、右の三ヵ国は奥羽と境をなす環ベルト地帯とでもいうべき役割を担っていたのかもしれない。九世紀初頭の蝦夷戦争の終息とともに、奥羽をふくめた東国支配の内実を高めるための方策の一つ。そうした意味も親王任国の制にはあったのではないか。そこには、王胤を配することで王威を坂東の地に再生する方向が、あるいはあったと思われる。蝦夷問題の前線基地坂東が背負う王威は、九世紀後半の俘囚・群党問題にも適用された。しかもより困難な軍事的鎮圧のために、王胤の入植がなされた。

以下、われわれは、こうした軍事的にすぐれた王胤や貴族の子孫を、近年の学界の成果により軍事貴族とよんでおこう。*坂東・東国に下向したこの軍事貴族たちは、その〝血統証〟により地域に根を張ることになる。しかし、かれらは決してそこに埋没したわけではなかった。かれらのアンテナは常に中央に向けられていた。地方に経済的基盤を築きつつも、中央政界との人脈に意を配る。当時のことばでいえば、「留住」というのがこれに該当する。

次にこうした「留住」による軍事貴族の代表的事例ともいえる利仁《りじん》将軍についてみておこう。

＊　軍事貴族という概念が定着したのは、近年の、軍制史分野での研究成果に負うところが大きい。戸田芳実「中世成立期の国家と農民」(『日本史研究』九七、一九六八、のち『初期中世社会史の研究』東京大学出版会、一九九一所収)の提唱にかかるもので、戸田はここで、無位・無官の平将門が国司から互通文書の「移牒《いちょう》」をうけている事実に着目し、将門は中央政府の貴族と同格の「地方軍事貴族」ともよぶべき地位にあったと論じた。本書でも、この戸田の提唱にかかる表現を用いているが、「中央軍事貴族」と「地方軍事貴族」相互の関係もふくめ、今後解決しなければならない問題も多い。

そもそも軍事貴族なる概念が、学問上必要とされた理由はなんであったか、学史的に確認しておく必要があろう。以下での議論はいささか領主制理論とも関係する。細部については、拙著『武士団研究の歩み』(前掲)を参照していただくとして、大雑把にいえば、次のような理解になろうか。

すなわち、それまで武士論の基調は、武士とは古代の専制的支配からの解放者であり、中世は在地領主へと転身した武士により開幕する、と。一般に領主制論とよばれたこの考え方にあっては、武士は農民とともに共闘し、支配階級としての貴族に敵対する被支配者として位置づけられていた。だが、一九六〇年代後半以降に盛んとなった中世国家論の成果に立てば、武士＝領主である以上、かれらも中央の貴族(荘園領主)と同じく、地方にあって農民を支配する立場にあったわけで、この点では支配者階級として位置づけるべきとの議論が一般化した。

軍事貴族概念の提唱者戸田芳実は、そうした新領主制論に立脚することで、日本における中世の成立は、従来有力視された鎌倉幕府成立期や南北朝動乱期より早い段階だと主張。一〇世紀段階には初期封建国家ともいうべき第一段階の中世国家が誕生したことを指摘し、これを王朝国家と呼称した。

こうした学史上での流れを考慮に入れた場合、軍事貴族なる概念の有効性も明らかとなろう。つまり、古代から中世への転換は、荘園領主たる都市貴族と在地領主たる武士という二つの支配階級の内部での権力の交替という性格をもつもので、農民の有力者が武装し、領主化して武士となり、貴族たちに敵対するという図式は正しくないとする。

そうなれば、貴族・武士という異質な支配者集団のヘゲモニー（権力）の争奪戦として両者の対立が現象するわけで、肝心なのは、古代の律令国家権力内で、どの時点において貴族と並立しうるような権門《けんもん》となるかを問うことであろう。軍事貴族なる概念は、そうした理論的要請のなかで登場したものだった。筆者の右の理解がすべて妥当かどうか、議論もあろうが、軍事貴族概念が提起された意義はこのように理解されよう（なお、終章においても、右の問題を別の角度から指摘したので参照のこと）。

ついでにいえば、そうした軍事貴族が、その後どのような過程をへて中世武士へと転身するのかが問われることになる。この問題への問いかけこそが必要とされる。そのことは、武士の多くが領主であったことの意味を考えることにもなる。本書で武士の誕生を論ずるさいに、軍事貴族の末裔《まつえい》の姿に着目し、「住人」化の過程を通じて領主的風貌が顕著となる流れに意を注いだのも、こうした諸点と無関係ではない。

利仁将軍のイメージ

利仁《りじん》将軍——知名度からいえば抜群というほどではないが、戦前までの歴史の教科書には顔をのぞかせていた人物だ。しかし、近年では国語や古典の教材のほうで有名である。芥川龍之介の小説『芋粥《いもがゆ》』に登場する。貧乏人の都人五位の侍を田舎の館（越前）にまねき、芋粥をご馳走する、その人物こそが利仁将軍（＝藤原利仁《としひと》）である。その話ならば、うなずく読者も多いにちがいない。この小説の祖型は『今昔物語』（巻二六—一七）にみえている。

いま利仁将軍を持ち出したのは、前項でふれた軍事貴族論にかかわるからでもある。利仁が活躍した一〇世紀初めの延喜の段階は、王朝国家の初期にあたり、「留住」をこととした軍事貴族が輩出した時代だった。高望王と同じく、利仁もまた、都と地方を往来する「留住」貴族だった。『今昔物語』が語るその富豪ぶりを示す越前での様子に、当時の軍事貴族の実態がうかがわれる。

生没年は不明だが、藤原氏魚名《うおな》流の出身で、父は民部卿藤原時長《ときなが》、母は越前出身の秦豊国《はたとよくに》の娘とされ、越前国の豪族有仁の女婿《むすめむこ》にむかえられる。摂関家に仕え、延喜一一年（九一一）には上野介に任ぜられ、その後、上総・武蔵などの国司を歴任、延喜一五年、鎮守府将軍の地位についた。

以上が『尊卑分脈』を参考にした官歴から確認できる利仁の姿ということになる。だが、利仁には豊かな伝説の世界もある。先に紹介した『今昔物語』には、利仁将軍の新羅遠征についての話も載せられている（巻一四―四五）。九世紀半ばの文徳天皇のころの話として、新羅の征討将軍に任ぜられた藤原利仁が出発にさいして病におかされ、虚空に大刀をふりかざしつつ死去したというものだ。事前に日本側の来襲を察知した新羅側が、宋の法全阿闍梨《あざり》に利仁将軍の調伏を依頼し、その法力が効果を奏したとみえている。

「心猛くして、其の道に達せる者」とされた利仁さえも、真言の密法の前には無力だったらしい。『今昔物語』の主題もそこにある。しかし、法験の掲焉《けちえん》云々とは別に、虚空に大刀を切る利仁を「只人に非ず」と評しているのはおもしろい。見えないものが見えることの非凡さ、これも武略の人利仁将軍のイメージを増幅させたのだろう*。

武略の人という点では、『鞍馬蓋寺縁起《くらまがいじえんぎ》』に指摘されている利仁の群党鎮圧の話も、興味深い。「異類を討伐すべし」との天皇の命をうけ、鞍馬寺に参籠し、示現を得た利仁将軍が、下野国の高蔵《たかくら》山麓に勢力を張っていた群盗・野盗を退治したというものだ。

史実と伝説のはざま

ここに紹介した説話や寺社縁起が、どの程度、利仁の実像を伝えているか疑問もある。しかしそこに共通するのは、鎮守府将軍としての利仁の遠征譚《たん》だ。対象は「異類」だった。「異類」とは、「異域」と同じく同一性への共有を尺度とするもので、その点では、海を隔てた外の国・地域の人々はもとより、異なる価値観をもった辺境地域の人々がこれに相当する。

『今昔物語』の新羅、『鞍馬蓋寺縁起』の群盗、いずれもが「異類」といってよい。とりわけ後者は、古代以来、〝内〟なる〝外〟として位置づけられた東国観(=異域観)に規定されていた。したがって、この時代の「征伐」とは、浄《じよう》—穢《え》の空間論(都の浄的世界が同心円的に拡大するにしたがい、穢的世界に移行する)からすれば、浄の作用を武力により押し広げる〝聖戦〟ということになる。

この点からすると、『鞍馬蓋寺縁起』において利仁将軍が派遣されたのが、下野国であったことはおもしろい。この地域は奥羽に隣接する準異域ともいうべき空間だった。この伝説には、なんらかの史実が下敷きになっていたにちがいない。利仁将軍が上野をはじめとする坂東諸国の国司に任ぜられたことも、大きかったであろう。あるいは、碓氷峠を拠点とした「僦馬の党」に象徴される存在も作用したのかもしれない。そうした史実をふまえ、中世には、利仁将軍の鞍馬寺伝説が構成されたのだろう。

ちなみに下野国で想起されるのは、藤原秀郷《ひでさと》の存在だろう。のちにもふれるように、平将門の乱鎮圧の最大の立役者というべき人物である。その秀郷の拠点が下野だった。かれもまた鎮守府将軍に就任している。むろん天慶の乱の武功にともなう抜擢だった。

中世の武士団の中核へと成長する秀郷流藤原氏は、この利仁将軍との関係も濃厚だった。『尊卑分脈』には、秀郷の曾孫文行《ふみゆき》について、その母を「利仁女《むすめ》」と注記する。秀郷流藤原氏は姻戚関係を通じ、利仁がつちかった坂東での地盤を受け継いだとみてよい。下野そして鎮守府将軍という二つの接点で、利仁と秀郷流藤原氏は結びつく。もっとも利仁将軍をルーツとする正統なる後継者は、越前・加賀方面ということになる。『平家物語』で知られる斎藤別当実盛《さねもり》の斎藤氏は、その末裔とされている。

それでは、同じく利仁将軍にまつわる説話として登場する「新羅征伐」の場合はどうか。ここでも伝説の記憶があった。『今昔物語』で九世紀半ばの文徳天皇のころとするのは、利仁の実年代からすれば合致しないが、重要なのは、九世紀後半の軍事課題が新羅海賊問題であったことだろう。断続的ながら、一〇世紀初頭の利仁将軍の時代まで海防問題は継続して

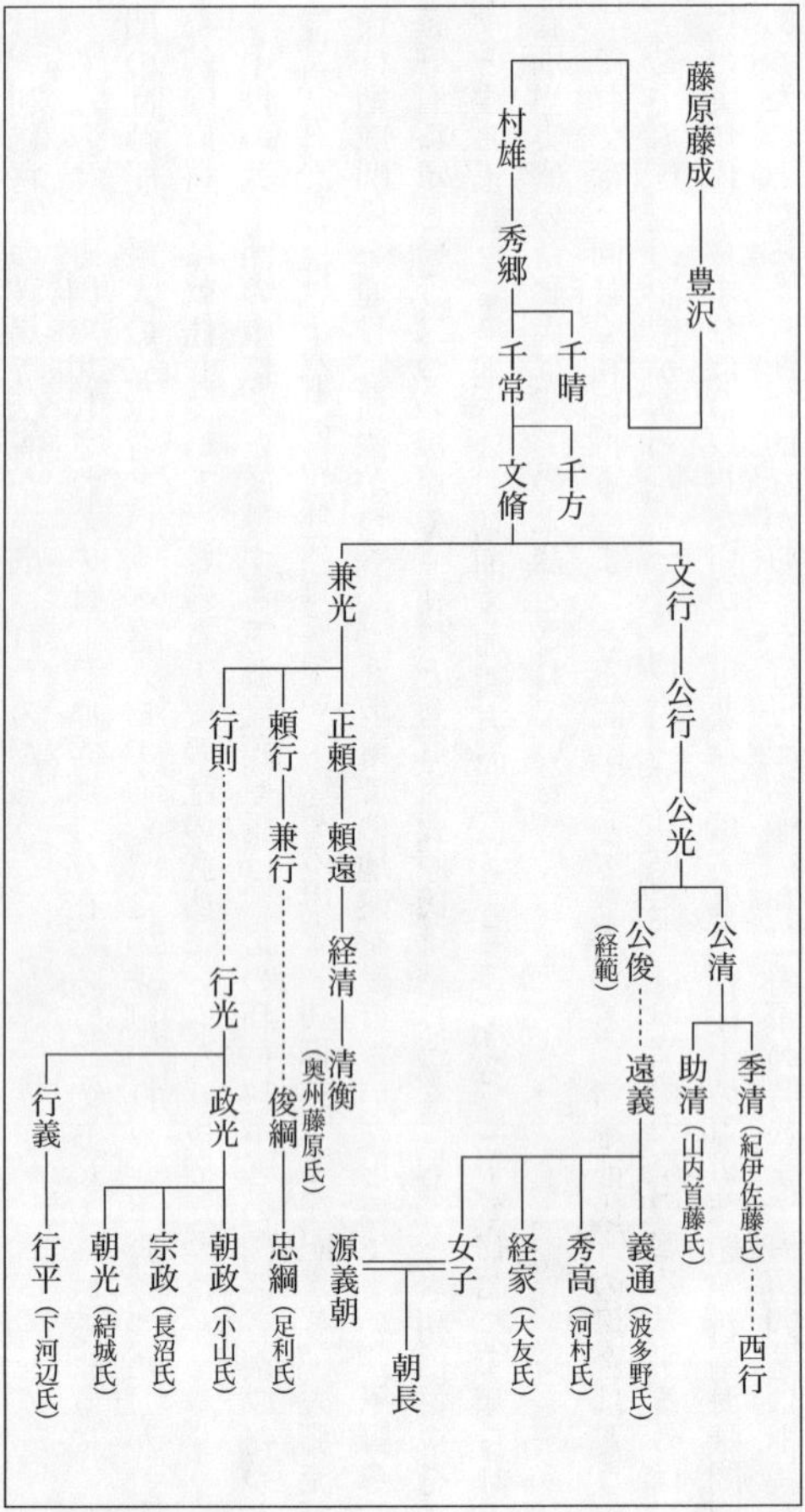

秀郷流藤原氏略系図

いた。このことは、本章の冒頭にふれた三善清行の「意見封事」での指摘からも明らかだろう。そのかぎりでは説話や伝説の世界で、利仁将軍の征新羅譚が流布するのもうなずける。

寛平期の新羅侵寇事件は、そうした伝説の原点を提供したのかもしれない。むろん、このあたりは歴史の闇といってよい。ただ利仁将軍伝説異類征伐譚からどのような史実を分離できるのかは、われわれ読み手のアンテナによるのだろう。

軍事貴族としての利仁

武士の誕生という問題に引きつけて利仁将軍を考えようとする場合、軍事貴族としてのかれの存在が「異類」の征伐観と結合して登場していることは、重要だろう。坂上田村麻呂とともに平安武者の原像を提供した利仁、かれらは中世末期の『田村の草子』では一体化する。この伝説世界での両者一体化を結ぶものは何か。やはりそこでも「異類」「異域」への征伐観ということになる。鎮守府将軍あるいは征夷大将軍が武家の最高栄誉となるのは、そのことと無関係ではない。

　ともかく、律令制の原理が崩れる一〇世紀は、大きな転換の時期にあたった。利仁将軍に代表される軍事貴族の登場は、地方支配を国司に委任する王朝国家の成立と関係している。軍団制の解体のなかで、俘囚・海賊問題につづく群党問題という事態に直面し、王朝国家はその対応をせまられていた。軍事貴族とは、そうした軍事的課題を担って政府により配置された中央貴族や皇親の子孫をさした。＊＊利仁将軍が坂東諸国の国司や鎮守府将軍に任じられたのも、かれの武的な手腕に期待するところが大きかったからだった。

　われわれは利仁将軍の世界を介して、兵あるいは武士の入口まできてしまったようだ。以下では、武士論そのものへと議論を移したい。

＊利仁将軍の新羅征伐については、鎌倉時代の説話集である『古事談』(巻三)にも載せられている。そこでは、宇多天皇の時代の設定であり、調伏の法をなしたのも、当時、入唐《にっとう》していた智証大師円珍であったとする。平安末期から鎌倉時代にかけて、この利仁将軍と新羅征伐との関係が広く伝説化したようだ。このことは、『平家物語』などの中世の軍記作品などにも反映され、坂上田村麻呂とともに平安武者の原点に位置づけられている。「田村・利仁が鬼神をせめ……」(『保元物語』)の表現は、田村将軍伝説の広がりとともに、利仁将軍との関係を一体として解する流れを登場させたのだろう。田村麻呂による「蝦夷征伐」と利仁による「新羅征伐」が合体し、異類・異形たる鬼神への征伐譚として再生したものと解しうる。

このことをもっともあざやかに示すのは、室町時代に登場した御伽草子《おとぎぞうし》の一つ『田村の草子』の世界だろう。この説話は一族三代(俊祐《としすけ》―俊仁《としひと》―俊宗《としむね》)にわたる英雄物語の体裁をとっている。その名が示すように、俊仁が利仁将軍に仮託されている。かれは父俊祐と大蛇との間に生まれ、父の死後、母方の叔父たちの大蛇を退治し将軍に任命される。その後、照日の前という姫と結ばれるが、嫉妬《しっと》する帝《みかど》のために配流される。やがて帰京を許されるが、妻の照日の前が奥州の鬼神悪路王にさらわれることになる。俊仁は鞍馬寺に参籠、毘沙門天《びしゃもんてん》の験力《げんりき》を得て奥州へとおもむき、妻を取り返すことに成功する。その後、俊仁は大唐遠征を企てるが、恵果和尚の修する不動の力で敗死する。

以上が『田村の草子』にみえている、俊仁についてのストーリーである。ここには、いろいろな要素が混在していることがわかるはずだ。特に大唐遠征の話は、その下敷に『今昔物語』の新羅遠征譚があり、その再生ということができる。

こうした利仁将軍伝説は、中世におけるヒーローの転生の過程を考える素材ともなろう。この点については、拙著『蘇る中世の英雄たち』（中公新書、一九九八）を参照のこと。なお、利仁将軍を軍事貴族論とのかかわりで論じた主要なものとして、高橋昌明「将門の乱の評価をめぐって」（『文化史学』二六、一九七一）、保立道久「庄園制的身分配置と社会史研究の課題」（『歴史評論』三八〇、一九八一）、野口実『武家の棟梁の条件』（中公新書、一九九四）などがある。

なお、中世におけるヒーローの転生云々に関していえば、拙著『蘇る中世の英雄たち』（前掲、一〇六頁）のなかで右に示した利仁将軍伝説に関連し、源頼光による酒呑《しゅてん》童子退治に言及した部分がある。これについて、高橋昌明氏より私信を頂戴した。中身は拙著で紹介した滝沢馬琴『燕石《えんせき》雑誌』の「鬼神論」の部分の読み方である。酒呑童子の実態を疫病＝疱瘡神と解する氏の学説の先駆をなすものと解した点に誤解があるとされるものだった。私の表現の拙さによるもので、この場を借りて、お詫びしておきたい。

＊＊　軍事貴族と軍事官僚の関連について。軍事貴族のルーツに関していえば、すでに九世紀段階から確認できるのではないか。坂上田村麻呂、大伴家持などがそれだ。あえて区別しうるとすれば、王胤という血脈だろう。これとても貴族という大枠のなかで処理しきれないものでもない。とすれば、本文で指摘した小野春風に代表されるような軍事官僚との差は、そう大きくはないといえる。こうした考え方も可能だろう。

すでに本文でもふれたように、元慶の乱のおり、「臣の族は将種にあらず、門は兵家に謝す」として辞表を提出した大納言左近衛大将陸奥・出羽按察使《あぜち》源多《みなもとのまさる》の意識からもうかがえる。多はその責任をまっとうするためには、「竜虎」「武猛」の人材を選ぶことを要請している（『三代実録』元慶二・六・八）。ここには「将種」「兵家」の別が意識されていたわけで、軍事貴族の源流をこのあたりに求めることも、さして的はずれともいえない。

ちなみにこの源多の上表文については、早く、江戸時代末期の国学者伊達《だて》千広《ちひろ》が「大勢三転考《たいせいさんてんこう》」（『近世史論集』所収　日本思想大系48　岩波書店）で分析を加え、文人貴族と武人の分化に言及しており参考となる。千広によれば、武家の時代に至るまで、時代の大勢を「骨《かばね》」（姓）―「職《つかさ》」―「名《な》」の三段階とみなし、「名の代」（武家の世）への変化のきざしは、律令的な「職の代」にあった点を説く。すなわち「職の制定《さだま》りてよりは、文官・武官品《しな》わかれ……」という事態が招来し、その結果、「自然うま人は、武き業《たけ》にはうとくなりゆきて、将種・兵家は、下にのみなん出来《いで》にける」との状況になったとする。これが「骨の代」であれば、「何れか将種ならざらん、誰かは兵家ならざらん」と論じ、文武混様の古き時代との相違を指摘する。千広は、官権・兵権両者の分化は、「職の代」に胚胎し、これが兵権の自立につながり、「名の代」への移行を可能にしたとする。

いかがであろうか、なかなか興味深い指摘だろう。千広流に解釈すれば、将種・兵家の登場は、九世紀の段階にはみられることになる。軍事貴族と軍事官僚はともに軍事を専業とする存在であり、両者を区別する必要は考えなくともよいことになる。ただし、本論でも指摘したように、土着性なり在地性が武士への転換を示すメルクマールとすれば、軍事官僚は官職としての側面が強く、そのかぎりでは兵の直接のルーツとはいい難いのかもしれない。

本論では軍事官僚から軍事貴族（兵）への流れのなかで整理をほどこしたが、両者の実態にさほどのズレはないものと解釈した場合は、軍事貴族の登場をより早くに設定できることになる。両者の差をどのように解するかは、大いに議論の余地がありそうだ。

II　反　乱——坂東の夢

　ここでは、一〇世紀をふくめた東国・坂東《ばんどう》のそれからを論じたい。いわゆる王朝国家とよばれる段階である。武士論に引きつけるならば、「兵《つわもの》」が登場し、中世的諸要素が社会の各分野を規定してゆく。中世武士の前提としてのかれらの存在が、クローズアップされる時代である。

　将門の乱をかわきりに、忠常の乱そして前九年・後三年の役とつづくこの時代は、兵がみずからの殻を脱ぎ捨て、領主としての風貌をより鮮明にする時期ということができる。兵から武士へという表現の妥当性については議論もあろうが、この「反乱」を通じて東国・坂東の武的原形質がより決定的となったことは、動かないだろう。

　本章では、前章来の「武」の連鎖が、一〇〜一一世紀のこの地域にどのように継承されているのかを、幾つかの兵乱を通して考えることにしよう。

「兵」の時代へ

「武器。兵器。（中略）転ジテ、武器ヲ執ル人。イクサビト。戦ニ出ヅル者。（中略）兵

士　軍士　軍人　武士　武人（中略）更ニ転ジテ、剛キ者。勇士」。大槻《おおつき》文彦『大言海』に兵《つわもの》は、こう説明されている。もとより正しい。こうした時代を超えた解釈とは別に、兵自体が固有の意味をもった時期もあった。

古代と中世のはざまに位置した平安後期の国家は、兵たちの活躍した時代でもあった。この時期の国家は、古代の律令国家と区別され、王朝国家とよばれる。中世的傾斜を深めた、そんな段階の国家をさしている。

この時期の特徴を記せば、地方の支配は大幅に国府・国衙《こくが》の長たる国司《こくし》（受領《ずりょう》）にゆだねられる傾向が強くなっていた。徴税をふくめた中央への貢納は、国司による〝請負い〟を中心に進められることになる。こうした〝請負い〟方式は、結果よければすべてよし、との結果主義をもたらす。明らかに、律令的世界の理想・建前を追求する方向とは、異なる状況といえる。

右の請負い主義は、地方の支配をふくめ社会のあらゆる方面に浸透していった。本書が課題とする軍制や武力の面でもそうだった。律令制度による皆兵のシステム（徴兵制）が崩れた段階では、軍制面においてもこの請負い制が一般化する。

騒乱や騒擾事件の頻発する状況のなかで、〝武の器《うつわ》〟を有する兵の登場は、時代の要請にかなうものでもあった。武芸を職能とした人々が、この王朝国家期以降、社会のあらゆる分野に輩出するのも、この請負い制の成熟と無関係ではない。

ともかく、武力や軍事の担当者の専業化＝職能化と請負い主義の広がりは深い関係にあった。いわば、選び、選ばれる時代の到来である。選択の時代といってもよい。〝総合の古代〟という表現との対比でいえば、中世は明らかに〝選択〟の時代ということになろう。*王朝国家の時代は、そうした請負い・選択がみえてきた時期ということになる。

＊「選択の中世」の表現は、福田豊彦「武士＝在地領主論と武士＝芸能人論の関係」(『日本歴史』六〇一、一九九八)での指摘による。同論文では、近年の武士＝職能人論への批評とともに、この職能人論に立脚した場合、武芸者としての武士が古代と中世にあって、いかなる意味で異なるのかを、武芸や武具の質的差異から導き出すべきことを提唱する。
史料上からはすでに奈良時代から登場する古代の武士(『続日本紀』養老五・一・二七)と中世の武士を分かつ分水嶺が、芸能＝職人論では不問とされたことへの批判もある。そうした点から福田論文は、古代の武芸と中世のそれとの比較・検討をへることで、中世武士の武芸の系譜を古代との対比から論ずべきで、職能人論に立脚するならば、中世的と形容しうる武芸とは何かを明らかにする必要があるという。

王朝国家と軍事貴族

それでは武力・軍事面において、請負い的要素はどんなかたちで登場していたのか。その端緒は第一次蝦夷《えみし》戦争後の精兵主義の採用以降ということができる。九世紀初頭の健児《こんでい》制への転換は、有償・雇役《こえき》を前提とした請負い体制のはしりだった。これは無償・労役の変形である律令的軍役《ぐんえき》（徴兵制・軍団制）システムとは、明らかに異なるものである。軍事力の実質は別にしても、軍制システムそれ自体からすれば、この郡司子弟を中核とした精兵主義＝健児制への転換はやはり大きかった。

このことは俘囚《ふしゅう》軍の創設にも関連する。前章でもふれたように、俘囚稲の設置は完全なる強制労役とは一線を画したものだった。半強制的側面を残しつつも、精兵主義の健児制を、量において補完するためのものが俘囚制だった。

九世紀軍制の全体の方向は、この二つを傭兵的システムに導入することで対応しようとした。むろん両者は時期的に若干のズレがあるとはいえ、軍制改革の精神において、皆兵主義にもとづく律令的徴兵制の解体のなかで登場したものだった。そこに有償・雇役の傭兵制のきざしを考えることが許されよう。完全なる傭兵制ではないが、来たるべき王朝軍制を担う現実的な軍事システムということができる。

一〇世紀前後の軍事貴族は、右にみた傭兵的萌芽が成熟するなかで登場したものだった。軍事貴族が社会の武器・武力として期待されたとき、武器の保持者＝兵（ツワモノ）の呼称が広く成立する。ここで留意したいのは、軍事貴族とはあくまで学問上の概念だということである。実際上の身分が貴族（律令の身分制度では、四位・五位の官人を「通貴」、三位以上を「貴」とする）か否かはさほど問題ではない。

多く兵の実態を有したかれらが、その出自において王族・貴族の血脈を有したかどうかが一つの基準となろう。のちに述べる平将門《たいらのまさかど》がそうであったように、かれの父良持《よしもち》（良将《よしまさ》）は鎮守府将軍であり、将門自身が無位・無官だとしても、社会的には〝貴族〟と認知された存在だった。地方名士と表現してもよい。

かれらが戦闘にさいし、動員する兵力は大きかった。『今昔物語』にしばしば登場する兵たちの戦闘場面を思い出してほしい。臨時的ではあれ、地方名士として国衙の公権を利用した軍兵の動員力は、軍事貴族の名に恥じないものだった。これとのちの武士団の規模の違いを考えてみるがいい。極論すれば、中世の一般的武士団の規模はまことに小さい。主従関係の強固さとは裏腹に、動員の規模は小さい。国衙公権とのかかわりは、一〇世紀の兵（軍事貴族）の場合のほうがはるかに大きかったろう。いささか先走りしたが、ともかく武士は、この軍事貴族（兵）を前史として登場する。

ともすれば、武士の誕生を、公民制の解体→有力農民の成長→名主《みょうしゅ》の登場→自衛・武装という図式で理解する傾向が強いが、それほど単純ではないこともご理解いただけるだろう。〝中世的〟を冠する武士の指標は、経済基盤としての所領概念の成立が不可欠だった。その意味では傭兵段階の武的領有者は、武士以前の兵と表現されるべきだろう。

そもそも武士と兵を区別する理由はなにか。多くの辞典類は両者一体とみなしている。武的領有者、戦士としては共通する。だが、史料的にこの両者が登場する時代には明らかに違いがある。その相違は、多分にその存在が背負った時代の差であろう。

兵は個人の力量、技量を軸に呼称される場合が多い。武士が個人を超えて、身分的・階層的表示として意味をもつのとは、この点で異なる。兵の使用例が一二世紀以降、明らかに減少するのは、このことと無関係ではない。

兵の存在証明～「兵威を振いて、天下を取る」

九世紀の蝦夷・俘囚勢力の怨乱《おんらん》は、群党蜂起へとつながった。東国・坂東を震源とした武の連鎖は、その後、兵の登場により新しい流れが展開する。王威の移植ともいうべき軍事貴族＝兵の台頭は、坂東に以前にもまして武のエネルギーを充満させた。

「東国の兵乱」（『日本紀略』天慶三・一・一）と呼称された兵による最初の反乱（＝平将門の乱）は、かくしてはじまった。それでは、この坂東の一〇世紀を将門の乱に象徴化させて語った場合、どんな切り口を用意できるのだろうか。このあたりのことから考えてみよう。

これを、『将門記《しょうもんき》』が指摘する「兵威」ということばで代弁させたいと思う。「兵威」とは中世の軍記物語に散見する「武威」と同意の語で、文字どおり武的勢威を示すものだ。中世は、武士（＝武家）が主役をなす「武威」の時代だが、むろんそれのみではない。国家の権力を構成する場からいえば、王権につらなる公家《くげ》による「王威」の世界、さらには寺社家の宗教的権威を軸とする「法威」の世界と、各権門《けんもん》が独自の職能を請負うかたちで存在していた（この点に関しては、三二一～三二三頁の補注を参照）。中世の社会は最終的に「武威」を選択することで武家政権を樹立させたといえる。

以下では、その「武威」＝「兵威」の原点としての将門の乱を素材に、話を進めたい。

「武の力」への確信

将門すでに柏原《かしわばら》帝王の五代の孫なり。たとい永く半国を領せんに、あに非運にあらずと謂《い》わんや。昔は兵威を振いて天下を取る者、皆史（吏）書に見るところなり。将門、天の与えたるところは、既に武芸にあり。思い惟《はか》るに、等輩《とうはい》誰か将門に比《なら》ばん。

『将門記』に載せる著名な将門書状の一部である。私君藤原忠平へ宛てたものである。ここでの将門の主張は明快である。「自分は柏原（桓武）天皇の五代の王孫であり、武力で天下を取る者は史上に多く、天が与えた武芸において、自分とならぶ者もいないはずだ」。この書状が将門自身の語るものか否かは問わないまでも、『将門記』作者の将門への想いが投影されている点は、否定できない。

ここで重要なことは、自己の存在を将門はどのように説明しているかという点だろう。将門が意識した存在証明（アイデンティティ）についてである。それがおそらく「兵威」であり、そして「武芸」であった。この「武の力」への確信、これが将門自身の存在証明だった。「柏原帝王の五代の孫」との王胤《おういん》意識は、右の「兵威」を「王威」に連結させる論理でもあったろう。

いささかむずかしくなったようだが、将門の書状には、「兵威」の語に象徴化される武力が、「王威」と同居するかたちで示されている点を確認したい。

後世、将門的英雄像は、この東国の地に根づき絶大なる人気を博した。将門＝英雄論には、多分に坂東のカタルシス（浄化）がはたらいている。兵站《へいたん》基地坂東に蓄積された武のエネルギーを、〝反乱〟というかたちで吸収した将門への愛惜、そうした情念にも似た意識が、浄化作用の正体なのだろうか。東国・坂東の民衆が、後世に将門を英雄に仕上げた意識には、こんなところもあったにちがいない。

武家の祖型としての将門

将門、苟《いやし》くも兵《つわもの》の名を坂東に揚《あ》げ、合戦を花夷に振う。今の世の人、必ず撃ち勝てるを以て君となす。たとい我が朝にあらずとも、みな人の国にあり、
これまた『将門記』の一節である。将門が弟の将平《まさひら》の諫言《かんげん》に対し、みずからの思いを語った場面である。ここでも〝武の人〟将門の主張は明快だ。兵としての自負、それが合戦を勝

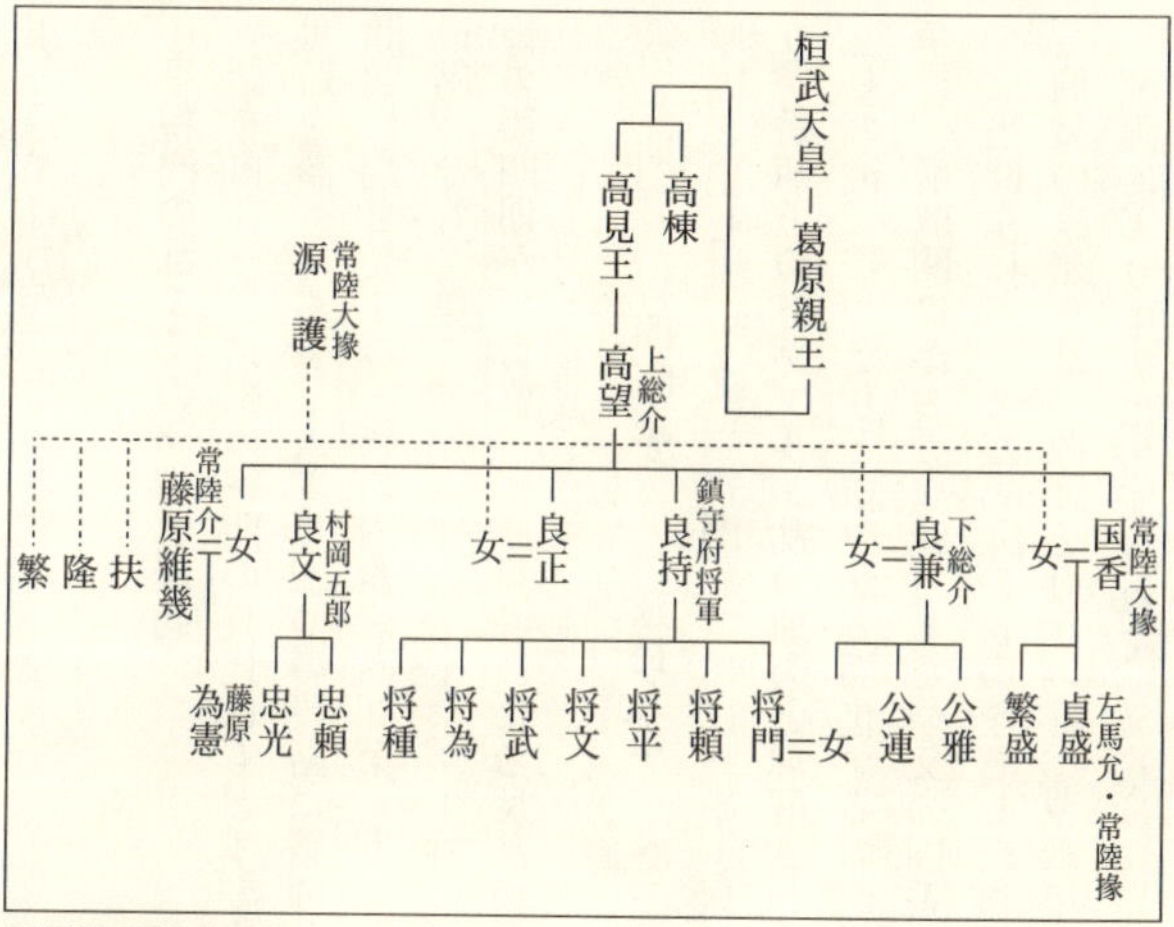

平将門関係略系図

利にみちびき、実力による坂東自立をもたらす、というものだ。ここで留意したいのは、東アジアに向けられた将門の思考の射程である。「わが朝」としての日本を、客観化できる力量といってもよい。「凡そ八国を領せん程に、一朝の軍《いくさ》攻め来らば、足柄《あしがら》・碓氷《うすい》の二関を固め、まさに坂東を禦《ふせ》がん」と、右の引用につづく部分を読むとき、このことは、より明らかとなる。

鎌倉の幕府も江戸の幕府も、この坂東から出発した。武家の坂東は、武士の祖型として将門を求めた。そのかぎりでは将門英雄観は、東国全域にわたっている。京都をふくめた西国とはまさに対照的といえる。そこでは将門は反逆者でしかない。伝説の残り方は、ものの見事に東と西ではちがっている。

平将門の乱〜その発端と経過

話を再び一〇世紀の将門の時代にもどす。まず、史実・実録に徴したかたちで将門の乱の足跡を語っておく。大きく四つの段階に整理し、年代記風に略述したい。第一期は「女論」問題に端を発する一族の内紛段階、第二期は隣国武蔵《むさし》の紛争に介入し、将門の声望が高まる段階、そして第三期が常陸《ひたち》以下下野《しもつけ》・上野《こうずけ》国府を襲撃し、「新皇《しんのう》」を称した段階、そして最後の第四期が平貞盛《さだもり》・藤原秀郷《ひでさと》による反乱終息の段階である。

〔第一期〕『将門略記』は、延長九年（九三一）の将門と伯父良兼《よしかね》の争いが、一族の内紛の原因と記している。『将門記』には、娘と将門との結婚に反対する良兼のことがみえており、婚姻上のトラブルが乱の遠因と理解される。

その後、はっきりと紛争が表面化するのが、承平五年（九三五）二月。前常陸大掾《さきのひたちだいじょう》源護《まもる》と争い、姻戚関係から護に味方した伯父の国香《くにか》を殺し、内紛が拡大した段階である。国香の子で、当時京にあって左馬允《さまのじょう》の官職を有した貞盛は、将門を討つべく帰国する。貞盛に同調した伯父の良兼らは、源護を引きいれ、翌六年六月、将門討滅に向かうが、大敗する。

源護により中央に告訴されていた将門に対し、召喚状が到着、一〇月に将門は上洛《じょうらく》する

年　月	内　　容
承平５（935）	２月、平将門、前常陸大掾源護の一族と戦い、その姻戚の伯父国香を殺害、伴類の舎宅を焼く。10月、将門、叔父良正を常陸に破る。
承平６（936）	６月、将門、下野で伯父良兼を破る。
承平７（937）	10月、将門、上洛して検非違使庁で弁明する。８月、将門、良兼に敗北。９月、将門、良兼を破る。11月、良兼・貞盛・源護以下に追討官符が下される。12月、良兼、将門の従僕丈部小春丸の手引きで将門を襲撃するが失敗。
承平８年 （天慶１年）(938)	２月、貞盛、将門の追撃を逃れて上洛する。将門、武蔵国衙における内紛に介入する。
天慶２（939）	３月、武蔵介源経基、将門を訴える。４月、出羽国で俘囚が反乱を起こす。６月、坂東の賊徒のことにより押領使を任じ、群盗を追捕させる。11月、平将門、常陸国衙を攻撃。将門の乱、国家的反乱に突入。12月、将門、下野・上野などを占領する。
天慶３（940）	１月、諸道の追捕使を任命する。藤原忠文を征東大将軍に任命する。２月、押領使藤原秀郷・平貞盛、将門を討ち取る。３月、秀郷・貞盛に官位を与える。

将門の乱関係年表

が、翌七年の春には朱雀《すざく》天皇の元服の大《たい》赦《しゃ》で帰郷する。その年の八月、良兼の反撃で将門は一時敗退するが、一〇月には常陸真壁《まかべ》郡服織《はとり》に出陣、やがて良兼を筑《つく》波《ば》山に追撃した。そして同年一二月、今度は良兼が小春丸《こはるまる》の手引きで石井営所を夜襲する。

あけて承平八年二月、将門の動きを封じるため再度上訴を企てた貞盛を、信濃《しなの》に追撃した。この時期、京都では大きな地震があり、「東西兵革」の凶事がささやかれたという（『貞信公記《ていしんこうき》』承平八・四・一五）。翌五月の地震で改元、年号は天慶《てんぎょう》とかわった。

以上が第一期の一族の内訌《ないこう》段階での将門の動きである。

将門の乱関係略図

〔第二期〕一族の内紛が公然たる国家的な反乱に発展したのは、天慶二年（九三九）のことだった。前年二月、武蔵国に赴任した権守《ごんのかみ》興世王《おきよおう》と同国の介《すけ》源経基《つねもと》が、正任の国守の着任以前に足立《あだち》郡に入部を強行したことで、郡司武芝《たけしば》との間で紛争が勃発した。

そしてこの年の四月、調停役となった将門の功で両者の和解が成立しかけたが、経基は逃走、将門と興世王が武芝と結び、謀反をおこしたと報じた。翌五月、将門は無実を訴え、坂東五ヵ国の解文《げぶみ》を提出し弁明する。

この時期、貞盛が将門召喚の官符をもって関東に下り、常陸国に到着、貞盛と将門の本格的対決がはじまる。その後、将門は下野に貞盛を襲撃するが、不首尾に終わる。

このころ将門は、二つの難題をかかえこむ。一つは興世王が将門を頼ってきたこと。二つは常陸から、藤原玄明《はるあき》が国司に追われ将門のもとへやってきたことであった。この二つの火種が、国府襲撃へとつながった。

〔第三期〕天慶二年一一月二一日、将門はついに常陸国衙を襲撃した。千余の兵で常陸にはいり、国府を襲い、国司藤原維幾《これちか》を捕らえ、印鎰《いんやく》（国印と倉の鍵《かぎ》）を奪った。かくして将門の動きは公然たる国家への反乱となった。この後の将門は、翌一二月には下野を、そののち上野の国府を襲撃し、国司を京都に追放するに至る。そして『将門記』では、この上野の国府で将門の「新皇《しんのう》」への就任とともに、坂東諸国への国司の任命がなされ、文武百官を定め、下総の本拠石井に王城をかまえたとする。

この将門の反逆は一二月二七日、信濃国からさっそく中央に報告された（『日本紀略』）。他方、将門も上野国府において、私君の藤原忠平《ただひら》に国府襲撃の事情を書状にしたためている（『将門記』）。おりしもこの時期、西海においても藤原純友《すみとも》が蜂起、中央政府はその対応に追われることになる。

〔第四期〕天慶三年一月一日、政府は東海・東山・山陽道の追捕使《ついぶし》を補任《ぶにん》（『日本紀略』一・一）。つづいて一一日、将門追討の官符が発せられた（『本朝文粋』）。さらに一九日、参議藤原忠文《ただふみ》を征東大将軍に任命し（『貞信公記』）、追討態勢を整えるに至った。

一方、この時期、将門は五〇〇〇の兵を率い、貞盛打倒のため常陸へと再度出兵するが、この間、貞盛は、下野押領使《おうりようし》藤原秀郷を味方に引きいれることに成功する。その後、二月初旬に、京都では将門追討の征東軍が出発する。

かくして二月一四日、猿島《さしま》郡での北山決戦をむかえる。貞盛・秀郷らは下総の将門の本拠石井を焼討ちする。劣勢の将門勢は「恒例の兵八千余人いまだ来集せざるの間、ただに率いるところ四百余人」という状況のなかで、敗北する。

将門敗死の報は、即座に京に伝えられた。その功績により三月、秀郷は従四位下、貞盛は従五位上に叙された。将門の首級《しるし》は四月、京都に送られた（『日本紀略』四・二五）。翌五月には征東大将軍忠文が帰洛、節刀を返上し、追討の終了をみた（『貞信公記』）。

以上が、『将門記』を介しての乱のあらましである。大局的な流れについては、理解できたことと思う。

「新皇」の誕生

将門は「新皇《しんのう》」を称した。天慶二年（九三九）一一月、常陸国府を襲撃し、翌月、上野国へと進軍するが、そのおりのことである。『将門記』によれば、上野国で国司を追放した将門は、国庁（国司が国務をとる館）入りし、一族や従者を坂東諸国の国司に任命したという。

以下は打診の域に属すが、将門の「新皇」号が上野国という親王任国においてなされたのは、それなりの意味を考えることもできる。前述した王胤の分配とのからみで、将門によるデモンストレーション的要素があったのではないか。八幡大菩薩《はちまんだいぼさつ》の使いと称する昌伎《かんなぎ》（巫女《みこ》のこと）から位記を授与され、「新皇」を号した場面は、次のように語られている。

朕《ちん》が位を蔭子《おんし》平将門に授け奉る。その位記は、左大臣正二位菅原朝臣の霊魂表すらく、右、八幡大菩薩、八万の軍《いくさ》を起こして、朕が位を授け奉らん。今すべからく、卅二相の音楽をもて、早くこれを迎え奉るべし。

『将門記』は、これにつづけて、「ここにおいて自ら製して諡号《いみな》を奏す。将門を名づけて新皇という」と語っている。ここに示した一節には幾つか注目すべき点があるが、さしあたり、「新皇」問題は興味深い。何度も指摘した坂東という地域の原形質にも関連するからだ。そこには独立国家「坂東」樹立の夢が語られているからである。ちなみに『将門記』には将門を「新皇」と称する一方で、王朝京都の朱雀天皇を「本皇」とよんでいる。この両者の使い分けはおもしろい。

「新皇」とは、いうまでもなく〝新しい天皇〟という意味だろうが、この場合の〝新〟とは、旧来の天皇を否定したところの意味ではなく、あくまでも、従来の京都の天皇を「本皇」と認めたうえでの〝新〟だった。要は〝本家〟〝分家〟にも比されるべき関係と解してよいだろう。後世、この「新皇」号は、「親王」と読み換えられる。

『平家物語』はその代表だが、そこには、天皇への僭称《せんしょう》意識が伏在しており、音韻のうえからも「新皇」は「親王」と呼称されたのだろう。このことは容易に想像がつく。『平家物語』的な「平親王」の意識には、『将門記』が語る「新皇」観ほどには、自立・独立の意味あいが濃くはないことを。中世の成熟は、「新皇」を「親王」へと変換することに成功したともいえる。『平家物語』での将門観は、より客観的な成熟した歴史意識の所産といえる。

将門の弟将平が、この「新皇」号について「本朝に例なし」と諫《いさ》めたという有名な話も、これと無関係ではなく、「新皇」には坂東の自立の意識が混入されている。将門は、この将平の諫言に対して契丹《きったん》の建国者耶律阿保機《やりつあぼき》を例にあげ、武力・実力による国家建設の正当性を主張している。その点では将門の「新皇」は、京都の「本皇」に対峙《たいじ》する〝東国の天皇〟としての意味あいも強い。

東国・坂東がもつ強い自立志向が、将門の「新皇」像を生み出したわけで、これは明らかに『平家物語』の「親王」とは中身を異にする。制度の枠組で処理できる「親王」という名辞には、実力による政権樹立のイメージは弱い。

いずれにしても『将門記』には、追討の軍勢は、坂東の足柄・碓氷の二関でこれをふせぐという坂東独立構想が展開されている。将門が京都の「本皇」を否定せずに坂東のみでの「新皇」を称したとすれば、自立的地方国家とよぶべきものと理解できよう。そこには、日本国天皇（「本皇」）の〝血〟を継承する〝兄弟国家〟ともいうべき自立の国を坂東に樹立することが語られている。

将門と道真

ところで、この「新皇」問題とは別に、前述の将門への位記授与の場面はおもしろい。天皇（「新皇」）にも位記があることに加え、その奏者を菅原道真の霊魂としていることだ。

「昌伎」にのりうつった八幡神は歴史上、しばしば託宣をおこなう神として登場する。応神天皇を祖神として、武の神としても著名である。「新皇」を任ずるにあたり、皇室の祖神天照大神ではなく八幡神だったことは、それなりに想像もつく。ただなんとも唐突なのは、道真だろう。『将門記』作者の創造的才に敬意を表しつつも、この道真の登場には、歴史的回路からの回答を用意しなければなるまい。

坂東の兵どもの夢を担った平将門　『将門射的図』より、長国寺所蔵、千葉市立郷土博物館保管

結論からすれば、二つの意図があったと判断される。一つは、「本皇」に対比されるべき「新皇」を任ずるにあたり、認知されるべき正当性が要求されたことである。道真は死去後、怨霊の巷説があり、正暦四年（九九三）には左大臣を追

号されている。

この点からすれば、「王威」を超えるべき「霊威」の存在、これを象徴的に、かつ具体的に語るもの、それが道真の天神だったのではないか。天皇をもしのぐ道真の怨霊は、中央政界から追放されながら、坂東の将門を介して再生していると考えることもできよう。

これを補強するのが二つ目の理由である。道真のライバルはよく知られているように、藤原時平《ときひら》だった。将門の時代、中央政界は時平の弟忠平が中枢にいた。醍醐天皇—藤原時平ラインから排斥された道真は、「霊威」を介し、その血縁たる朱雀天皇—忠平への復讐《ふくしゅう》者として登場する。藤原氏への道真の反撃、これが『将門記』作者の頭をかすめた可能性は高い。

そのゆえか、『将門記』作者は、私君藤原忠平宛の書状を「新皇」授与の描写場面の直後に設定している。この書状が将門の記したものか否かは不明だが、かりに『将門記』作者の作為とすれば、道真を登場させた意味と合わせ興味もわく。

坂東独立国家構想

『将門記』によれば、上野国府ではまた、興世王・藤原玄茂などが「新皇」の宣旨と称し、坂東諸国の国司の任命をおこなっている。「武蔵権守の興世王は、時の宰人《さいじん》たり。玄茂ら、宣旨となして且つ諸国の除目《じもく》（官を任ずる儀式のこと）を放つ」として、以下の坂東諸国司の任命がなされたとする。

下野守　平将頼（将門の弟）
上野守　多治経明《たじのつねあきら》（常羽御厩《いくはみうまや》別当）
常陸介　藤原玄茂（常陸掾《じょう》）
上総介　興世王（武蔵権守《ごんのかみ》）
安房守　文屋《ふんやの》（室）好立《よしたち》（将門の有力な従兵・上兵）
相模守　平将文（将門の弟）
伊豆守　平将武（〃）
下総守　平将為（〃）

その顔ぶれは、将門の弟たち、有力な従兵、そして興世王などの同輩、参謀格の人物たちということになる。ここには俗に坂東八ヵ国というものの、武蔵が欠落しており、奇妙でもあるが……。

それはともかく、常陸と上総が、この将門の〃坂東の王国〃にあっても、「守」ではなく「介」だったのは興味深い。いぜんとして中央の制度化した親王任国制が踏襲されているのである。このあたりは、京都の王朝から自立するはずの東国版の国家構想の限界が示されている。『将門記』作者が描いた将門王国の〃青写真〃にもう少し、つきあっていただきたい。

将門の王城

坂東でのこの国司任命につづき、左右大臣・納言《なごん》・参議《さんぎ》・文武百官などを定めたとする。「王城」建設が議せられたのは、そのおりのことだった。

王城を下総国の亭南に建つべし。兼ねて欉橋《うきはし》（儀津橋）を以て、号して京の山崎となし、相馬郡の大井津を以て、号して京の大津となさん

フィクションであろうが、百官を任じ、王城を建てるとの構想は、やはり自立の表明にちがいあるまい。古くから『将門記』が語る「下総の亭南」の所在にはいろいろと議論もあった。将門の王城は、伝説化された演劇世界では「相馬内裏」などとよばれ、一人歩きするようだ。

おそらくこの王城は、現実には計画にすぎなかったのだろう。なにしろ将門には、それを実現するための時間が不足していた。坂東独立国家構想が打ち出されたのが、天慶二年の一二月、翌三年二月初旬には「新皇」は討滅されたのである。わずか三ヵ月弱しか残されていなかった。かりに王城建設があったとしても、新しい地に設営することはむずかしかったろう。

将門が現実には、自身としてどれだけの国家構想をもったかはわからない。だが、この乱は地方自立にむけての第一歩であることは確かである。次にわれわれは本書のテーマにそくし、将門の武力を考えてみよう。

将門の武力を考える

『将門記』には将門の武力を語るものとして「従類」、そして「伴類」の表現が登場する。この二つの武的勢力は、指摘されているように、異なる原理に支えられた集団と解されている。将門と良兼の合戦の兵力動員をみると、数十騎単位の規模から数千人にわたる大軍の場合がみられる。

一般に、前者の少数精鋭の騎馬部隊にあたるものが「従類」の中核をなすとされる。規模は小さいが、将門との関係において〝密〟な集団ということになる。個人的情宜関係をそこに想定することも可能だろう。後世の武士団内部における家子《いえのこ》・郎等《ろうとう》的要素がふくまれているとみてよい。

従類には、このように騎兵部隊の主要構成要素となるものもあったが、他方で主人と農業経営を通じて結合した身分的に低位な存在もいた。従類にはこの二類型があり、ここで問題とするのは、前者の武的な性格をもつ存在のことである。

それでは、「伴類」はどうか。数百、数千に及ぶ動員のケースからすれば、歩兵が中心と

将門の本拠とされる石井の営所跡

みてさしつかえない。主人との関係においては、〝粗〟ということになる。ルースな関係とされる。一般の農民的兵士が主力ということになる。戦場で敗色が濃くなるや、逃亡・離脱する場合も少なくなかった。「いまだ幾ばくも合戦せざるに、伴類は算《さん》のごとく打ち散りぬ」とか、「貞盛、秀郷、為憲の伴類二千九百人、みな遁《のが》れ去りぬ」との表現からもわかるように、離合集散の度が大きい武力だった。

すでにふれたように、将門の最期を語る北山合戦の敗北の因は、兵力不足が大きかった。長期戦にあっては、集めた「伴類」（農民兵）を輪番で帰村させることもあったであろう。貞盛・秀郷の追討軍は、この兵力不足に乗じて将門を襲った。戦局を左右したのは、その意味では「伴類」の動員数ということになる。

兵段階の合戦は、質としての「従類」よりは量の「伴類」が大きな意味をもった。「伴類」の多くは農民として周辺の村々に居住し、領主（兵）の営田を耕していたと思われる。したがってこの時期に一般的な焦土戦術は、伴類（農民兵）の再生産機能をマヒさせることにあった。専業戦士（武士）階級が誕生していない時期には、農民的兵力の消耗が合戦の帰《き》趨《すう》を左右した。戦術としての焦土作戦は、武士団成立以前の兵段階に対応したものだった。

ところで、「従類」「伴類」とよばれた二つの異質な武力の相互の関係はどうなのか。ここで思い出されるのが、『将門記』に登場する将門の「駈使《くし》」丈部小《はせつかべのこ》春丸《はるまる》の存在である。「もし汝《なんじ》、実《まこと》によりて謀りて将門を害せしめば、汝が荷夫の苦しき役を省《はぶ》きて、乗馬の郎頭となさん」とは、小春丸に裏切りをすすめる良兼のことばだが、注目されるのは「乗馬の郎頭」の語句だ。良兼側に捕らえられた小春丸への甘言は、騎馬の郎等への取り立てを条件としていた。

小春丸は「伴類」に属する一般の農民に近い存在だったろう。敵側の良兼は、この小春丸の上昇志向を巧みに利用したことになる。その意味で、「乗馬の郎頭」は「従類」に近いことが予想される。

地方名士、将門

以上から、将門の武力、というよりも「つわもの」（兵）が合戦で動員した軍事力には、私的な情宜関係を軸とする「従類」的兵力と、それ以外の兵力（「伴類」）の両者があったことがわかる。後者の「伴類」には多く農民が駆り出されたが、かれらは私営田領主（兵）の所領経営の外縁部を構成した存在で、おそらくは身分上は公民に位置し、国衙に属する両属性を特色とした。

居住空間の構図からすれば、主人（兵）の館の周辺に「与力の人々＝従類の小宅」があり、その外にこの伴類の舎宅が広く郡内に散在していたことになる。その点からすれば、公的軍事力に転用される武力といってもよいものだった。

兵たちは、その貴種的因縁を利用しながら地域での基盤をかため、時として国衙などの公権につながることで「伴類」の動員を可能とした。そうした段階の軍事力は、〝公私混合〟に特色を有した。主従関係のルースな「伴類」はその象徴である。

将門は、父良持の肩書（従五位下陸奥鎮守府将軍）から辺境軍事貴族の子弟の地位にあった。賜姓皇族（王胤）の地位は、地方にあっては尊重され、いわば準貴族としてあつかわれていた。

国衙の軍事力発動にさいしては、こうした国内在住の名士（貴族の子弟）は「諸家」に相当する（家とは元来は一般庶民の「戸」に対し、貴族の住居をさす）。そのかぎりでは将門もまた、坂東地域にあって辺境軍事貴族＝「諸家」に属した地方名士ということになる。かれは私的に営田を経営し、独自に兵力を養ったわけで、先にふれた「従類」のような兵士は「諸家兵士」とよばれる存在だった。

国司（国衙）から相対的に自立していたかれらの発動武力は、毒にも薬にもなった。味方にしたときは最大の効果が期待できるし、敵にした場合は、一国を凌駕《りょうが》するほどの勢力ともなる。将門はその典型ということになり、その意味では国衙の直接指揮下にない独立的軍事権力でもあった。したがって法的には将門への出兵依頼は、命令ではなく「諸家」（貴族）

への要請というかたちをとることになる。

『将門記』に常陸国司藤原維幾が、国務対捍《たいかん》による藤原玄明《はるあき》の追捕にさいし、「移牒《いちょう》」（律令の「公式令《くしきりょう》」に規定された書式で、上下関係の明確でない個人や機関の間で取りかわされる文書の様式をいう）を下総国司と将門のそれぞれに送っているのは、それを語るものだろう。

将門的な辺境貴族は、この時期、国衙の公権から相対的に自立するかたちで存在していた。かれらは法的には「諸家」に属し、兵士を養い（諸家兵士）、私営田領主としての風貌をもち、私的兵力としての「従類」（「諸家」としての将門の私的な兵士には、この「従類」がふくまれていたことになる）を擁した。他方、「伴類」の場合は、その規模から推して一国レベルの広がりをもつ兵力で、両者は対比される関係ということができる。

乱の果実～「兵の家」の誕生

将門の乱には、坂東の夢が託されていた。『将門記』が語る坂東の夢は壮大だった。だが、この夢は結実することなく終わった。将門以後の坂東は、将門が残した〝武の遺産〟を分配するなかで、新しい秩序を育んでいった。

この遺産を享受したのは、将門の敵人たちだった。平貞盛・藤原秀郷に代表される追討の功労者たちである。ともに坂東出身の兵だった。その出自に関しても、将門とさほど大きな違いがあるわけではない。将門と同質の武力保持者を追討軍に仕立て、乱を鎮圧する。いわば〝夷ヲ以テ、夷ヲ制ス〟との方策をとることで、国家は「東国の兵乱」をのりきった。

それでは、その遺産の中身とはなんであったのか。一つは、論功により、かれら将門の敵人たちが名実ともに軍事貴族になったこと。そして二つには、この武的な声望をテコに領主化の基盤を強固にしたことだろう。軍事貴族云々という前者の点については、秀郷が従四位下、貞盛が従五位上に叙せられた（『貞信公記』）。秀郷や貞盛が与えられた四・五位クラスは中下級貴族に位置づけられ、地方官では国司（受領）に任じられる者が多いランクだ。事実、秀郷の場合は下野および武蔵守に、貞盛は丹波守や陸奥守となっている。

いずれにしても、地方出身の豪族が貴族の末端に位置するに至った意味は大きく、しかも、それが武的領有者たるかれらの職能（武芸）にもとづくものとすれば、なおさらだろう。将門の乱は、その鎮圧にあたった兵（武者）たちに、制度のうえでも貴族の世界に引き上げるという果実を与えた。別の言い方をすれば、国家の恩賞を授与されることで、〝武〟の場面を体制の内部に認知させたともいえる。

「王威」を軸とする文人貴族主導の律令体制を変革する一歩は、ここにはじまった。「新皇」というかたちでの将門の夢がかなわないまま終わったのは、〝武〟を体制の内部で発酵させうるまでに至らない段階での変革だったことによる。在《あ》り体《てい》にいえば、〝太く、短い〟と形容される将門的路線か、〝細く、長い〟貞盛的路線か、という対比も可能だろう。理想か現実か、二つの方向がみえるようだ。

歴史の実際は、坂東の地は後者を選択した。その選択の結果、与えられた果実は、中央軍事貴族へと乱の功績者たちを変身させ、王朝国家の内部にその勢力を浸透させていった。律令的理念にもとづく古代の国家は、徹底して〝文〟が優位の世界だった。武人はここでは副次的位置しか与えられなかった。王朝国家の時代は、〝武〟が〝文〟に象徴される貴族世界において自己を主張し、活躍する場を与えられた段階ということになる。〝武〟の認知といってもよい時代だろう。一般に王朝国家の成立の指標は、領主制の体制的容認であったと、しばしば指摘されることがある。じつはこの領主の実態が〝武〟の領有者（武者・武士）であったことからすれば、両者は一体化した存在と理解されよう。

この問題は当然ながら領主化云々という第二の点とも関係しよう。領主の厳密な定義はおくとして、一定の領域を武的実力で支配する存在、これが領主だ。

その意味では将門も、さらに貞盛も、あるいは秀郷も同列の領主だった。ただ、農民の支配の仕方や土地の経営の在り方からすれば、例えば烟田《かまた》氏のような、のちの地頭に典型的な領主（在地領主）とは区別される。領主制の成長度からすれば、いまだ成熟していない段階の領主（私営田領主）ということになる。

将門の乱後の世界は、領主のレベルからは、右の未成熟な領主制からの脱皮の段階にあたる。その脱皮に促進的役割を与えたのが、国家による恩賞（所職と位階）ということになろう。軍事貴族という国家認定の立場は、「兵の家」「武の家」の創出をもたらし、都と地方とを問わず、係争・紛争の解決者としての役割（＝武力の請負い人）をかれらに与えることになった。

貞盛あるいは秀郷は、乱後に手中にした果実を生かしながら、国司や鎮守府将軍の職務を歴任、その子孫を繁茂させた。東国・坂東の在地領主制の展開は、その繁茂した子孫たちにより達成されることになる。将門の乱は、鎮圧者たる兵たちを軍事貴族へと押し上げることとなった。

以下では、軍事功労者たちのその後を、子孫たちの姿から追ってみよう。

将門の遺産～平維茂対藤原諸任

余五《よご》将軍の名で知られる平維茂《これもち》もまた、将門の〝武の遺産〟を受け継いだ一人だった。ここでは『今昔物語』に語られている維茂説話（巻二五―五）を介し、前述の軍事貴族および領主化云々の二つの問題を掘り下げておこう。

貞盛、秀郷それぞれの子孫の平維茂、藤原諸任《もろとう》という二人の兵（つわもの）の話だ。「田畠」の争いから両者合戦に及んだものの、奇襲に成功した諸任側が油断し、余五将軍維茂の逆襲をうけ敗死する。こんな話である。

『今昔物語』に収められている兵説話としては比較的長編に属するもので、説話作者の主題は、「兵の道」に秀でた維茂の卓越した胆力を語ることに注がれている。諸任はその余五との対比のなかで、慎重さを欠いた油断多き人物と描かれている。それなりの脚色がほどこされているとはいえ、ある種の史実に材をとったことは疑いあるまい。

余五将軍の説話がかもし出す、東国における〝武〟の気分は、この説話の基調でもある。名を重んずる両者の壮絶な死闘、ここには神仏のはいる余地はなく、それだけにドライな『今昔物語』の文体が臨場感あるものとしてせまってくる。こうした文学的な要素は別として、われわれが問題としたいのは、将門以後の〝武の遺産〟についてである。

「国の内の可然《しかるべ》き兵共」と表記されている両者は、貞盛そして秀郷の子孫だった。乱の勝者の子孫たちは、「然るべき兵」として国内名士の地位を確保していたと同時に、相互にライバルの関係にあったという事実だろう。紛争の発端となった「田畠」の争いとは、そのライバル観を象徴したものと理解されよう。

将門以後の東国世界は、こうした兵の活躍の場でもあった。前に指摘した軍事貴族化と領主化という二つの点は、この説話からもうかがわれるだろう。

例えば、維茂に冠せられた「余五将軍」の通称が、鎮守府将軍に由来することは明らかだろう。言うまでもなく、系譜的に貞盛の鎮守府将軍の就任を前提として実現したものだった。その貞盛は「甥幷《ならび》に甥が子などを皆取り集め養子にしける」という手段で、貴族の特典（蔭位《おんい》の制）をフルに活用した（蔭位の特典は四・五位の位階保持者の孫には適用されない)。

「甥なるに……十五郎に立てて養子」となった維茂は、明らかに軍事功労者貞盛の余光のなかにあった。父祖の余光云々でいえば、敵人＝ライバルの諸任も同様だった。かつて将門追討に向けて共同戦線を組んだ二人の兵の子孫は、武の遺産をめぐり対抗関係となっていた。武の認知(兵の家の登場)は、将門以後の東国・坂東を特色づけることになったが、同時に、軍事功労者とその子孫による〝坂東分割〟を生じさせた。むろんこの場合の〝分割〟とはムード的表現を前提としたもので、治外法権的領域分割を示すものではない。領主経営の拠点・基盤とでも考えていただければよい。

こうして乱後には秀郷や貞盛の流れはもとより、公雅《きみまさ》流さらには良文《よしふみ》流などの坂東平氏の諸派が蟠踞《ばんきょ》する状況となった。維茂と諸任の説話にみられる関係は、乱の鎮圧に関与した各諸流に共通したものだったろう。

坂東平氏の繁栄

貞盛流は、常陸大掾《ひたちだいじょう》氏の祖となる維幹《これもと》(余五将軍維茂の弟)の流れにみられるように常陸方面へ、さらには東国物資の陸揚げ地で都との主要ルートにあたる伊勢・伊賀方面へと進出している。

また将門の参謀役だった興世王を討った公雅は、安房守・武蔵守に任じられ従五位上となり、その子孫は都にのぼり摂関家に仕え、「都の武者」として活躍するが、一方では、伊勢方面での支配権をめぐり、貞盛流と対立するようになる。

両派の争いは、貞盛流の維衡《これひら》—正輔《まさすけ》、公雅流の致頼《むねより》—致経《むねつね》へと、世代を超えて継続した。平良文は『将門記』には登場せず、乱におけるその行動は不明だが、一一世紀段階には、将門の故地はこの良文流が支配した可能性も高いようだ。隣接する相馬《そうま》の地が、この良文流に属する千葉氏の領するところとなったことからも推測される。

この良文流平氏は、房総の千葉・上総氏とともに、武蔵方面では秩父《ちちぶ》・畠山・江戸の東国・坂東の雄族を分流させる。貞盛流や公雅流とは異なって中央（都）との関係は薄く、坂東で独自の地盤を形成した。

『源平闘諍録《げんぺいとうじょうろく》』にみえている、妙見菩薩《みょうけん》を介しての将門から良文への神仏の継承という話も、この点と無関係ではなかろう。同時に留意したいのは、この良文流の子孫も、また貞盛流とは敵人関係にあったという点だ。その意味では将門は、伝説もふくめて良文流の子孫のなかで再生されることになる。貞盛流との対抗上からも、良文流には将門を意識的に継承する素地があったことになる。以下の主役である平忠常《ただつね》は、その良文流に属していた。

次に、将門の再来といわれた忠常の乱を材料に、一一世紀以降の坂東を考えてみたい。

将門路線の継承者〜平忠常

忠常が反した長元元年（一〇二八）は、おりしも中央政界でも一つの節目であった。この前年、政界を主導してきた藤原道長《みちなが》が没した。望月《もちづき》のかげりを象徴するかのように、反乱は起こった。

忠常は幾つかの史料類には、「下総権介」「上総介」「下総国住人」「上総国住人」とみえている。忠常の本拠が両総いずれにあったかは不明だが、乱の規模を考えれば、房総全域に幾つかの拠点をもつ私営田領主と判断される。「私の勢力極《きわめ》て大きにして、上総・下総を皆我ままに進退して、公事《くじ》をも事にもせざりけり」との『今昔物語』の忠常についての描写は、このあたりを考えるさいの参考となろう。

将門が下総方面の二郡（岡田・猿島）を地盤としたのに比べ、忠常の支配規模ははるかに大きい。忠常は房総三国の各地に館をかまえた領主ということになろう。忠常の有した肩書も、その広範囲な勢力を築くうえで意味をもったにちがいない。系図類には武蔵国押領使とも記し、この方面にも力を有した可能性が高い。かつての高望―良兼―公雅流の基盤を吸収するかたちで、良文―忠頼流の忠常が、この段階の両総に大きな影響力を有していたと推測される。

寛和三年（九八七）の太政官符に「陸奥介平忠頼《ただより》、忠光等、武蔵国に移住し、伴類を引率す」（『平安遺文』四五七三）とみえ、忠常の父忠頼の時代には系図以外の史料でも、良文流がこの方面に拠点をすえつつあったことがうかがえる。忠常の両総での基盤も、その延長上で理解できよう。

公雅の一流が「都の武者」として武名をはせていたこともあり、坂東でのかつての基盤は、忠常の良文流へと吸収された可能性が強い。この良文の流れは、将門の乱での恩賞とは関係が薄く、それだけに中央への進出が遅れていた。その分、下総をふくめた房総方面への在地志向も強かったと想像される。忠常が「国住人」とよばれているのも、この点と関連しよう。

ところで、この「住人」だが、今日われわれが用いている表現とは、いささか意味を異にしている。一言でいえば、地域の有力者の呼称ということになる。それはすぐれて中世的概念をふくんだ用語でもある。史料上で「住人」の語が登場するのは一一世紀初頭であり、どんなに早くても一〇世紀の王朝国家の成立期以前にはみられない。その点では、領主の登場と時期的には重なるわけで、「住人」と領主は類似の存在と解することもできる。

史料上に忠常が下総や上総の「国住人」と表現されているのは、この点で注目される。そこには良文流平氏の東国・坂東での生き様が象徴化されているようでもある。将門の乱での功労者の多くが「都の武者」へと変身するなかで、かれらは在地志向を強め、地方名士（辺境軍事貴族）としての道を選択したと解される。

中央志向から離れての在地志向型の表明は、ある意味では将門的路線と類似する。

坂東平氏の血脈には、将門以来の独立路線が脈々と流れていた。忠常の末裔でもあった頼朝時代の上総介広常《ひろつね》もこれに属していた。その意味で忠常の「国住人」の呼称も、地域に密着し、より在地性を強めた段階で与えられたもの、と解することができる。「住人」が単に当該地域に住む人という、文字どおりの意味になったのは、後世のことだ。* この時代の「住人」概念は特殊な意味をもつ歴史用語だった。「国住人」の表現も、領域レベルとしての国規模での在地有力者への呼称であり、領主化した辺境軍事貴族にふさわしいものだろう。

＊ 学説史のうえで「住人」の語に注目したのは、明治・大正時代の在野史家山路愛山《やまじあいざん》（一八六四〜一九一七）だった。名著『源頼朝』（東洋文庫所収、平凡社、一九八七）において、第一章「東北の日本と西南の日本」の地勢的特色から筆をおこした愛山は、第二章で「諸国住人とは何ぞや」と章題を設定し、住人の類型を考察している。愛山の人物論の特色は、英雄を生み出した時代についての全体像を考察するなかで諸論を展開したところにある。「住人」なる概念の分析も、そうした中世的要素が充満してくる時代に対応するものとして認識されており、現在においても研究上の価値は失われていない。

『今昔物語』版、平忠常の乱

忠常もまた『今昔物語』（巻二五—九）に登場する。将門と同じく〝兵シリーズ〟ともいうべき説話群に収録されている。説話的虚構ながら、おもしろい場面が随所に展開している。まずは荒筋の紹介をふくめ、現代風に訳出しておこう。

今は昔、河内守源頼信という者がいた。多田満仲《みつなか》入道の子で、「兵の道」に欠けるところがなく、公《おおやけ》（朝廷）も「止事《やんごと》なき者」としたので、世の人もみな恐れていた。頼信が常陸守として下向したとき、下総に平忠恒（常）という兵がいた。勢力が強く上総・下総を思う如く支配し、「公事《くじ》」（公的な種々の課役）もおさめず、国司の命令に服さなかった。そこで頼信はこれを咎《とが》め、下総に忠常を攻めようとした。常陸国の左兵衛大夫平維幹《これもと》（惟基）という兵がこれを聞き、「忠常の勢力は強大で、容易に人が近づくことのできない要害の地です。攻めるには多くの軍勢が必要となりましょう」といった。しかし頼信は、「このまま出発をひかえるわけにはいかない」として、軍勢を動かした。

維幹も三〇〇〇騎を調え、鹿島神宮の前で頼信の軍に合流した。頼信は「館の者共」と「国の者共」を打ちつれ総勢二〇〇〇人が集まった。忠常の住居は衣川《きぬ》（現在の鬼怒川《きぬ》）の河尻の鹿島梶取（香取）の渡《わたり》（香取ノ浦）の内海を遥かにはいった対岸にあった。陸路では七日ほどかかるが、入り海を渡るとすぐなので、忠常はこれを察知し、舟をみな隠してしまった。頼信は使者をつかわし降伏させようとしたが、忠常は「守殿には反抗する気はないが、維幹は先祖の敵であり、降伏するわけにはいかない」として、帰順を拒否した。

頼信は「攻撃に日数がかかれば、忠常は防御の態勢をかためるにちがいない。今日中に攻めるなら油断して降伏するだろう。しかし舟がない以上、何か方法はあるだろうか」。さらに彼は「自分は坂東ははじめてだが、家伝によれば、この入り海には幅一丈（約三メートル）ほどの浅い道が堤のごとくついている場所があるという。馬の腹が立つ程の深さらしいが。だれかこの道を知っている者はいないだろうか」と。

そこで真髪《まかみ》（真壁か）高文という人物が、「自分が時々通る道がある。案内しましょう」と語り、葦一束を従者に持たせ、目印に葦を突き刺し渡った。軍勢のなかにもこの道を知らない者も多く、「守殿は誠にすぐれた兵だ」と、みな怖れた。

忠常の陣営では「まさか浅い道は知らないだろう。舟も隠したので大丈夫だ」と考え、ゆっくりと準備をしていたところ、郎等が走り寄って、「守殿が水中の浅い道から軍勢を率い渡ってきました。どのようにしましょうか」と報じた。自分の予測が裏切られた忠常は、「かくなるうえは、もはや仕方がない」と、ただちに「名簿《みょうぶ》」を差し出し「怠状《たいじょう》」（謝罪文）をそえ、郎等に持たせた。他方、忠常側のこうした姿勢をみた頼信は、「強いて追討すべきでもない。ただちに忠常を連行し、引き返そう」といって軍を引き揚げた。それより後、この頼信を「極《いみじき》の兵」として、人々はいよいよ恐れたという。

いかがであろうか。いささか引用が長くなったようだが、説話的世界での忠常像である。

ここでの主題は「兵の道」に秀でた頼信ということになるが、忠常についてもその居所の説明をふくめ、当時の房総のイメージが語られている。ただし肝心の乱の経過については、後述する実録類とは少し違っているようでもある。

もっとも本説話に登場する三人の人物――源頼信・平忠常（恒）・平維幹（惟基）――のそれぞれの関係は、他の史料と比べてもそんなに大きな差はない。この三者の関係は、そのまま将門の乱の延長ということになる。忠常は将門の系譜をつぐ良文流に位置し、頼信そしてこれを支援する維幹は、それぞれが源経基、さらに平貞盛の子孫にあたっている。説話上での種々の肉付けを別にして骨格のみからすれば、忠常の乱とその追討のされ方は、将門の乱のまさに再生ということになる。説話が登場させた三人の主要人物について、もう少しだけ情報を提供しておきたい。

都の武者の血筋

頼信の祖父経基は、六孫王と称し、後世、清和源氏の祖と仰がれる。将門の乱にさいしては、藤原忠文とともに中央からの追討軍を構成した有力メンバーだった。さらに将門の乱後には、西海の純友の乱での追討にも武功を立てている。かつて武蔵介として興世王とともに現地に赴任した経基は、将門たちの動きを、〝謀反アリ〟と告げた人物である。この報は誣《ぶ》告《こく》として処理され、経基は罪に服するが、最終的には彼の報告が正しかったことになる。

ともかく頼信は、この天慶の乱の勲功者の末裔だった。父の満仲も摂津多田方面に基盤を有し、摂関家との人脈も豊かだった。有名な安和《あんな》の変（九六九年）で藤原氏のライバル源高《たか》明《あきら》の追放に一役買ったのも満仲であり、そうした関係で摂関家の覚えめでたく、諸国の受領を歴任した人物ということになる。「都の武者」として各権門に武的な奉仕をすることで、人的基盤をより強めてゆく。

頼信もまた同様で、河内《かわち》を中心とした勢力基盤は都にも近く、「都の武者」（中央軍事貴族）にふさわしい存在だった。ついでながら『今昔物語』的世界では頼信は常陸国司とみえるが、忠常の乱のおりには史実では甲斐《かい》守として赴任する。

次に維幹（惟基）である。かれは、本書の冒頭でもふれた烟田《かまた》一族の遠祖にあたる。貞盛の一流は伊勢に拠点を有し、これまた「都の武者」の風貌をもっていた。後述するように、同じく貞盛流平氏に属する平正輔《まさすけ》は、忠常の乱の最中に安房守に任命されている。当時、上総介には同じく貞盛流の維時がいた。乱の勃発とともに追討使に任命された平直方《なおかた》は、この維時の子であった。

『今昔物語』に登場する維幹（惟基）は常陸に勢力を有しており、同じ貞盛・繁盛流ながら東国＝辺境での軍事貴族化の方向をもっていた。その意味では、同じ東国方面での勢力拡大で両総を基盤とした忠常と最も対立関係にあったことになる。いずれにしても、この忠常を包囲するかのように上総・安房・常陸・武蔵それぞれに貞盛・繁盛流平氏を配し、甲斐に頼信という人的配備がなされたようだ。

以下では、この乱の大局的な流れについて、同時代史料で確認しておこう。

平忠常の乱〜その発端と経過

房総を舞台としたこの乱の原因は、万寿五年（一〇二八）に忠常が安房の国司を殺害したことにはじまるという。同年六月、政府はこの反乱に対処するために追討使に平直方・中原成通《しげみち》を任じた（『日本紀略』長元一・六・二一）。上総ではこの時期、同国の介であった県犬《あがたいぬ》養為政《かいのためまさ》が忠常に与《くみ》した現地の国人《こくじん》により取り籠められる事件も起きていた（『小右記《しょうゆうき》』長元一・七・一五）。

忠常側は内大臣藤原教通《のりみち》に使者を送り弁明につとめるが、その使者も八月の初めに京都で捕らえられる（『左経記《さけいき》』長元一・八・二）。八月五日、平直方らの追討使が進発。追討使の決定から進軍までに約二ヵ月が経過していた。

この間、直方とともに追討使に任じられた中原成通の辞任騒動もあり、随兵二〇〇人で進発した追討軍は円滑を欠く状況にあったようだ。一方、忠常側はこの時期、都で捕らえられた使者の尋問によれば、上総国夷隅《いすみ》郡の「伊志みの山」に随兵とともに布陣していたという（『小右記』長元一・八・八）。その後、直方・成通の両者の不和が取沙汰《とりざた》され、追討軍・忠常双方の動きを知る手がかりもとだえる。翌長元二年二月には東海・東山・北陸の諸国に忠

年月日	内　容
万寿5 (1028) —	忠常、安房守惟忠を焼殺す。(『応徳元年皇代記』)
〃　6．5	忠常追討に関する朝議。(『小記目録』)
〃　21	平直方・中原成通が追討使となる（『左経記』)。東海・東山道に官符を下すことを決定（『日本紀略』)。
長元1 (1028) 8．1	忠常郎等の従者、京で捕らえられる。(『小右記』)
〃　4	忠常の従者、内大臣教通宛の消息文を持参。(『小右記』、『左経記』)
〃　5	忠常追討使右衛門少尉平直方、同少志中原成通発向、随兵二百余人。(『日本紀略』)
長元2 (1029) 2．5	忠常追討の官符。(『日本紀略』)
〃　6．8	追討使直方更迭の議おこる。(『小記目録』)
〃　13	検非違使、忠常郎等の京中住宅を捜検す。(『日本紀略』)
〃　12．5	追討使平直方・上総介維時らの解文、書状到来。(『小記目録』)
〃　8	中原成通を解任。(『日本紀略』)
〃　—	この年源頼信を甲斐守に任ず。(「源頼信告文」)
長元3 (1030) 3．27	安房守藤原光業、忠常の乱逆により印鎰を捨てて上洛。(『日本紀略』)
〃　29	安房守に平正輔を任ず。(『日本紀略』)
〃　5．14	平忠常、伊志見山(上総国夷隅郡)にこもる。(『小右記』)
〃　20	忠常出家。(『小記目録』)
〃　7．8	直方の更迭を決定。(『小記目録』)
〃　9．2	甲斐守源頼信及び坂東諸国司に忠常追討を命ず。(『日本紀略』)
長元4 (1031) 3．1	下総守為頼、飢餓により妻女憂死のことを報告。(『小右記』)
〃　4．28	忠常降伏の意志を頼信報告する。(『左経記』)
〃　6．6	平忠常、頼信と共に上洛の途次、美濃国野上で病死。(『左経記』)

平忠常の乱関係年表

常追討への協力をうながす官符も出されるが、反乱鎮圧の気配はなかった。こうしたなかで同年の一二月には追討使の中原成通の更迭《こうてつ》が決定された（『日本紀略』長元二・一二・八）。乱はその後も拡大し、翌三年三月には安房守藤原光業《みつなり》が印鎰《いんやく》をすてて京都に逃げ帰っている（『日本紀略』長元三・三・二七）。政府はこれをうけ、安房守に平正輔を補任し、対処しようとした。正輔は貞盛流平氏に属し、忠常とは「敵人」関係にある。同年五月、忠常の出家が伝えられるなか、進展をみない追討軍に対し、七月、政府は責任者直方の召喚を決定する（『小記目録』）。

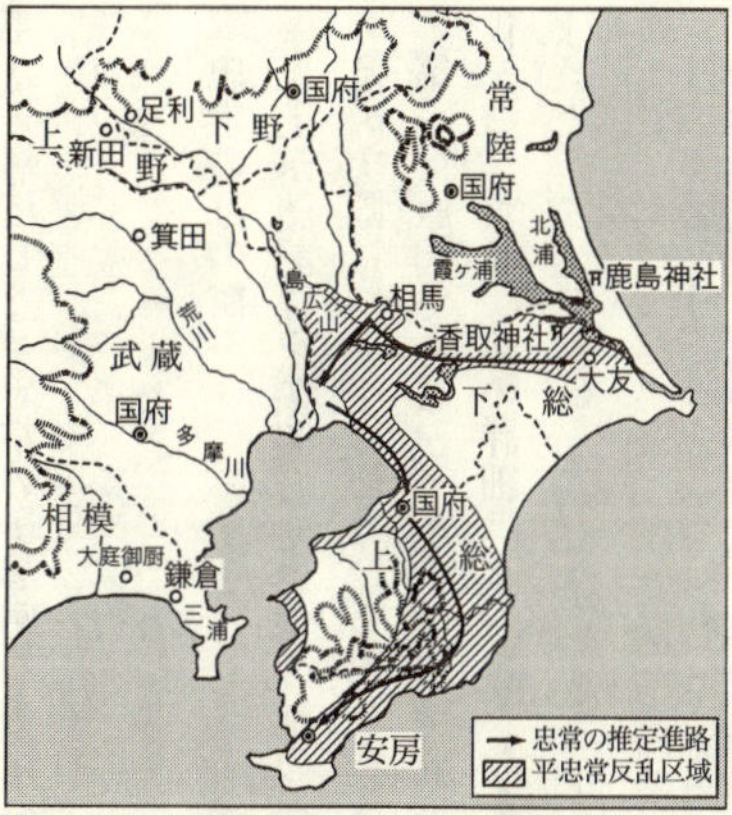

平忠常の乱関係略図

かくして九月、甲斐守源頼信が追討使に任じられた。その後、頼信は東国へと赴くが、その下向にさいしては忠常の子の法師をともなっており、講和政策も視野に入れての対応だったと思われる。こうした情勢のなか、翌長元四年四月、忠常は子息と郎等を随《したが》えて頼信のもとへ帰降した（『左経記』長元四・四・二八）。その結果、頼信は忠常をともない上洛の途につくが、忠常は美濃で病気となり、六月に死去する（同記同・六・一一）。頼信はこの忠常の首級をたずさえ帰洛した。忠常の子息常昌《つねまさ》・常近《つねちか》の処遇が問題となったが不問とされ、ここに乱は終結した。

忠常の乱の謎

以上が諸記録を参照した忠常の乱のあらましである。『将門記』のような記録がなく、この乱の実際については思うほど明らかではない。

第一に原因であるが、忠常が安房守惟忠を焼死させた事件が発端とされる(『応徳元年皇代記』)。ただ、その詳細はまったくわからないが、中央下向の受領との利害の対立があったようだ。『今昔物語』には忠常側の年貢・公事のサボタージュとあるが、真偽は定かではない。

第二は乱の対応についてである。前述したように政府側では平直方を中心に追討軍が編制されたが、その人選も不明な点が多い。このとき、追討使の候補として貞盛の子孫の正輔《まさすけ》・直方、そして源経基の孫の頼信の三人があがっていた。最終的には直方の選定となるが、そこには、かつての将門追討にさいしての現地豪族登用策への期待もあったと考えられる。秀郷や貞盛の武功にかんがみて、忠常と対決できる平氏諸流からの追討使任命へと落ち着いたのだろう。

加えて、直方が当時の政界の第一人者関白頼通《よりみち》に仕えていたことも大きかった。おそらくは、この頼通の支援もあったであろう。他方、乱の張本の忠常も、中央との人的チャンネルは確保していた。頼通の弟内大臣教通との関係である。忠常は郎従を派遣し、教通を介し追討令の撤回に動いた。

このあたりは、かつての将門と藤原忠平との関係を連想させるわけで、当時の兵・武者とよばれた存在は、多くこうした中央政界の有力者の〝家人〟でもあった。そのかぎりでは、統一的軍制が解体した平安後期にあっては、兵たちが摂関家をはじめとする有力権門に仕えていた様子を確認できよう。各権門の私的武力と公的な官制の軍事力が合体している点に特色があった。

第三は、この乱の性格についての問題である。中央の追討軍の顔ぶれをみるかぎり、この戦闘は長年にわたる坂東平氏内部の私闘のにおいが強い。直方の追討使出発にさいして、父の維時が上総介としてこれを補佐し、のちには正輔が安房守に任命されて援助していたこと、さらには常陸は正輔の父維衡が国守であり、子の維幹はここを基盤に大きな勢力を有していたこと等々、貞盛流平氏による大包囲作戦が展開されたことになる。ちなみに武蔵国守には、これまた直方・維時とともに忠常追討のメンバーだった公雅流の致方《むねかた》がおり（『小右記』長元三・六・二三）、同族平氏一門での私戦としての性格を推測させる。このあたりをもう少し試掘しておこう。

坂東平氏の内紛〜良文流対貞盛流

房総を「亡国」化させたこの乱には、どんな意義があったのか。ここでは鎮圧・追討のされ方から考えてみよう。乱の経過からもわかるように、追討使任命には二つの段階があった。一つは平直方の任命にみられる貞盛流平氏の登用による第一段階。第二は直方にかわる清和源氏、源頼信の登用である。

直方は貞盛の曾孫に位置し、父の維時とともに上総方面に基盤を有した人物だった。他方、乱の張本忠常は良文流に属し、同じくこの方面で領主化をはかっていた。その意味では両流の勢力基盤をめぐる争いとしての面も強く、政府が鎮圧の第一段階として直方を追討使に任じたことも、敵人登用という伝統的方策によったものと理解される。

しかし、この方式での解決はむずかしく、第二段階として、敵人登用策とは別に源頼信を登用することで、忠常の投降が可能となる。忠常が頼信に降伏するさい、「守殿、止事《やんごと》なく御坐す君也。須《すべから》く参ずべしと云ども、惟基は先祖の敵《かたき》也。其れが候はん前に下り跪《ひざまず》きてなん否候まじき」と『今昔物語』の語る場面は、それが端的に示されている。守殿、すなわち頼信には投降してもよいが、平維幹（惟基）は先祖の敵なので跪きたくない、という主張である。ここにみえる維幹は、説話では三〇〇〇騎を従えて頼信に合力した兵だった。

「先祖の敵」〜忠常対維幹

さて、その維幹とは繁盛の子であり、前に紹介した余五将軍維茂とは兄弟の関係にある。「常陸大掾系図」には維幹を常陸大掾・多気《たけ》大夫、水守《みもり》（水漏）大夫と記すように、かれは貞盛流の勝ち組の果実を常陸方面で受け継いだ兵だった。その肩書から、筑波郡の多気（現在のつくば市）や水守（つくば市）にも館を有した私営田領主だった。

説話的世界ながら維幹の動員した大規模な三〇〇〇もの兵力は、そこに国衙（国家公権）との結びつきが前提となろう。質より量とも表現できそうな私営田領主（兵）段階の広域的な武力発動は、離合集散の激しさを前提としていた。それゆえに長期にわたる戦争状態は、焦土戦による疲弊化をまねき、最終的には自壊せざるをえない状況をつくり出す。忠常の乱の鎮圧に頼信の登用が作用した点は疑いないが、数年に及ぶ争乱での房総方面の生産不能状況こそが大きかったにちがいない*。

維幹に話をもどすと、常陸大掾氏の祖として知られるこの人物は、右大臣小野宮実資《おののみやさねすけ》に仕えてもいる。ちょうどライバルの忠常が摂関家の内大臣教通に仕えたのと同様の関係といえる。『小右記』では、長保元年（九九九）常陸介に任じられており、同じ親王任国ながら上総介であった忠常と対比できそうだ。

その維幹は、忠常にとっては敵人関係にあたる人物だとされる。それは忠常の父忠頼と、維幹の父繁盛との闘諍事件に由来していた（『続左丞抄《さじょうしょう》』寛和三・一・二四付太政官符）。

忠頼については、確実な史料では一〇世紀末に武蔵国に拠点を有したことが知られ、忠常が系図類に「武蔵押領使」とも記されているのも、あるいは父忠頼以来の関係によるものだろうか（二七〇頁の系図参照）。この忠頼は、後述する相馬《そうま》御厨《みくりや》の相論のさいに提出された「平常胤《つねたね》寄進状案」にはその名がみえない。ここでは伝領関係を良文―経明―忠経と記しており、経明と忠頼が同一人の可能性も高い。

それはともかく、この事件のあらましは、繁盛が寛和二年（九八六）一一月に太政官に提出した解状《げじょう》（上申書）から、うかがえる。

私は将門の乱に兄貞盛とともに戦いましたが、恩賞を充分もらえませんでした。老年となり国の安穏を願うべく、金泥の大般若経《だいはんにゃきょう》を書写し、比叡山《ひえいざん》に奉納しようとしたところ、旧敵の陸奥介平忠頼・忠光などが、武蔵国に移住し、妨害しようとしました。朝廷に訴え、追捕の官符は下されたものの、かれらの暴虐は激しくなるばかりです。私は若いころより故九条右大臣師輔《もろすけ》公にお仕えしてまいりました。この機会に、朝廷にお取り次ぎいただき、忠頼らを追捕する官符を路次の国々に賜わりたく存じます。（『平安遺文』四五七三）

繁盛と忠頼は同じ桓武平氏だったが、相互に対立していた。ここには国家安穏云々とは別に、中央貴族との人的チャンネルを有した繁盛の猟官運動のにおいも強い。こうした世代を超えた同族間の敵人関係は、この貞盛流・良文流だけではない。

長徳四年（九九八）の良正の子致頼（公雅の子とも）と貞盛の子維衡との伊勢での闘諍事件もそうだ。この事件は次代の正輔（維衡の子）、致経（致頼の子）にも引き継がれた。忠常の乱で、貞盛流の正輔はこれを鎮圧すべく安房守に任じられたが、伊勢で致経と合戦に及び、下向できなかったという。貞盛流と良正・公雅流との対立だった。

先に指摘した繁盛と忠頼の対立も、まさに世代を超えたかたちで維幹・忠常へと継承されたことになる。その意味では先祖の遺恨合戦という側面もあったのだろう。

天慶の乱後の所領拡大を機に、坂東平氏は同族相互で「敵人」関係をつくり出したわけで、忠常と維幹（惟基）との因縁的対立も、そうした事情を背後に有していた。在地での同族間での武力対立を調停するために、これと異質な武力が要請されることになる。

＊　頼信の登用はその意味では忠常の〝敗れ方〟、別の言い方をすれば、〝兵としての意地〟をどのように収めさせるかの方策がはかられた結果であった。〝敗北の方法〟が問題とされたのだろう。敗れることが恥でなかった時代は、自害を必要としない。

忠常の降伏の仕方は、これを象徴していよう。従来の有力な考え方では、忠常が頼信に名簿《みょうぶ》を提出して降伏したことに関し、頼信が甲斐国守に任命される以前に常陸介であったことが、忠常との主従関係に大きく作用し、これが忠常の恭順につながったとみる（例えば、竹内理三『武士の登場』中央公論社「日本の歴史」6　一九七七）。

「亡国」となった坂東~将門と忠常の差

房総三国は「亡国」と化した。乱が最終局面をむかえる長元四年(一〇三一)三月の下総国からの報告には、「忠常を追討するの事により、亡弊ことに甚《はなはだ》しと云々」とあり「抑《そもそ》も安房・上総・下総はすでに亡国なり」と指摘し、「公力」を加えなければ坂東の復興も期しがたきことを語っている(『小右記』長元四・三・一)。下総守為頼《ためより》が報ずる同国の惨状はだれの目にも明らかで、右の報告は、京都からつれてきた妻子も飢餓のなかで死去したことを伝えている。

上総についても事情は同様だった。反乱が終わって三年後の長元七年の上総国司辰重(姓不詳)は、次のように報じた。意訳しつつ紹介しよう。

「忠常の追討で坂東の国々は多くの被害をうけました。とりわけ上総国は忠常の住国なので、追討使直方はじめ諸国の兵士たちのために三年間の税物が使われ、塵《ちり》さえも遺《のこ》されませんでした。前任者の維時朝臣《あそん》(直方の父)の最後の年の徴符(租税の徴収令状)も持参しましたので御覧下さい。上総国の本田は二万二千九百八十余町でしたが、国内の作田は十八町余しかない惨状です。将門の乱も被害は大きかったが、今回ほどのことはございません。私が当国に着任した年に作田五十余町になり、毎年の積み重ねで今年の検注でなんとか千二百余町となりました。乱をさけ他国に逃げた民も帰ってきました。四年間の税を免除するとの朝廷の意向で、税を徴収しなかったこともあり、ようやく復興のきざしがみえてきました。

しかし私が京都にのぼるや、貴族たちが納物の催促におとずれるあり様です。どうしたものでしょうか」（『左経記』長元七・一〇・二四）。

それにしても大変な荒廃ぶりである。前任者維時の時代には一八町余しか残らない状況だったという。本田が二万二九八〇余町とあることから、一二〇〇分の一の田地ということになる。荒廃の極みここに至れり、といったところだ。

かつて将門の拠点は、鎌輪や石井の営所の所在からも判断されるように郡規模だった。これに対し一一世紀段階の私営田領主忠常の場合は、国レベルでの領域性を有した巨大な領主ということになる。同じ私営田領主とはいえ、両者の間の時代の差を考慮に入れないわけにはいかない。貴種の末裔とはいえ、無位・無官の将門と上総あるいは下総の官人の肩書を有した忠常とは、所領集積の規模が異なっていた。ただし農業経営の実際において、将門そして忠常両者に根本的な違いがあったわけではない。

一般に私営田領主（兵）段階の武力は、農業経営と密着しており、のちの在地領主（武士）とは区別される。固有の戦闘集団云々の点でいえば、一一世紀後半以降登場する在地領主のように、農業経営からの分離を前提としたものではなかった。したがって農業を離れ、長期に恒常化した戦闘を遂行することはむずかしい。

戦闘の様式もこうした私営田領主＝兵段階に対応したもので、前述したように、敵陣営の田畠を焼き払い、農業の再生産機能を奪うことに主力がおかれる。『将門記』にみえる戦法がそうであったように、この忠常時代にあっても、焦土戦術が採用された。乱の直後の作田一八町余の実数は、こうした徹底した焦土戦の結果であったからにほかならない。四年にわたり坂東を席巻《せっけん》した忠常の乱が残したものは、荒れはてた田畠と疲弊した農民たちだった。この荒涼とした大地を克服することで、武士の誕生に見合う新たな坂東の力が育つことになる。

刀伊の入寇〜事件と経過

ここで目を西に転じたい。九世紀の軍事課題が蝦夷《えみし》問題と新羅《しらぎ》問題にあったことは何度かふれた。東国の蝦夷問題が俘乱—反乱というかたちで坂東の歴史的条件を規定したことも述べた。そのなかで、兵誕生の道筋にもふれた。

今度は、これを新羅問題の延長に位置する刀伊《とい》の入寇《にゅうこう》事件を材に考えておこう。時期は忠常の乱より一〇年ほど前のことで、王朝国家期の軍制の在り方を全国レベルで理解するさいの好材料といえよう。寛仁三年（一〇一九）三月末より約二週間にわたり、北九州一帯を襲ったこの事件は、女真族《じょしん》（刀伊）による侵略行為として、中央貴族に大きな衝撃を与えた。

事件のあらましを『朝野群載《ちょうやぐんさい》』『小右記』などの史料から復元すると、およそ次のようになる。

●三月二八日　女真人らが五十余艘で対馬・壱岐《いき》に来襲。壱岐守藤原理忠《としただ》が殺害される。
●四月　七日　両島民を殺略後に、筑前国怡土《いと》・志摩《しま》・早良《さわら》の諸郡を侵略、穀米を略奪。
●四月　八日　刀伊軍、能古《のこ》島を襲撃。大蔵種材《おおくらたねき》・藤原明範《あきのり》・平為賢《ためかた》・平為忠・藤原助高・大蔵光弘・藤原友近らを警固所に派遣し、防衛させる。
●四月　九日　刀伊軍、博多の警固所に来襲。
●四月一一日　刀伊軍、筑前国早良郡・志摩郡沿岸に再び来襲。

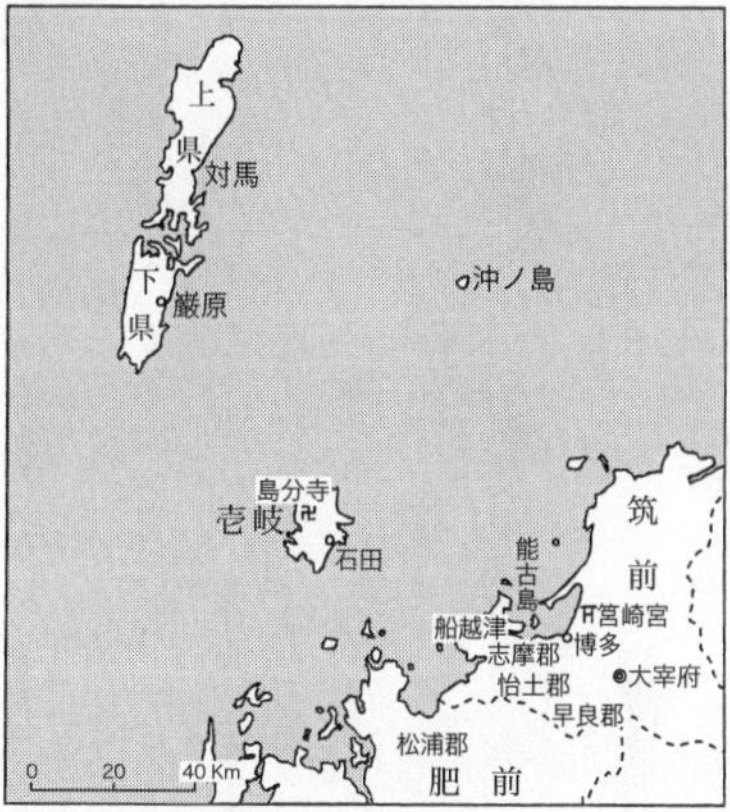

刀伊の入寇関係略図

●四月一二日　酉《とり》の刻（午後六時ころ）に上陸。大神《おおがみ》守官（宮）、検非違使財《たから》部《べ》弘延《ひろのぶ》合戦。平致行・大蔵種材・藤原致孝・平為賢・平為忠らも兵士を率い防戦。
●四月一三日　刀伊軍、肥前国松浦《まつら》郡を攻略し、退去。

以上が刀伊入寇の経過である。大宰府からの報告が京都にもたらされたのは四月一七日のことだった（『小右記』）。朝廷側ではその報告をもとに、次のような対応をおこなった。これも同じく日付別に整理しておこう。

●四月一七日　大宰府の飛駅使、京都に到着。

●四月一八日　右大臣藤原公季《きんすえ》以下が参内し、対策を協議。要害の警固および神仏への祈禱《きとう》の事が講ぜられる。

●四月二一日　大神宮以下諸社（石清水・賀茂・松尾・平野・稲荷・春日・大原野・大神・住吉）に奉幣。

●四月二七日　刀伊賊防御の官符を大宰府に下し、四天王寺で修法。

と、こんな状況だった。まことに皮肉ながら、中央へ刀伊入寇の報が届けられた時点で、すでにかれらは退去していたことになる。退去後の刀伊軍は、その後（五月中旬）、朝鮮半島の元山《げんざん》沖で高麗の水軍の力で壊滅させられた（『小右記』寛仁三・八・一〇）。そして九月には捕虜となった二七〇人は対馬に送られ、戦後処理は完了したようだ（『小右記』同・九・二二）。

二週間にわたる侵寇事件で人間と牛馬の略奪の被害は甚大だった。後日の報告では殺害された者三六四人、被虜者一二八九人、牛馬被害三八〇頭に及んだ（『小右記』同・六・二九）。戦況の推移を再び確かめると、次のようになる。

まず四月七日に刀伊軍に襲われた志摩郡では、「人兵」「舟船」が不充分な状態で、同郡住人文室忠光《ふんやのただみつ》が防戦、急派された府兵とともに「賊徒」「数十人」撃退の戦果をおさめている。翌八日には那珂《なか》郡能古島に襲来するが、大蔵種材以下の人々が警固所に向かい防戦、九日には敵軍との間で激戦が展開され、そのさいに、「平為忠・同為賢等、帥首として馳せ向い合戦」したこと、刀伊軍の強弓の威力に圧倒されつつも、馬上からの応射や鏑矢《かぶらや》の響きで敵を撃退したことがみえている。

その後二日間は「神明の所為」を思わせる猛風で休戦となったが、その間に兵船三八隻を調達、一二日の上陸戦では大神守宮・財部弘延が中心となりこれを撃退、この間、平致行・大蔵種材・藤原致孝・平為賢・同為忠が兵船三十余で追撃し、一三日には肥前国松浦郡に上陸した軍勢を前肥前介《さきのひぜんのすけ》源知《しる》が郡内の兵士を率いて撃退した（『朝野群載』『小右記』）。

合戦形態の変化〜寛平新羅戦との比較

それでは右のような経過をたどった刀伊入寇の事件は、武士発生史あるいは王朝軍制のうえで、どのように位置づけることができるのだろうか。ここで想起されるのが、前章でふれた九世紀末の寛平《かんぴょう》期の新羅侵寇事件である。来襲の規模からして両者は類似する。

王朝軍制移行の直前に位置する新羅戦の場合、すでにふれたように律令軍制の遺産が反映されていた。新弩《しんど》を駆使しての殺傷力の大きさは、集団戦に規定された戦闘能力の優秀さを物語っていた。加えて軍事官僚ともいうべき文室善友と、これを支えた郡司以下の士卒の活躍は、官制秩序での指揮権がそれなりに作用していた。兵備・兵器の問題しかり、兵力しかりだった。俘囚勢力の利用という面はあったものの、全体としては、旧来の律令軍制の枠組が作動していたことを確認できよう。

対して、この刀伊戦の場合はどうか。兵器については、例の新弩への言及はない。おそらくは大規模な集団戦で有効性を発揮したこの武器は、この段階では姿を消していたのだろう。このことは「上野国交替実録帳」の世界と符合する。

国家や公権の管理・維持を建前とした大型の兵器は、一〇世紀以降、急速に姿を消すことになる。当然ながら主要な兵器は、個人戦に適応した武力（騎射）が中心となる。後述するが、刀伊戦での殺傷率の悪さは九世紀の新羅戦の比ではなかった。それはひとえに新弩＝集団戦から脱却した、王朝国家期の合戦上での特色だった。

騎射を軸とした個人戦にあっては、だれが、どんな方法で、どれだけの数の首級をものにしたかが問われることになる。まさに兵にふさわしい合戦の形態だった。

こうした兵器・武具の変化にともなう合戦形態の違いは兵力の問題にも影響を与えた。律令的な徴兵制が維持できなくなった段階では、大宰府にあっても恒常的兵力の確保はむずかしかった。これが刀伊軍急襲にさいし、臨戦態勢への準備を遅らせ、兵船・府兵の徴集をむずかしくしたようだ。とはいえ、ここで注目すべきことは、平致行・大蔵種材あるいは平為賢等々の活躍だった。これは「人兵を召すといえど、未だ来たらず、舟船整わず」(『朝野群載』二〇、寛仁三・四・一六)という状況のなかで、率先して戦闘に参じた人々だった。

かれらは「府無止武者《ふのやむごとなきむしゃ》」(『小右記』寛仁三・五・二四)とよばれた。かれらは、律令的官制秩序とは異なる集団だった。ここにはかつての新羅戦のように、軍事官僚を中心とした職階的な武力発動はない。個々人が自立した戦闘能力を有した「武者」(兵)たちだった。

いずれにしても、一一世紀の刀伊戦での兵力や武力の質が以前の新羅戦と比較し、大きく変化したことは確認できよう。以下では、この刀伊入寇の中核的武力となった「府無止武者」をもう少しだけ掘り下げよう。

「無止武者」たち

よく知られているように、刀伊入寇にさいし、大宰権帥《だざいのごんのそち》の立場で指揮にあたったのが藤原隆家《たかいえ》だった(中宮定子の兄として、『枕草子』にもしばしば顔をのぞかせている)。長兄の伊周《これちか》とともに叔父の道長と対抗関係にあったとされるこの人物は、『大鏡』にも剛勇の人として描かれている。

その隆家が刀伊入寇の件を報じた書状には、刀伊追撃のため対馬へ向かった兵船が未帰還であること、疫病が発生し「為す術《すべ》なき」状況であること、加えて、追撃におもむいた官軍は「みな府の止むごと無き武者」であり、いまだ帰陣しないことの不安、心痛の旨が指摘されている（『小右記』寛仁三・五・二四）。

いうまでもなく、「無止武者」（立派ですぐれた武者というほどの意味）とは、刀伊軍を撃退した例の兵たちだった。すでにふれたように、「帥首」として戦場に「馳せ向った」平為方（賢）・為忠をはじめ、兵船を調達し刀伊軍を追撃した大宰少弐《しょうに》平致行などの人々ということになろう。かれらの肩書は豊かだった。大宰府の現役官人もいれば大蔵種材のように府官経験者もいた。さらには志摩郡住人文室忠光、怡土郡住人多治久明のように「住人」の語が冠された武者たちもいた。

「住人」とは、地域の有力者・有勢者などの〝地方名士〟に与えられる名称だったわけで、かれらもまた「無止武者」に加えてよさそうだ。もっともより厳密にいえば、「無止武者」とは大宰府の中心的軍事力を構成した藤原・大蔵・平などの諸姓を有した人をさし、右の「住人」の呼称を与えられた人々は、ここから除かれたのかもしれない。そのあたりは明確なことはわからない。ただしそこには、隆家の私的従者も当然ふくまれていたことであろう。『今昔物語』（巻二五―五）に語られた例の余五将軍の話にみえる「国の内の然るべき兵共」が、ほぼ「無止武者」に対応するものと理解される。

このあたりの事情は、大宰府から提出された戦後の論功行賞からもうかがうことができる（『小右記』寛仁三・六・二九）。勲功状の骨格のみを示せば、次のようになろうか。

大宰府注進成勲功者、散位平朝臣為賢・前大監藤原助高・傔仗大蔵光弘・藤原友近・友近

随兵紀重方

以上五人、警固所合戦之場……（勲功理由略）

筑前国志麻郡住人文室忠光

……（勲功理由略）……

同国怡土郡住人多治久明

……（勲功理由略）……

大神守宮、擬検非違使財部弘延

……（勲功理由略）……

前肥前介源知

……（勲功理由略）

前少監大蔵朝臣種材

……（勲功理由略）

壱岐講師常覚

……（勲功理由略）

右、去四月一八日、給当府勅符云……言上如件

大宰府からの勲功注進状は、まさに「無止武者」たちの名で占められていることがわかる。その配列をみると、最後の二名——大蔵種材・壱岐講師常覚（武勇の鼓吹なり、早期の通報といった実戦外での活躍が理由にあげられている）——を除き、いずれもが刀伊軍との直接的戦闘での勲功者ということになっている。さらにいえば、平為賢以下の五名と「住人」（文室忠光・多治久明・大神守宮・財部弘延・源知）系武者とは、区別されたかたちとなっており、このあたりに、「無止武者」にも広狭両様の範囲を想定できそうである。

中世武士の萌芽

こうした点は別にしても、注目されるのは、勲功理由に指摘される文言である。「賊徒まさに為賢等の矢にあたる」「忠光の矢にあたる者多し」とみえるのがそれだ。ここには弓矢戦にともなう首級進上にさいし、〝だれが、どれだけ〟の敵を倒したかとの恩賞主義がとられ、そのための証拠として、矢の所有者が問題とされたのだろう。

証拠主義は中世の合戦では一般的なスタイルだった（序章でも示した畑田一族の戦闘ぶりを思い出していただければ充分だろう）。そうした合戦慣例の早い事例として、この刀伊戦を位置づけることができる。いうまでもなく、それは個々の武者（兵）による騎射戦が主体となる段階で登場したものだった。

例の九世紀末の新羅戦にあっては、武功云々は問題の外であった。そこでは刀伊戦とは異なり、賞与の対象者が対馬守文室善友のみであったことも、律令的官制秩序からして当然だった。寛仁の刀伊戦と寛平の新羅戦の間には、軍制上大きなミゾがあったことは明らかだろう。武士誕生史のうえで、この刀伊戦もまたエポックとなりそうだ。

武士の誕生史云々でいえば、次の点も重要だろう。勲功者一覧の冒頭に登場する五名のうち、藤原友近と随兵紀重方の存在である。これがどのような性格の随兵であるのかは不明にしても、主従関係を前提とする表現と解されよう。一般に中世の主従制は封建的関係を建前とする。所領を媒介とした強固な主従制、これが武士団の形成の要素でもある。

この点よりみれば、藤原友近と紀重方の関係は、所領や所職の給与を前提とした典型的な主従関係とはいいがたいが、その先駆的関係として理解できよう。ここに先駆的と表現したのは、重方が友近との関係において一応の統属関係にあったことによる。この両者には職階制の秩列はみられず、別の要素を介しての主従関係の在り方を考えるべきだろう。

具体的には藤原友近という府官系武士（無止武者）が有していたであろう中央との人的ルートと、これを通じて実現される恩賞（官職）授与・推戴権だ。その意味では所領給与を前提としない段階の主従関係の在り方として注目される。

いずれにしても、武士団を特色づける縦の主従制の萌芽が確認できることは重要だろう。

分化する兵たちの世界

〝草深い農村から出発した粗野なエネルギー〟、中世を開拓した武士に与えられたイメージは、こんな表現に代表される。あるいは、〝地方の、農民のチャンピオン〟、武士にはそんな泥くささが似合う。おそらくひと昔前までの武士論は、それでもよかったのかもしれない。しかし、諸種の史料をひもとくかぎり、武士あるいはその前身とされる兵の人的ネットワークは想像する以上に広いことがわかる。

中央貴族とのチャンネルはそれなりに豊かだった。将門と藤原忠平の関係、さらには忠常と教通の関係は、それを端的に示すものといえる。あるいは、頼信については「町尻殿の家人なり」(『古事談』巻四)ともあるように、藤原道兼《みちかね》と主従の立場にあった。王朝国家期の兵たちの行動範囲は案外と広い。都と地方の往来は思う以上に活発だった。まさに「留住」なる表現に適合する形態が、兵＝武者の行動範囲の広がりを与えたと思われる。

完全に地域の村々を拠点に、領主制を展開する段階(武士)とは、その点でいささか異なっている。王朝国家期は、兵たちが中央との関係を保ちつつ、地方に基盤を形成してゆく時代ということができる。刀伊入寇事件でいえば、大蔵種材の場合がそれにあたる。種材の祖父春実《はるざね》は藤原純友の乱で活躍し、その功で対馬守に登用された人物とされる(『扶桑略記』天慶三・一一・二一、「大蔵氏系図」)。かつて将門の乱の鎮圧者である平貞盛や藤原秀郷の子孫が大きな果実を手中にしたのと同じ関係が、純友の乱の武功者にもあてはまる。

種材はその末裔として、大宰大監という府官を経験している。しかし種材自身が父祖以来の鎮西に足場を築きつつも、道長との関係もふくめ、中央武者としての性格ももっていた点は重要だろう（『小右記』寛弘五・一二・三〇）。そんな経歴をもつ種材は、晩年に遭遇したのが刀伊入寇事件だった。みずからを「功臣の後」と意識する種材が、勲功に値するはたらきを示し、大いに面目をほどこした。九州の雄族、菊池・原田両氏は、この春実や種材を祖とする。

「功臣」という点でいえば、前少弐平致行も同様だろう。桓武平氏公雅流に属するとされる人物で、これまた将門の乱の鎮圧者として「都の武者」として活躍した流れだった。かれは、その後の治安二年（一〇二二）四月、対馬守の候補とされており（『小右記』治安二・四・三）、中央との関係を保持していたことがわかる。

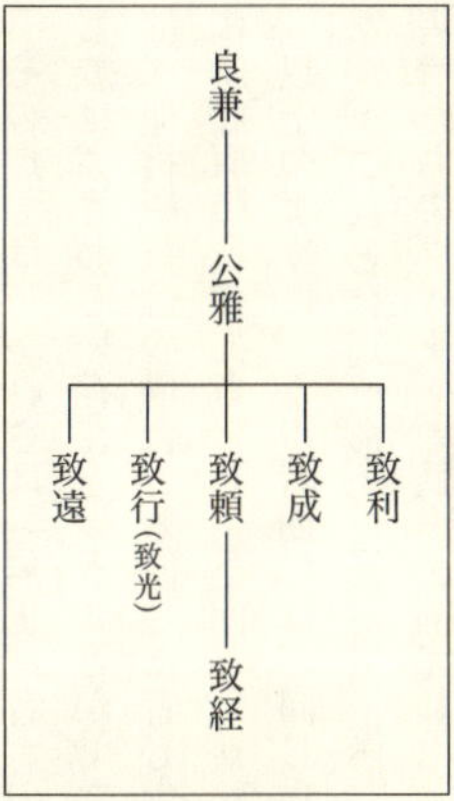

良兼流平氏略系図

この致行や種材のケースが示すように、「無止武者」とは、府官経験者としての肩書を有しつつ、中央との関係を保っている、そんな風貌の持ち主だった。そこには単に府衙の武力として大切な武者ということ以上に、「功臣」の末裔として、〝血統証〟を有した立派な武者という意味もあった。

その点では、かれらは「無止武者」の典型でもあった。要は「功臣」の末裔として、軍事貴族にふさわしい存在ということができる。先にふれた勲功注進に登場した武者たちの多くは、種材や致行の場合と類似した者も少なくなかったと思われる。当然だが、そこには大宰権帥藤原隆家の従者として下向した兵（武者）たちもいたはずである。*

以上のように、この時期には、同じ兵でも都鄙《とひ》往還を基本とした右のような立場の者もいたが、これとは別に地方に基盤を形成し、土着化した兵もいる。厳密な意味での「無止武者」たちのグループの武力を補完した「住人」勢力がこれにあたる。

このなかで前肥前守源知は興味深い。松浦《まつら》党の祖については諸種の見解があるが、知はその最右翼といえそうだ。その氏名から嵯峨源氏と推測されるが、いち早く在地志向をとった兵だったのだろう。坂東での事例（一〇世紀の源宛の例）に比べ、軍事貴族としての下向は遅れるが、兵が登場する基本的方向に大差はない。

「住人」型では、文室忠光も注目される。もとより出自は不明だが、想起されるのは例の新羅戦で対馬守として活躍した文室善友であろう。軍事官僚という立場での善友の活躍は、北九州地域での地盤形成に大いに寄与したのかもしれない。確証はないが、忠光はその文室氏の末裔として在地志向を深めたと考えられる。

＊　一般に兵たちの武力は、権門貴族に武的に奉仕（侍）するかたちで用いられた。この権門への奉仕＝護

身行為を介し、人的結合が促進された。『今昔物語』(巻二三―一四)に登場する左衛門尉平致経と関白藤原頼通の話は、そうした関係をあざやかに語るものだろう。致経の父致頼は、貞盛流と敵人関係にあった公雅流の本流だった。

『今昔物語』には、この致経が僧正明尊を頼通の命で夜中に三井寺に護衛する場面が描写されている。「黒ばみたる装束」に身をかためた武者=兵が致経の指揮下ではたらく姿は、都の武者の生態を伝える場面として興味深いものがある。

説話に描かれている致経と頼通との関係は、官職を媒介とした主従関係ということになろうが、致経は宇治殿(頼通)のボディガード役(侍)として登場している点が重要だろう。

刀伊入寇時に大宰府に下向していた隆家の場合も、頼通に私的に奉仕した致経と同じような侍的武者(兵・武者)の存在を想定できるはずだ。その点で最もふさわしいのが、実際の戦闘でも活躍した平致行あたりではなかろうか。この致行については、『尊卑分脈』その他の系図より、致光と同一人と解することもでき、その場合は右に示した致経の叔父にあたる。致光と致行の同一人説の可能性については、すでに高橋昌明『清盛以前』(平凡社、一九八四)でも指摘している。かれは肩書は大宰府官人だが、この地に常住していたというよりは、京都との関係から頻繁な往来があったとみてよいだろう。

このことは、忠常と藤原教通のケースにもあてはまる。忠常が従者を介して書状を教通のもとに届けたとの話は、すでにふれたように両者間に私的な主従関係を想定させる。忠常もまた「功臣」の子孫であり、広くいえば天慶の乱の果実を与えられた存在であった。

中央との関係からいえば、前述の都を基盤とした公雅流の致行(致光)・致経に比べれば色あせするが、坂東に拠点を有し、「国住人」とよばれた忠常でさえ、中央権門との関係を保持していたことは重要だろう。

中央か地方か〜兵たちの意識

以上のことからごく大まかな見取り図を描くとすれば、兵の世界は大きく二極分化の方向をたどったといえる。天慶の乱はその意味で、地方の自立の時代を準備したと同時に、中央とのチャンネルを強くし、兵たちを都へと飛躍させる状況をつくり出すことにもなった。天慶の乱の果実を手中にした桓武平氏の諸流の動向が語るように、東国・坂東に拠点を有し、地方に密着したかたちで強固な領主制を志向する「住人」の方向と、さらに中央におもむき「都の武者」として活躍し、権門との私的主従関係を強化する方向だった。後者の中央軍事貴族のなかから武家の棟梁《とうりょう》が出現することになる。つまり、一〇世紀以降に登場した兵=軍事貴族は、天慶の乱を契機にその基盤形成のベクトルを地方、中央いずれかに求める流れが現れてきた。

この時期に登場した「兵の家」の意識も、例の大蔵種材が語る「功臣」云々のなかで形成された。むろんその前提には、将門がみずから語るように、「兵威」への意識の醸成が必要だった。兵たることへの自覚、これが「兵の道」の形成、ひいては「兵の家」の成立につながった。その意味で、天慶の乱の歴史的意義はまことに大きかった。

「武者は即ち満仲・満正・維衡・致頼・頼光、皆これ天下の一物なり」とは、『続本朝往生伝』に載せるものだ。一条天皇の時代の技芸に秀でた人物たちを称揚した一節だが、かれらはいずれも功臣の末裔だった。満仲・満正そして頼光は源経基の系統だし、維衡・致頼は平貞盛の流れということになる。経基および貞盛が乱の功績で五位の位階を得たことが、中央への道（中央軍事貴族の形成）を可能にさせたことになる。

兵世界の新秩序

天慶の乱以降、功臣としての自覚は「家を継ぎたる兵」（『今昔物語』巻二五―七、巻二九―二七など）を登場させ、兵のもつ武芸が家職のレベルにまで高まってきたことがわかる。中央に進出したかれらは権門に奉仕し、社会的立場を強め、諸国の受領に任じられ、「累葉武勇の家」「兵の家」として、王朝国家の内部でその勢力を拡大していった。何度か指摘したように、王朝国家での請負いのシステムは、こうした兵たちによってさらなる飛躍がもたらされた。

陸奥の国の前守維叙《これのぶ》、左衛門尉維時、備前ゝ司頼光、周防前司頼親など云人〳〵皆これ満仲、貞盛の子孫なり、各つは物ども数知らず多く候（『栄花物語』巻五）

ここにみえる「つは物ども」は、確かに功臣の子孫たちだった。貞盛の孫維時については、直方の父であり、忠常の乱にさいし上総介に任ぜられた人物である（『小右記』長元二・二・二三）。『今昔物語』に「上総守平維時朝臣と云ふ者有りけり。此れは□が子なれば極《きわめ》たる兵なり」（巻二九）と登場する人物でもある。

そして源頼光については、「極めたる兵なりければ公も其道に仕はせ給はせ給ひ、世にも恐れられてなむ有ける」（巻二五）とみえ、頼親（頼光の弟）についても「殺人の上手なり」（『御堂関白記』長和六・三・一一）と表現される人物だった。

かれらはまさしく〝兵のなかの兵〟として「極めたる兵」の声望をはせた。摂関家をはじめ権門に武的に奉仕したかれらは、「都の武者」として、公的武力の一環を担うことも少なくなかった。「武勇の人源満正朝臣、平維時朝臣、源頼親、同頼信をして山々に差し遣はし盗人を捜さしむ」（『日本紀略』正暦五・三・六）とみえるのは、その端的な表現ということができる。

こうしたことを念頭におけば、例の刀伊入寇のおりに活躍した「無止武者」と「極めたる兵」には、同じようなイメージを重ねることができよう。

「兵の家」は中央・地方を問わず形成された。例えば『今昔物語』の余五将軍平維茂の説話では「国の内の然るべき兵ども」が定着していたわけで、そこには余五将軍さえ一目おく「大君《おおきみ》」とよばれた「長《おとな》武者」が存在していた。

かれは能登守　橘　惟通《たちばなのこれみち》という人物の子で、維茂の敵人であった藤原諸任（秀郷の子孫）と姻戚関係にあった（巻二五―五）。「大君」の立場に、地方名士としての募兵の請負人的イメージを読み取ることができる。「都の武者」あるいは「住人」のいずれもが、各地域レベルでの名士でもあった。

忠常の乱は、平氏内部での私的敵人関係に端を発したもので、地方軍事貴族間の勢力争いとしての性格が強かった。最終的には私営田領主段階の戦争の性格に規定され、忠常勢力の自壊作用のなかで乱は終息した。

重要なのは、河内を基盤とした源頼信が「都の武者」＝中央軍事貴族の立場で、この乱の鎮圧に寄与したことだった。この乱以降、中央・地方両者の兵世界に新しい秩序が形成されはじめた。畿内《きない》周辺に拠点を有し、「留住」的世界を体現していた河内源氏や摂津源氏あるいは伊勢平氏は、中央軍事貴族として勢力を拡大するに至った。兵の供給源を畿内に保持していたかれらは、中央権門に私兵を供給し、主従関係を形成してゆくことになる。

こうした状況下で、本来フラットな関係にあった軍事貴族（兵）の世界に、権門との距離に対応した主従の関係が持ちこまれることになる。忠常とこれを鎮圧した頼信両者の権門との距離は、同じ「功臣」の子孫ながら明らかに異なっていた。その距離はおそらく在地志向である「住人」型の忠常と、留住志向による「都の武者」型（中央軍事貴族）頼信という二つの方向の差でもあった。天慶の乱以降の一〇世紀後半から忠常の乱までの時期は、兵世界を二つに分ける時代だった。

地域から自生する中世の武士は、この両者の世界を総合するなかで、一一世紀後半以降に形成される。

鍛錬にはげむ東国武士　『男衾三郎絵詞』より「笠懸け」の場面

王朝軍制とは～軍事力はどう動員されたのか

再び余五将軍に登場してもらうことにする。兵たちの動員した軍事力を考えるためである。「国の内の然るべき兵」とされた維茂および諸任両人が集めた兵士は、維茂側が三〇〇〇人、諸任が千余人とされていた。

注目される問題の一つは、双方の兵の徴募された数が一〇〇〇人単位であったことだろう。こうした兵力の動員の方法が問題となる。この時期の合戦を題材とした兵説話の多くは、いずれもが動員兵力について類似の数を設定している。いくさの実態をある程度反映したものといえる。

こうした大規模な軍勢動員とは別に、緊急事態に即応した精兵集団が従っていた。右の説話に登場する「郎従」と表現される騎馬武者がそれである。かれらは余五将軍が諸任の奇襲をうけたさいに、主従ともども奮戦した戦士であった。命拾いした余五将軍維茂が、諸任を追

山賊と武士の戦闘　『男衾三郎絵詞』より。東京国立博物館所蔵

撃するために組織した兵力「馬兵五六十人許《ばかり》」（『将門記』でいうところの将門の私的兵力「上兵」がこれに相当する）とは、その私的主従関係の郎従たちだった。

「国の内の然るべき兵」（地方軍事貴族）の動員兵力は二種のタイプがあったことが判明しよう。この説話は一一世紀に照準が合わされているが、その祖型は一〇世紀の天慶の乱での将門の「伴類」と「従類」におのおの対応する。将門の場合、そして余五将軍の場合もそうだが、私的随兵勢力（騎兵、上兵の郎等集団）の誕生はさほどむずかしくないが、一〇〇〇単位の広域的な兵力をどのように徴集したのかがポイントとなる。

つまり、王朝国家の地方軍制を考える場合、最も大きな問題は、律令兵士制が解体したなかでの軍事力の発動のされ方ということになる。

一般の諸国の国衙の軍制においても、軍事貴族の発動した武力（『将門記』で「上兵」とよばれた騎馬の精兵と「夫兵」とよばれた歩兵、前者は従類型、後者は伴類型に対応）と同様なものが存在した。騎兵と歩兵の二種の兵力構成は同じだった。諸国兵士制は、諸家兵士の拡大版でもあった。

忠常の乱で『今昔物語』から抽出した国司（国衙）指揮下の「国の兵共」はまさに「諸国兵士」にあたる存在だった。この「国の兵」＝「諸国兵士」は、地方豪族たる軍事貴族の兵力としても転用されたと想像される。こうした兵士が何を基準に徴発されたかの解明は今後の課題だが、王朝国家期の原理に立ち返るならば、請負いシステムを想定できるという。官物その他の徴税に関しても請負い主義が浸透しつつあったこの段階では、最も現実的で合理的な方式ということができる。

九世紀を通じ芽を出した傭兵制は、＊この王朝国家の軍制の中核部分になったと考えてよい。律令的官制系統での国—郡司制での徴兵が意味をなくした段階で、募兵請負い人が傭兵的な条件で募兵をおこなったとされる。当然そこには規模の差はあるが、兵力を供給する傭兵隊長にも匹敵する存在が必要だろう。それが〝兵のなかの兵〟としての「国の内の然るべき兵」たちだった。

地方版の「兵の家」の実態はそうしたものだったろう。例の「大君」とよばれた「長武者《おとな》」の存在はそれにあたる。説話のなかでは、藤原諸任と姻戚関係（「大君」の妹は諸任の妻）にあったことから、余五将軍の首級の確認を怠った諸任の拙攻をいましめる、そんな心意気の持ち主として登場している。かれは「長《おとな》しき武者にて……身に敵もなく、万人に請けられてなむ有りける」と表現される人物でもあった。

＊　傭兵制とは、雇傭関係にもとづく契約性を前提としている。その点では国家の強権発動に実現される徴兵制とは異なり、さらに所領給与と主従制の結合にもとづく封建制とも異なるが、契約性云々を考えた場合には、共通している。ただ、そこにみられる主従の関係の契約性が、一時的か否かで傭兵制と封建制は性格を異にする。いずれにしても、契約的で恒常的な封建的主従関係の形成のうえで、契約的で一時的な傭兵制は重要な役割を演じたとされる。

このあたりの議論は今後充分に展開される必要があるが、本論で指摘した傭兵制についての理解は、福田豊彦「古代末期の傭兵と傭兵隊長」（『中世日本の諸相』所収、吉川弘文館、一九八九）の見解に負っている。いずれにしても王朝国家の段階にあっては、本格的な中世の封建国家の前史にあたるわけで、軍制のレベルでは、王朝国家―傭兵制―兵の段階と、中世国家―封建制―武士の段階は区別される。本書で兵から武士への移行を領主制の進展に対応させるなかで論ずるのも、この点とかかわる。

在地領主の誕生

「兵の家」が中央そして地方を問わず形成された一一世紀の段階には、「国の内の然るべき兵」すなわち右の「長武者」のような存在が輩出したと思われる。かれらは募兵請負い人として地方の国衙にあって認知されていたのだろう。橘惟通の子とされたこの人物の実名は不明だが、地方名士として余五将軍維茂や藤原諸任と同じく国内における兵士の供給者としての役割を担ったことだろう。

すでにふれた「府の無止武者」も、おそらく国内にあって声望をはせた「国の内の然るべき兵」に対応する存在だったにちがいない。刀伊軍の急襲時、「府兵忽然《こつぜん》と集らず」の状況下、奮戦した人々である。そこにみえる「府兵」は、おそらく諸国の国衙レベルでいえば「国の兵」に相当するものだろう。

かれら「国の内の然るべき兵」や「府の止んごと無き武者」たちは、地方軍事貴族や功臣の末裔として、中央とのパイプ（人脈）を保持しつつも、「住人」化する方向にあった。かれらはその武勇を職能とすることで、国衙や府衙から有事のおりには動員をうけた。国衙や府衙により認知された「兵の家」とは、おそらくはそうした存在をいった。

諸国にあって、こうした「国の内の然るべき兵」が形成されたところに、王朝国家期の軍制の特色があった。国内諸地域・郡や郷村レベルにその核が細胞状に誕生することで、国衙はかれらを武的領有者として認定し、国衙の支配に組み込むことになる。反乱などで追討軍が組織される場合は、この「然るべき兵」を介し、下部の多くの「国兵士」（一般の諸国兵士）が徴募されることになる。

かれら「然るべき兵」は一方でまた、「住人」化し、地方名士として領域内の基盤を確立するために国衙の公権につらなり、在庁官人化するなかで所領経営を安定させた。在地領主の誕生とは、こうしたことが前提となった。*

＊　ふつう武士の成立とか誕生という場合、兵段階、すなわち一〇世紀初頭の兵が登場してくる時点にその画期を求める見解もある。兵＝武士という大きなくくり方で解する立場だ。しかし、武士を、武士団を構成するために農業経営から分離した専業の戦闘集団と規定すれば、やはり一一世紀後半の在地領主制が成立の目安となろう。

本書は後者の立場に立つが、より端的にいえば、「住人」と呼称された人々が各地域に広汎に成長する状況は、大きなエポックとなるはずだ。

その点では一一世紀から一二世紀にかけての武士団の形成期が重要となってくる。武士団を構成する戦士たちの階層は、ある程度の広がりを有したはずだ。上下諸層のゾーンは幅があろう。いずれにしても、単なる兵＝軍事貴族から「国の内の然るべき兵」が登場する段階に至るまで、それなりの時間が必要だったことになる。私営田領主から在地領主への変貌の過程と重なると思われる。

武士団の構造についての古典的研究としては、奥田真啓『武士団と神道』（白揚社、一九三九、のち『中世武士団と信仰』として復刊。柏書房、一九八〇）、石母田正「領主制の基礎構造」「領主制の区分と構造について」（いずれも『古代末期政治史序説』所収、未来社、一九六四）、安田元久「武士団の形成」（岩波講座『日本歴史』古代4所収、一九六二、のち『武士団』再録、塙書房、一九六四）なども参照のこと。

Ⅲ　内乱――棟梁の時代

この章では、一二世紀に成立する鎌倉幕府および奥州合戦までを視野に入れて述べたい。幕府とは、常識的だが、内乱をへることで成立した、〝武士による武士のための政権〟ということになる。坂東《ばんどう》に誕生したこの武家の政権は、一種の革命的意義を有していた。端的にいえば、東国が西国《さいごく》と等位となるための変革であった。同時にそれは、第三次東北戦争ともいうべき奥州合戦によって、実態としての〝日本国〟が成立する過程でもあった。

坂東の履歴を語るうえで、この東北との戦争は大きな画期となった。本章が課題とする「内乱――棟梁《とうりよう》の時代」は、坂東と奥州の相剋の二つの主題（前九年・後三年合戦と奥州合戦）を扱うことになる。武士および武士団の成立史において、頼義《よりよし》・義家《よしいえ》から頼朝《よりとも》までの諸段階は決して同じではないが、そこに共通項を抽出するならば、武家の棟梁という語に象徴される時代性であろう。政治権力の一画に武家として地盤を確保した時代性である。

東北との戦争は、結果としてではあるが、武家が自己を主張する〝因縁の論理〟を用意することにもなった。〝征夷の論理〟のなかで持ち出される前九年合戦以来の〝因縁〟の在り方についても考えてみよう。

兵から武士へ

まずは前章までの話のおさらいからはじめよう。九世紀末から一〇世紀にかけて登場した兵《つわもの》（軍事貴族）の時代は、中世の時代の開幕の第一ステージだった。このステージでは、王威を武威に接合させた軍事貴族が坂東に基盤をつくり、その広がりのなかから新しい時代を到来させた。請負いの原理に支えられた王朝国家が創出した武力の請負い人、これが兵だった。この兵は東国・坂東はもとより、東北（鎮守府）や鎮西（大宰府）にも繁茂した。軍事貴族として「留住」あるいは土着したかれらのなかには、みずからが営田を経営し、巨大な私営田領主へと転身する者もあった。のちに「住人」と称された人々の多くは、そんなルーツを有した。

将門《まさかど》あるいは純友《すみとも》の天慶の乱での果実は、その武功者たちに中央政界への道を開くことになった。「都の武者」（中央軍事貴族）とよばれたかれらのルーツは、まさに乱の功労者の子孫で占められていた。かれらは権門に武的に奉仕する侍として、主従の関係を強め、時として受領に任ぜられ、地方へと進出した。「兵の家」とは、かれら兵が中央権門との人的つながりをより強固にし、社会的に認知されるなかで形成されたものといえる。

天慶の乱以後の武の世界は、〝兵のなかの兵〟を創出する過程でもあった。兵の選別が「功臣」というかたちで中央軍事貴族（都の武者）を生み出したことになる。秀郷《ひでさと》流藤原氏も、貞盛《さだもり》流平氏も、さらに公雅《きみまさ》流・良文《よしふみ》流平氏、そして経基《つねもと》流源氏、それぞれがそれぞれに発展の基礎をつくった。乱の果実を手中にしたかれらの子孫が分流を形成、水平的広がりをもつなかで、同族を繁茂させた。

一一世紀前半の忠常《ただつね》の乱は、その「功臣」間での私的な争いが反乱へと拡大したものだった。良文流に対する貞盛・繁盛《しげもり》流平氏の戦いという一面である。世代を超えた「敵人」関係の形成は、〝近親憎悪〟を生み出し、坂東を荒廃させた。「敵人」によらない〝兵のなかの兵〟源頼信《よりのぶ》を起用することで、乱は終息するが、東国・坂東では、この乱を機に、それぞれの領域を開拓・開発した「功臣」の末裔たちが、領主としての風貌を強め、より強固な在地領主へと自己を転身させた。

「住人」とよばれた兵たちのなかには、この在地領主への方向を顕著にした者もいた。しばしば指摘されるように、忠常の乱以降、この地域に新しい領主制が誕生する。後期王朝国家は、この新しい在地領主制を体制的に容認するなかで形成されたという。一一世紀後半以降に広がる寄進型荘園は、こうした在地領主を荘園の寄進主体として誕生した。

その意味では、忠常の乱は、兵段階の最後の反乱であったとともに、東国での武士団形成の画期ともなった。源平争乱に参加し、鎌倉幕府の基盤をなした地頭級の御家人たちの流祖は、多く忠常以後の世界で芽ぶく。「開発領主」として登場し、開発の地を名字（苗字）とする中世武士団の種子は、この時期にまかれたものだった。

国衙と武士

以上みたように、前章で考えた坂東を舞台にした二つの反乱は、兵の世界を変貌させた。一一世紀後半から一二世紀にかけては、兵がみずからを武士へと転身させた段階だった。その前提には、中央・地方を問わず「兵の家」の形成が必要とされた。「家を継ぎたる兵」の広汎な存在が、武力の請負い体制を可能にしたのである。

「家」の成立には、地域での衆望（社会的認知）が要求される。軍事貴族としての血脈の正統性なり、兵乱鎮圧の武功度など、尺度はさまざまだったろう。いずれにしても、この「兵の家」が形成された段階は、地方にあっては「住人」の語が登場する。地方名士の証《あかし》でもあるこの「住人」は、「国の内の然るべき兵」とも対応しよう。

こうした状況のなかで、有事・平時の軍事体制として、戦士たる身分を国衙が認定することによって、武士を誕生させたといえよう。そのかぎりでは、兵の語がきわめて実態的な用語であったのに比べ、武士の語は法的意味合いも強かった。

在庁官人制の成立にともない留守所《るすどころ》体制が整備・充実し、国衙軍制の再編・強化がなされる過程で、兵を武士と認定したとの理解もある。*したがって、国衙との関係において兵は武士とよばれたわけで、両者はその実態に差があるわけではない。ただ、武士とよばれた段階の兵は、多く国衙内部で有力在庁層を形成、「住人」＝在地領主層として基盤をかためていた。武士と兵を区分する指標を領主制の進展度に求めることには、それなりの合理性もあるはずである。

いずれにしても、農業経営から分離した戦闘集団としての武士団の形成は、やはり王朝国家も後期の段階になろう。以下では、前九年・後三年合戦を考えることで、その戦闘集団の実際にせまってみよう。

＊　この点について石井進『鎌倉武士の実像』（前掲）では、「当時の国衙に保存されていた重要書類の一つに「譜第図《ふだいず》」とよばれるものがあり、名称からみて国内の有力豪族の家系を登録したものと思われるが、これがまた武士身分としての承認に大きな役割を果したのではないかと推定されるのである」（三四六頁）と述べ、武士であることの承認を国衙との関連からとらえようとする理解を提示した。石井の論じたポイントは、実態としての武士論での混乱をさけ、あくまで身分制度から、解明の糸口を提供しようとしたことにある。

前九年合戦～その発端と経過

前九年合戦の全体の流れを確かめておこう。「奥州合戦」なり「奥州十二年合戦」＊とよばれたこの戦いは、一一世紀半ば、陸奥《むつ》の豪族安倍《あべ》氏と源頼義《よりよし》との合戦であり、大きくいえば古代の蝦夷征服戦争と中世の頼朝の奥州合戦の中間に位置している。東国・坂東が再び奥羽と対立した。舞台は東北だが、武力の動員には坂東がかかわっており、この点では、武士誕

『前九年合戦絵詞』より。鼓を打ちながら進軍する安倍宗任とその手勢。国立歴史民俗博物館蔵

生の履歴に加えてしかるべきものだろう。『陸奥話記』はその合戦の詳細を記したものだが、そこでは安倍氏は自らを「酋長」と称した。鎮守府のおかれた胆沢《いさわ》郡以北の六ヵ郡を支配した安倍氏は、頼良《よりよし》（頼《より》時《とき》）の時代に南域の衣河柵《ころもがわのさく》を越えて勢力を拡大、これが事の発端だとされる。

以下簡略にその経過をみておく。まず①は、前九年合戦のきっかけとなった段階である。『陸奥話記』はその安倍氏について「威権甚しくして、村落をして皆服《したが》へしめ……」と語る。絶大なる力をほこった安倍頼良は衣河関を越え、奥六郡（胆沢・和《わ》賀《が》・江刺《えさし》・稗貫《ひえぬき》・志波《しは》・岩手《いわて》）の南まで勢力を広げ、国への貢租を拒み、徭役《ようえき》もつとめないという状況だったという。そこで陸奥守藤原登任《なりとう》は、永承六年（一〇五一）、出羽秋田城介《じょうのすけ》平繁成《しげなり》（重成）を先鋒とし、数千の兵を発して頼良を攻撃したが、「大守の軍敗績《はいせき》し、死せる者甚だ多かりき」という大敗に終わった。鬼切部《おにきりべ》（現宮城県大崎市鬼首《おにこうべ》）を舞台としたその合戦での敗北を機に、政府は安倍氏討滅のために源頼義の投入を決定した。

②の段階は陸奥守・鎮守府将軍として頼義が下向し、その任終に至るまで安倍氏と和平がつづいた時期だ。両者の関係は頼義の任終の天喜四年（一〇五六）にはいって対立に至った。鎮守府将軍を兼務していた頼義が胆沢城から多賀《たが》国府への帰途、阿久利《あくと》川付近で権守《ごんのかみ》藤原説貞《ときさだ》の子光貞・元貞が襲撃され、安倍氏攻撃の兵をあげる。** かくして前九年合戦が勃発《ぼっぱつ》、これに反発した頼時（頼良）は、ついに衣河関を閉じ頼義軍を迎撃する態勢を整える。大軍を率いた頼義軍も飢餓《きが》で追討がはかどらず、この間、頼時の女婿《むすめむこ》藤原経清《つねきよ》の離反もあり、戦線は膠着《こうちゃく》した。

③は頼義の陸奥守再任で戦闘が本格化する段階。天喜五年七月、頼時の死で、安倍氏側の抵抗の主体は貞任《さだとう》・宗任《むねとう》に引き継がれる。同年九月、諸国の兵士・兵粮《ひょうろう》の徴発は困難をきわめ、一一月の黄海《きのみ》合戦では貞任軍に大敗してしまう。この黄海柵での大敗後、安倍氏追討の諸国からの兵士・兵粮の徴発も効果ならず、数年が経過することになる。頼義の二度目の任終も近い康平五年（一〇六二）春、新任国司高階経重《たかしなつねしげ》が赴任するが、「国の内の人民、皆前司（頼義）の指撝《さしまねき》に随う」という状態で、帰京を余儀なくされる。

④の段階は膠着した戦線を打破すべく頼義が、出羽の俘囚清原光頼《みつより》とその弟武則《たけのり》の来援を請い、ついに安倍氏討滅に向けて最後の力をかたむける時期にあたる。康平五年七月、清原氏は一万余の兵を率いて陸奥に参着、頼義勢三千余と合流、安倍氏側の陣営を次々に攻略、九月には衣河柵、ついで鳥海《とりみ》柵を陥落させることに成功する。そして同一七日には、安倍氏最後の拠点厨川《くりやがわ》柵を包囲、安倍貞任以下が敗死、ここに前九年合戦は終わる。

以上が『陸奥話記』が伝える前九年合戦のあらましである。

＊前九年の役という呼称が定着するのは、室町期以降とするのが妥当のようだ。鎌倉末期の軍記物『平家物語』『保元《ほうげん》物語』などにその表現がみえており、これ以前の多くの史料には前九年の役の呼称は登場しない。例えば『吾妻鏡』には「奥州十二年合戦絵京都よりこれを召し下さる」(承元四・一一・二三)などとみえ、また『愚管抄』にも「頼義が貞任をせむる十二年のたたかい」(巻四)と表記されていた。このことは、鎌倉時代の説話集である『古事談《こじだん》』(巻四)や『古今著聞集《ここんちょもんじゅう》』(巻九)にあっても同様である。

後三年合戦の場合も、事情はまったく同じである。これまた軍記物語からの影響が大きかった。平安期の諸記録、例えば『本朝世紀』には「陸奥合戦」(寛治一・八・一九)とみえ、『為房卿記《ためふさきょうき》』(寛治一・七・九)は「奥州合戦」としている。また『後二条師通記《ごにじょうもろみちき》』には「義家合戦」(応徳三・一一・二)とみえており、特定の決まった呼称はなかったようだ。このことは鎌倉期にはいっても変化はなく、『吾妻鏡』(治承四・一〇・二一)をはじめ、他の説話集などにも「後三年」の表現は登場していない。その意味では、前九年、そして後三年の呼称は、やはり鎌倉末〜室町期の軍記物語のなかで定着したとみてよい。

例えば『源平盛衰記《げんぺいせいすいき》』(剣巻)には、「国中の乱を鎮めん為に義家馳せ向ふ。猛き兵なりければ左右なく落す。三箇年に滅びにけり。頼義の九箇年の戦と義家の三年の軍《いくさ》を合はせて、十二年の合戦とは申すなり」とみえる。

ここからわかるように、前九年・後三年の両合戦の呼称は、元来、安倍氏との合戦であった「十二年合戦」の呼称が誤解されて二つに分離され、解釈されたことにもとづくようだ。

そもそも前九年合戦は、頼義が陸奥守に赴任した永承六年から安倍氏が厨川で滅亡した康平五年の足かけ一二年間の戦いであり、後世の前九年の役の呼称から「九」の字に引きつけ解釈することは生産的ではない。この点では、後三年合戦の場合も同様であり、義家の陸奥守赴任の永保三年（一〇八三）から清原家衡《いえひら》・武衡《たけひら》を滅ぼした寛治元年（一〇八七）までの足かけ五年が、その期間ということになる。これまた「三」に引きつけて解釈することに、意味はないようだ。

前九年・後三年の両合戦の呼称については、戦前来多くの議論がなされてきた。右に指摘した諸点については、大森金五郎『武家時代之研究』巻一（冨山房、一九二三）、近年のものでは庄司浩『辺境の争乱』（教育社、一九七七）を参照。

＊＊　乱の原因その他細部にわたる論点は関係の書物を参照していただきたい。例えば戦前の古典的研究に属するが、大森金五郎『武家時代之研究』巻一（前掲）は、関係諸史料が掲載されており、便利である。近年の諸研究にあっては、通説とされてきた源氏の安倍氏挑発説（例えば、竹内理三『武士の登場』中央公論社「日本の歴史」6、一九六五）について、必ずしも全面的支持が与えられていないようだ。

これとは別に、陸奥国内での有力豪族内部での対立を引き金とする理解もある。強大化した安倍氏を鎮圧するために、陸奥の有力な在庁藤原説貞《ときさだ》一族らが仕組み、源氏を利用したのではないかとの見解である。本文でもふれた「阿久利《あくと》川事件」にからむ藤原説貞の存在は、今後、研究の余地がありそうである。

こうした見方を提供した論著に新野直吉『古代東北の兵乱』（吉川弘文館、一九九五）、庄司浩『辺境の争乱』（前掲）があるのであわせて参照のこと。

いずれにしても、意図と結果は必ずしも一緒ではないといえばそれまでだが、〝勝つべくして勝った戦い〟では決してなかった。むしろ頼義軍は清原軍の来援までは劣勢でさえあった。その点での源氏の挑発云々は、後世の鎌倉政権誕生を前提とした結果からの解釈にすぎる気もする。ともかく、安倍氏は同じ俘囚勢力の清原氏に敗北したというのが実情だろう。

名族の登用

前九年合戦の前哨戦ともいうべき戦いで、陸奥守藤原登任とともに安倍氏追討にあたったのが、出羽城介平繁成だった。永承六年（一〇五一）鬼切部《おにきりべ》を舞台としたこの戦いは、「太守の軍敗績し、死せる者甚だ多かりき」という結果だった。地図（一九二頁）を参照していただきたい。この地は雄勝《おがち》郡役内《やくない》から玉造《たまつくり》郡鬼首へのルートにあたり、陸奥と出羽両国の軍勢が合流する地域だった。しかし南下した安倍頼良勢のために、官軍は敗北を喫した。「賦貢を輸せず、徭役を勤むることなし」との安倍氏の勢威を打破するための攻撃だったのだが……。

ここで注目したいのは、勝敗の結果よりも、援軍として追討側の「前鋒」をつとめた平繁成（『陸奥話記』では重成）についてである。繁盛《しげもり》―維茂《これもち》―繁成という流れからわかるように、かれは正真正銘「兵の家」の出身者だ。祖父の繁盛は貞盛の弟で「武略神に通ず」（『尊

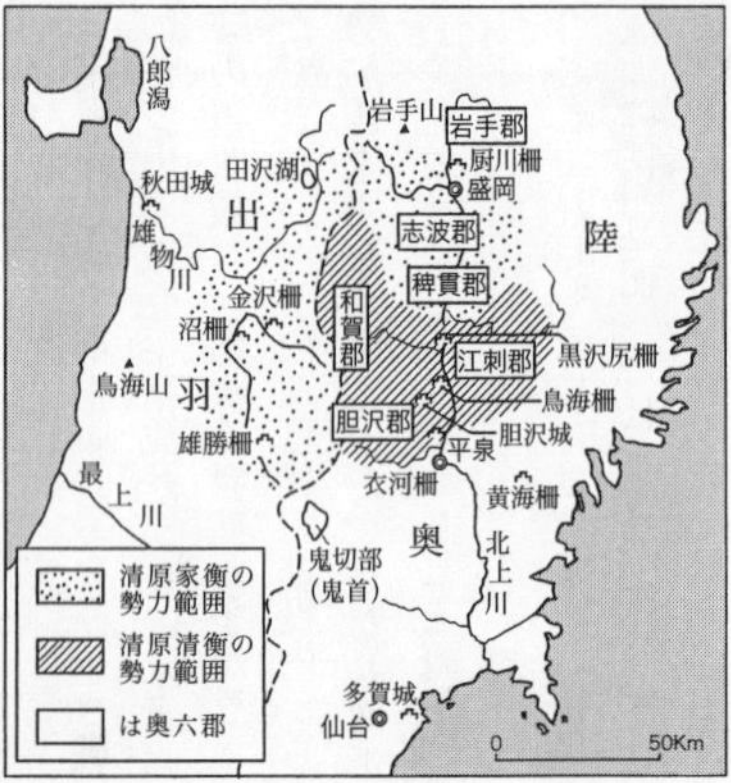

前九年・後三年合戦関係略図

卑分脈』）といわれ、父の維茂は前章で紹介したあの余五将軍である。そういえば、『今昔物語』での藤原諸任《もろとう》との死闘の舞台は、ここ陸奥国だった。その点では繁成にとっては因縁の地でもあった。かれの秋田城介への任命は、「兵の家」（軍事貴族）出身者に対する期待の表れだったのである。

　この繁成の登用は、王朝国家の伝統的方策ともいえる。文人貴族とは異なる武人（軍事貴族）を任じ、敵対勢力を包囲する。この場合、当の陸奥守の登任は、南家流藤原氏の出で官歴からしても純然たる文人貴族だった。それだけに、安倍氏を制する力として秋田城介繁成への期待度も推測できよう。包囲作戦という点では、出羽守への源斉頼《なりより》（満仲の弟満政の孫）の登用もあげられる。こちらのほうは、斉頼の出兵拒否で効果はなかったが、「兵の家」（武門）出身者が、隣国に配されている点は、注目される。

　右の伝統的方策のなかでもう一つ、思い出されることがある。忠常の乱での平直方から源頼信への追討使の変更と同じく、前九年合戦での源頼義のリリーフがそれだ。平繁成から源頼義へという関係である。

繁成の子貞成《さだなり》は越後の城《じょう》氏の祖となった人物だ（城氏の名字はむろん秋田城介に由来する）。この城氏は源平争乱のおり、平清盛の要請によって奥州藤原氏とともに〝頼朝包囲作戦〟に参加した名族だった。繁成が前九年合戦以降、明らかに在地化の方向をたどっていたことは注目される。

永久五年（一一一七）五月、検非違使庁下文《くだしぶみ》（『朝野群載』）に「越後国住人平永基《ながもと》」とみえることから、貞成の子永基の時代には完全にこの方面に土着した。鎮守府将軍維茂以来の東北方面への勢力拡大は、繁成によって出羽・越後へと広がりをみせ、「住人」化の方向をたどったのだろう。繁成は軍事貴族の最後に位置したといってもよい。

もっとももこの時期までの軍事貴族の実態は、中央・地方両方に基盤を有しており、この繁成に対比される忠常追討使の平直方も、鎌倉に屋敷をもっていたことからすれば（『詞《し》林采《りんさい》葉抄《ようしょう》』）、さほど固定的に考える必要もなさそうである。繁成も「留住」の軍事貴族として出羽方面に勢力をたくわえたと思われる。

清原氏と源氏

名族といえば、この出羽地域ではやはり清原氏の存在は大きい。前九年合戦の最大の功労者といってもよい。清原武則は従五位下鎮守府将軍となっている。その清原氏の出自も安倍氏ほどではないが、やはりはっきりしない。元慶の乱での立役者清原令望《よしもち》の子孫だともいわれる。令望自身の土着説はとりがたいが、婚姻関係による〃血の合体〃はありえたことだろう。出羽権守藤原保則とともに出羽権掾に任ぜられた令望が、現地の豪族との間に婚姻を取り結んだことは想像される。

同氏の拠点であった出羽国の仙北三郡（雄物《おもの》川上流地域）は、陸奥国と接する地域でもあり、陸奥の雄族安倍氏とは最大のライバル関係だった。前九年合戦での清原氏の兵力動員数からすると、国衙と対等か、それ以上の規模をほこる地方豪族軍であり、忠常の乱での維幹軍に相当するものと考えられよう。

追討する側の名族でいえば、最後は源頼義である。忠常の乱では父頼信とともに活躍、その武芸は「好みて弱き弓を持てども、発《はな》ちしところの矢は飲羽《いんう》せずということなし」と語っている。その人物を評し「性沈毅《ちんき》にして武略多《まさ》り、最も将帥《しょうすい》の器《うつわ》なり」と『陸奥話記』は指摘する。

頼義は京都で小一条院敦明《あつあきら》親王（『大鏡』に道長に遠慮して東宮辞退を申し出た人物として登場する）に仕え、その功労により相模守に任じられたという。忠常の乱で追討使となった平直方は、その頼義の武芸に感じ、女婿にむかえたという。源氏と鎌倉の関係は、この頼義が相模守時代に直方の鎌倉館を譲り受けたことによるとされる。義家（八幡《はちまん》太郎）・義綱（賀茂《かも》次郎）・義光（新羅《しんら》三郎）の三子は、いずれもこの直方の娘と頼義との間に誕生した。

その頼義を、政府は平繁成にかわるべき安倍氏追討の切り札として派遣した。会坂《おうさか》（逢坂）以東の「弓馬の士」（兵）の大半が頼義の「門客」となるほどの威風だったという。「勇決は群を抜き、才気は世を被《こうむ》りぬ。坂東の武士、属《つ》かむことを楽《ねが》う者多し」とは、脚色された頼義評だとしても、棟梁の時代の幕開けを告げる一節ともいえよう。ここにはたしかに「武士」の語がみえる。「坂東の精兵」とも表現されるかれら武士たちの姿を、次に考えてみよう。

坂東の精兵～戦士集団の誕生

「坂東の猛き士、雲のごとくに集り雨のごとくに来る」。『陸奥話記』は頼義の兵力をこう指摘する。かれらのなかには「弓馬の士」として、頼義の「門客」となり奥州に下向した者も多かったにちがいない。「将軍麾下《きか》の坂東の精兵」とはそうした人々をさした。こうした精兵は、戦場にあって死を顧みず、「将軍のために命をすてる」、そんな意識の持ち主だった。軍記物語での虚構を差し引いたとしても、ここに語られている従者たちの忠節は、中世的世界のそれだろう。

例えば、頼義に仕えて三〇年という相模出身の老武者佐伯経範《さえきつねのり》は「地下《じげ》に相従うは、これ吾志なり」とし、死中に活を求めて討死した。そのおり経範の随兵三騎も「陪臣《ばいしん》と云うといえども、節を慕《ねが》うことはこれ一なり」として死を選ぶあたりは、『平家物語』的世界を彷彿《ほうふつ》とさせるようだ。あるいは藤原景季《かげすえ》なる人物の場合もそうだろう。騎射に巧みなかれは、合戦の場で敵の首級をあげ、安倍氏側もその武勇を惜しんだが、頼義の「親兵」たることで斬られた。「万死に入りて一生を顧みず」とは、その景季の戦場での詞でもある。

「坂東の精兵」たちの心中はこのようなものだった。かれらに対し、将軍頼義もまた「親く軍の中を廻《まわ》り、疵《きず》傷ける者を療《いや》せり」との情愛を示した。こうしたことが「命は義によりて軽し、今将軍のために死すといえども恨みず」との意識をかもし出した。中世武士の御恩と奉公を象徴化するような世界といえる。命をかけて忠節にはげむ従者たちを創り出すメカニズムが語られている。

忠節に対する代償として、主人たる者は従者たちへの給養や恩賞のために奔走することも必要とされた。棟梁たる者に要求されたのは、このことだった。事実、頼義は前九年合戦の終了後、越階《おつかい》して伊予守へと補任《ぶにん》されるが、そのおり「子息等および従類」の恩賞を忘れずに要求している（応徳三・一・二三、前陸奥守源頼俊中文《よりとしもうしぶみ》『平安遺文』四六五二）。ここにみえる「従類」とは、おそらく頼義の「親兵」たる「坂東の精兵」たちのことと思われる。

誤解のないようにことわっておくが、ここで頼義の側近をすべて「坂東の精兵」と主張するつもりはない。例えば、藤原景通は美濃、藤原則明は河内出身だったわけで、中央軍事貴族として「兵の家」を構成する頼義の直属武力は、東国以外の畿内周辺の出身者も多いと思われる。河内源氏としての基盤からすれば当然だろう。

ここで第一に問題となるのは、主従関係を成り立たせる物質的基礎がなんであったかという点だろう。教科書的にいえば、所領（土地）を媒介とした人的結合、これが純粋な封建的主従の関係とされる。鎌倉幕府における鎌倉殿と御家人の関係がそれだろう。「本領安堵《ほんりょうあんど》」とか「新恩給与《しんおんきゅうよ》」とよばれた御恩に対する軍役奉仕（奉公）がそれである。

だが、この段階にあっては、所職や所領は必ずしも恩賞の対象ではなく、従者への官職推薦権が大きな比重を占めていた。初期の封建制に基礎づけられた主従関係の特色はここにあった。大きく官職か所領かという恩給対象の別はあるにしても、人格的結合（情宜関係）をともなう主従制が誕生している点は、傭兵制から封建制への移行期として理解できよう。

このことは、『将門記』的世界の「穀米」や「衣服」といった現物給付での従者の獲得方法と比べても違いは明らかだろう。

第二に注目したいのは、源頼義配下の「坂東の精兵」たちに二つのタイプがあったことである。一つは頼義と直接の臣従関係にある佐伯経範のような存在。もう一つは間接的関係（陪臣）として表現された経範の「随兵」のような存在だ。『陸奥話記』に登場する頼義の「親兵」たちは、いずれもこうした「随兵」をしたがえつつ参戦したことになる。

重層的なタテの主従関係により構成された戦士集団である。武士団のイメージのおよそはこんなものだろう。随兵で想起されるのは、刀伊入寇時の「無止武者《やんごとなき》」たちの一人、藤原友近の随兵紀重方《きのしげかた》の場合だろう。一一世紀にはこうしたタテの主従関係が形成されていたことになる。

第三に注目されるのは、「坂東の精兵」の実態が頼義の私兵だということだろう。要はなぜに「坂東」を冠した戦士が私兵の立場で参陣しえたのかという点である。かれらは坂東諸国の「住人」たちと考えてよい。地域に基盤を有しつつ、奥州方面に参じるには、農業経営からの分離が必要となる。恒常的な戦士集団の誕生という面でも、この「坂東の精兵」の存在は大きかった。

頼義と清原氏の連合軍

安倍氏の生命線は衣河柵だった。貞任と義家の名場面はその衣河での合戦のおりのことだ。『古今著聞集』(巻九)には、衣河柵をすてて逃げる貞任に向かい、弓をかまえつつ「衣のたてはほころびにけり」と歌いかけたところ、貞任は「年をへし糸のみだれのくるしさに」と上の句を即座に返したという。感じ入った義家は、即興のその歌心に免じて貞任を逃がしたというのだ。むろん説話の世界である。鎌倉時代につくられたものだが、義家伝説に彩りをそえる話として広く流布している。

安倍氏の基盤だった衣河の館《たて》＝楯がほころび、支配が崩れる様を詠み込んだものだが、たしかに安倍氏にとっては最前線に位置するベースキャンプといえそうだ。ここを破られた安倍貞任の軍は以後撤退をつづけ、厨川の合戦で最期をむかえることになる。

ところで、頼義の追討軍が攻勢に転じた最大のきっかけは、清原氏の参陣だった。康平五年（一〇六二）七月のことである。衣河関での戦いは、その二ヵ月後の九月六日のこととされている。これに先立つ八月一六日、頼義と清原氏による連合軍は、諸陣の構成を次のように定めた。

一陣　清原武貞《たけさだ》（武則《たけのり》の子）
二陣　橘貞頼《たちばなのさだより》（武則の甥、字《あざな》志万《しま》太郎）
三陣　吉彦秀武《きみこのひでたけ》（武則の甥で娘婿、字荒川太郎）
四陣　橘頼貞《よりさだ》（貞頼の弟、字新方二郎）
五陣　源頼義（一、頼義直属軍　二、清原武則軍　三、陸奥国府軍）
六陣　吉美侯《きみこ》武忠（字班目《まだらめ》四郎）
七陣　清原武道（字貝沢三郎）

以上が『陸奥話記』からわかる追討軍の構成である。
追討軍は将軍頼義の第五陣を本陣として、全体が七陣の構成となっていた。『扶桑略記』にも「奥州合戦記云」として七陣の押領使《おうりょうし》が定められたことが記されており、かれらが頼義・武則の本陣を軸に直接の戦闘指揮者の立場にあったことがわかる。

この陣容は一見してわかるように、本陣の頼義軍を除く大部分が清原一族で占められている。将軍（国司）の立場で頼義が直接指揮権を発動できたのは、五陣のうちの頼義直属軍と「国内官人」（陸奥国府軍）のみであった。頼義軍三〇〇〇、清原軍一万余と『陸奥話記』が記す兵力比からしても、この点はうかがえよう。

ところで、右の追討軍の陣容も、王朝軍制の雛型《ひながた》にあてはまる。平忠常の乱における追討軍と大きな差はない。中央軍事貴族たる頼信と地方豪族（軍事貴族）の平維幹の関係は、まさに頼義と清原氏の関係に対比できる。命令系統として将軍頼義のもとで、地方豪族軍の清原氏がこれを補翼する軍制だった。

清原氏の武力は七陣中の六陣に配され、婚姻関係で結ばれた同族連合のかたちをとっていた。各陣が司令官的地位にあった「諸陣押領使」をいただき、戦闘を遂行する。そこにあっては、各陣がほぼ独立で一個の戦闘集団（武士団）を構成したものと思われる。それぞれのレベルで同じような主従の関係が形成されていた。

開きかけた棟梁の時代を確実なものとするために、かれら武士たちは、さらなる戦争を必要とした。義家による後三年合戦である。例によって、合戦の経過を確かめることからはじめよう。

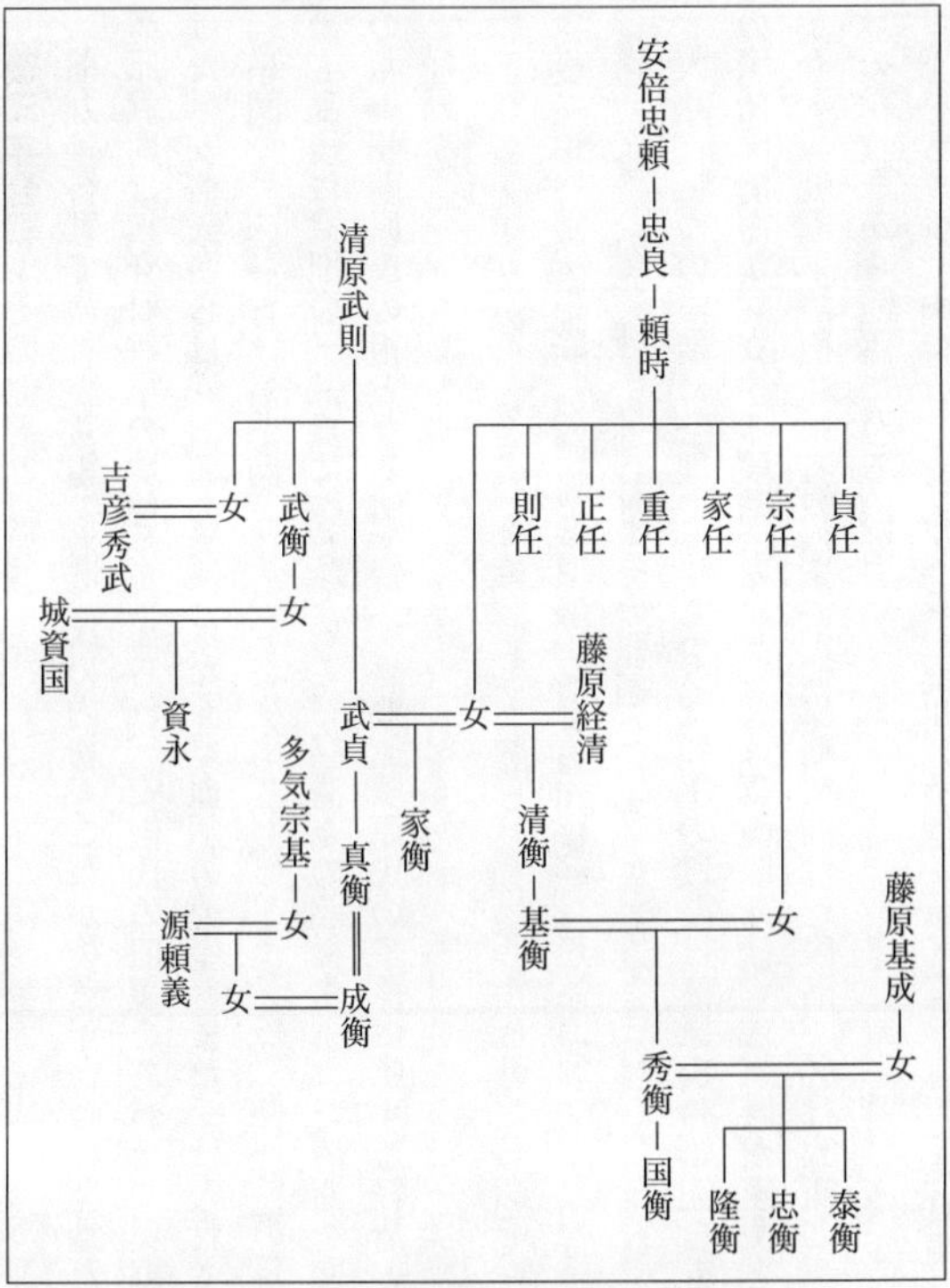

安倍氏・清原氏・奥州藤原氏関連略系図

後三年合戦～その発端と経過

前九年合戦での〝勝ち組〟清原氏の内紛、これが後三年合戦の発端だった。最大の功労者清原武則は鎮守府将軍の地位を与えられ、安倍氏の旧領をあわせて奥羽に一大勢力を築き上げた。安倍氏からは、旧領のみではなく、血脈の遺産もまた受け入れていた。

系図（二〇一頁）を参照していただくとわかるように、藤原経清に嫁した安倍頼時の娘は、乱後に武則の子武貞に嫁している。経清との間に生まれた清衡《きよひら》を連れての再嫁だった。のち奥州藤原氏の祖となる清衡は、秀郷流藤原氏の子孫に属する経清と安倍氏の結合の産物でもある。

とりあえず乱のあらましを確認しておこう。後三年合戦については、『奥州後三年記』（「後三年合戦絵詞」の詞書を収録。『群書類従』二〇所収）あるいは『康富記《やすとみき》』に所収の「後三年絵」の抄録から、およその経過を知ることができる。*

大略、三つの段階に整理できるようだ。①の段階は清原氏の嫡流を継いだ真衡《さねひら》と異母兄弟の家衡《いえひら》・清衡が対立する段階、そして②は真衡の死後、残された家衡と清衡の争いに源義家が介入、義家と清衡による家衡の沼柵《ぬまのさく》攻略に向けた段階、③は家衡と叔父武衡の拠点金沢《かねさわ》柵への総攻撃から陥落に至る段階だ。

①をもう少し肉付けしておくと「奥州六箇郡の勇士」とされた真衡は、「富有の奢《おごり》、過分の行跡」（『奥州後三年記』序）がもとで親族の一人吉彦秀武と対立（秀武が真衡の養子成衡《なりひら》

の婚儀への祝物を献上したおり、囲碁に興じていて、長老の秀武の面子《めんつ》をつぶしたことが発端だったとされている）、これを機に、秀武は家衡・清衡と連合、真衡と対立するなかで両者の戦端が開かれるに至った。おりしも永保三年（一〇八三）秋、源義家が陸奥守として赴任した時期にあたった。真衡は下向した義家を厚くもてなし、やがて秀武討滅のために出羽に出陣した。

真衡の養子となっていた成衡（海道小太郎）は、源頼義と常陸平氏の多気宗基《たけむねもと》（宗幹）の娘との間に生まれた女性を妻としている。その意味では義家とは、姻戚関係があった。清衡および家衡は、真衡出陣のスキをねらい館を襲うが、真衡の妻と養子成衡は、義家の郎等兵藤正経《ひょうどうまさつね》・伴助兼《ばんすけかね》に援助を求めて窮地を脱する。しかし、まもなく真衡が出陣中に病死し、家衡・清衡の両人も降伏したため、義家はこの両人に真衡の遺領をあらためて分配、清原氏の内訌も収まった。

②の段階は、残った家衡・清衡間での武力対立からはじまった。応徳三年（一〇八六）の夏、家衡は清衡の館を襲撃。妻子眷属《けんぞく》を殺された清衡の訴えにより、義家は数千騎を率いて家衡の拠《よ》る沼柵を攻める。この事件は都でも話題となり、義家の弟、義綱の出羽への派遣が議された（『後二条師通記』応徳三・九・二八）。

それはともかく、攻撃は難航し、包囲数ヵ月に及び、兵粮不足と降雪のために「官軍多く寒死飢死す。或いは馬肉を切り食い」（『康富記』文安一・閏六・二四）との状態のなかで、義家は撤退を余儀なくされる。おりしも家衡来援のためにかけつけた叔父の武衡は、「太守は天下の名将なり、已に勝軍の名を得るは高運に非ずや」（同）と語り、清原一族の面目を語ったという。この後、家衡は武衡の進言で堅固な金沢柵（横手市金沢）へと拠点を移す。

③の段階では、沼柵の攻略に失敗した義家が、翌寛治元年（一〇八七）春から夏にかけて準備を進め、「国のまつりごとをとどめ」（『奥州後三年記』上）て総攻撃を開始する。同年九月、数万騎の兵力を動員し、金沢柵へと進撃した。しかし力攻も効を奏さず、義家の弟新羅三郎義光の来援もあったが、戦いは難航した。この間、義家は清原氏との戦いを俘囚清原氏の国家への反乱と報じ、追討の官符を申請するが、政府はこれを認めなかった。長期戦の様相を呈したこの戦いも、兵粮攻めにより、一一月一四日、金沢柵はついに陥落する。「煙の中にをめきののしる事地獄のごとし」（『奥州後三年記』下）とその惨状を伝える。

義家は家衡・武衡をふくめその主な郎等四八人を梟首《きょうしゅ》し、翌月には陸奥平定の国解《こくげ》を進め、恩賞を申請した。しかし朝廷では、これを私戦とみなして賞をおこなわず、翌寛治二年の正月には、藤原基家《もといえ》を陸奥守に任じた。このため義家は私財をもって有功の士に分け与えたという。

以上がおよその経過ということになる。この後三年合戦で勝った清衡は、大きな果実を得た。奥州藤原氏の栄華を開く礎は、ここに築かれることになる。清衡は亘理権大夫《わたりごんのたいふ》（大夫は五位の官人の異称）と称される藤原経清を父に、安倍頼時の娘を母にもっていた。その意味では、奥州藤原氏は軍事貴族の末裔と俘囚の間に誕生したことになる。後三年合戦はたしかに私戦だった。この私戦を敷延すれば、結果的には、前九年合戦で清原氏に敗れた安倍氏の復活・再生のための戦いという面もあった。清衡による〝安倍氏版レコンキスタ〟とでも表現できそうだ。

＊　後三年合戦については、『陸奥話記』のように、その顚末《てんまつ》を記した記録がない。現在、『群書類従』に収められている『奥州後三年記』があるが、これは「後三年合戦絵詞」の詞書のみを集めたものである。「後三年合戦絵詞」（岡山の池田氏の旧蔵で、現在は東京国立博物館蔵）は、はるかに後代の貞和三年（一三四七）ころの成立とされ、欠脱も多く、首尾の一貫に問題も残る。

一方、室町時代の『康富記』（文安一・閏六・二三）には、筆者の中原康富が伏見殿にて、仁和寺《にんなじ》宝蔵より取り寄せられた「後三年絵」を陪観したことが述べられており、そのさい康富自身が「後三年絵」の詞章を筆写したことが記されている。それによると、この絵は承安元年（一一七一）に院宣により、静賢法印（保元の乱で戦後処理にあたり、平治の乱で義朝に殺された藤原信西の子）が絵師の明実に描かせたものだとある。乱をへだてること八〇年後のことでもあり、信憑性《しんぴょう》が高い。中原康富は、その「後三年絵」に添えられている詞書を抄録して、その日記に記した。

なお、静賢法印のつくらせた右の絵巻については、『吉記』（承安四・三・一七）にも記されている。

義家の従者たち

平将軍貞盛の孫上総介直方鎌倉を屋敷とす、爰《ここ》に鎮守府将軍兼伊予守源頼義いまだ相模守にて下向の時、直方の聟と成給いて、八幡太郎義家鎮守将軍出生し給いしかば、鎌倉を譲り奉りしより以来源家相伝の地として……

『詞林采葉抄』(一四世紀後半の南北朝期の成立。藤沢の遊行寺の僧、由阿の著した和歌の書)に載せる右のことばは、義家誕生の由来を語るものとして、広く知られている。これを信ずるとすれば、頼義の相模守時代に形成された武的基盤は、相模国を軸に、坂東さらにはその周辺諸国にまで広がっていたことだろう。

右の点をふまえつつ、会坂《おうさか》以東の弓馬の士が頼義の「門客」となったとの『陸奥話記』の話を参考にすれば、頼義と義家の二代にわたり臣従した随兵たちは、それなりの数がいたにちがいない。後三年合戦での義家の私兵は、父頼義の前九年合戦のそれをはるかにしのぐものだったろう。

例えば、①の段階に登場した兵藤正経・伴助兼の両人だ。かれらは「太守の郡使」として奥郡巡見の役務で真衡館を訪れ、真衡の妻の窮地を救った人物とされる。ともに義家の郎等で、参《み》(三)河《かわ》国の住人だった。参河国といえば藤原資《すけ》(助)道《みち》もそうだ。『尊卑分脈』では「三川国住人」助清の子とあり、その子孫に鎌田《かまた》正清《まさきよ》（為義・義朝に仕え、平治の乱のおり義朝とともに尾張《おわり》の長田《おさだ》で謀殺された）がいる。

さらに一流は相模鎌倉の山内《やまのうち》を領し、山内首藤《すどう》氏を名乗った。『吾妻鏡』には、資道入道が義家に仕え、その姉が源為義の乳母となったことがみえている（治承四・一一・二六）。その子孫の俊通そして経俊は、頼朝の挙兵にさいして活躍したことで知られる。序章でふれた『高幡不動胎内文書』に登場する山内経之は、この山内首藤氏の庶流に位置した人物ともいわれる。

また駿河《するが》出身の大宅《おおや》光任《みつとう》・光房《みつふさ》も有名だろう。とくに頼義・義家の二代に仕えた老武者光任の姿は、主従のドラマに彩りを添えている。さらにまた、義家配下の勇士鎌倉権五郎景《かげ》正《まさ》、そして三浦平太為次《ためつぐ》の名も有名である。かれらは相模国住人とされる。両者ともに桓武平氏に属し、鎌倉・三浦を拠点とした。その子孫は、それぞれの地に在地領主としての勢力をつちかい、頼朝挙兵の立役者となる。

鎌倉・三浦両流については、それぞれ異同はあるものの、景正と為次以降は一致し、伝説混入の度が少なくなる（二二五頁の系図を参照）。このことの意味は、やはり開発領主としての風貌が明確となり「住人」化が進んだことによる。景正・為次ともに両流の始祖と系図上で仰がれているのは、このことと関係があるはずだ。

系図はむろん手放しでは信用できない。加工があるからだ。後世のものならば、いっそう

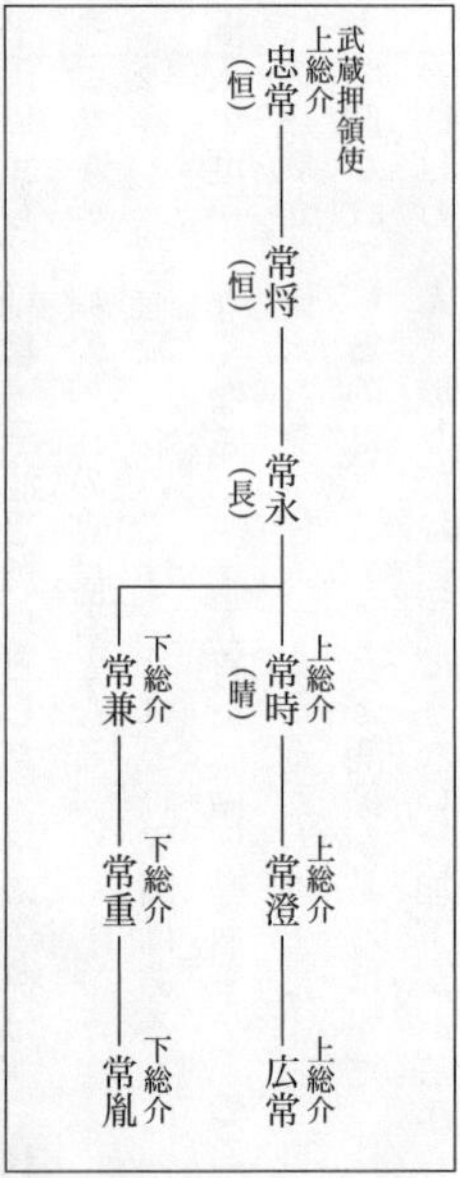

房総平氏略系図　『尊卑分脈』による

その感が強い。『奥州後三年記』にはその名をとどめないが、後世の系図には合戦に参加したことになっている坂東武士もいる。例えば、『千葉大系図』（江戸時代の寛永年間〈一六二四〜四四〉の成立）には、忠常の子常将《つねまさ》と孫常長《つねなが》が前九年合戦に参加したこと、常長の子常兼《つねかね》が義家に従軍し、後三年合戦に参じたことが記されている。同じく葛西《かさい》・豊《と》島《しま》氏の祖とされる平武常（武恒）も奥州合戦とのかかわりが指摘されている（「豊島宮城系図」）。両総方面を基盤とした千葉・上総氏や武蔵南西部に勢力を有した葛西・豊島氏が前九年・後三年両合戦とどのような関係をもったのかは、こうした系図以外に証拠がない。

　もっとも、『陸奥話記』あるいは『奥州後三年記』は、あくまで〝信頼できる伝説〟にすぎないことも忘れてはなるまい。その点では、この両史料に氏名がないことが、即不参を意味するものでもない。このことは、前述の平武常の子とされる常家（経家）が、実録史料に奥州へ参陣した形跡があることからも、うかがえる。

　以前にも紹介した応徳三年（一〇八六）正月二三日「前陸奥守源頼俊申文」（『平安遺文』

四六五二）には、頼俊（頼信の兄の頼親の孫、大和源氏）が、陸奥守在任中に「綸旨《りんじ》」（天皇の命令）により「武蔵国住人平常家」を「召進《めししん》」（捕縛）じたことが記されている。しかし「召進」じた理由・内容は不明である。もっとも頼俊が陸奥守に転任したのは治暦三年（一〇六七）のことで、頼義の離任から五年後であった。河内源氏から大和源氏へのバトンタッチがなされたのであろうか。

この両者がライバルに近い関係にあったことからすれば、綸旨による常家の召還には、頼義あるいは義家の家人であった豊島常家にかかわる何らかの問題があったのかもしれない。この応徳三年は、おりしも後三年合戦の最中であり、陸奥における源氏勢力の戦略面からもいろいろ議論ができそうだ。

このように葛西・豊島氏の祖とされるこの常家については、「武蔵国住人」ながら奥州との因縁は否定できず、前九年・後三年いずれかの戦役に関与した可能性がある。室町初期の成立とされる『源威集《げんいしゅう》』には、頼義の郎等の七騎の一人に豊島傔仗《としまけんじょう》恒家の名がみえることも傍証となろう。

こうした点からすると、後世の加工された系図世界であっても、単純な否定はつつしまなければなるまい。

棟梁と在地領主

いずれにしても、義家のもとには、相模をはじめとした坂東の武士たちが参陣したことは疑いない*。かれらは多くの諸史料に「住人」と表記されていることからも推測できるように、地域領主としての風貌を有していた。後にも述べるが、その子孫たちがいずれも各地域に郡・郷あるいは荘の地名を冠する開発領主として立ち現れていることは、その証となろう。

誤解のないように確認しておくと、頼義の場合と同様に、義家の随兵もすべてが坂東出身だったわけではない。中央軍事貴族の立場からして、都とのつながりが強く、それだけに私的従者には畿内周辺に基盤を有した武者もいた。

このあたりは、例えば説話的世界だが、義家が堀河右府（源俊房）と囲碁に興じているすきに盗賊が侵入、それを武名で威圧するや、その「郎等四五十人」が即座に盗賊を連行する話などからも（『十訓抄《じっきんしょう》』第一）、義家の都における私的武力の在り方を推測できよう。後三年合戦での義家の股肱《ここう》の臣には、坂東の「住人」たちだけではなく、こうした「都の武者」たちもいたはずであろう。

義家の随兵には、「都の武者」に近似した存在とともに、東国・坂東出身の「住人」的武者の両様が考えられる。そしてこの両者が義家のもとで統合され、戦士集団として機能していることが重要だろう。この時期の棟梁は、都を基盤とした軍事貴族以外に考えがたく、そうした貴種性を前提としたうえで東国・坂東方面への足場を築きつつあった点に重さがある。東北＝奥羽の場を借りた源氏による坂東武士団との因縁づくり、武士団成立史からみた両合戦の意義はこんなところにあった。

＊ついでながら、坂東武士という点でいえば、義家の弟、新羅三郎義光の郎等たちの存在も気にかかる。金沢柵で武衡の降伏交渉にあたった藤原季方《すえかた》など、幾人かの私的な随兵もいたはずだ。可能性の高いのは、後三年合戦後の義光の勢力基盤から考えて常陸方面からの兵力だろう。義光は常陸国久慈《くじ》郡佐竹郷を本拠とし、嘉承元年（一一〇六）六月には常陸の住人平重幹とともに、甥の源義国と合戦している（『永昌記』）。常陸平氏とのこうした関係は後三年合戦以降のことと解することも可能だろうが、常陸方面への勢力扶植という点からすると、その地盤形成の端緒はある程度早い時期から開始されていたのかもしれない。このあたりは義光の奥州下向の意味をどう解釈するかという点にかかわるはずだ。

国史教科書の「源義家と義光」
文部省『尋常小学国史』上巻
日本書籍株式会社、1935年。
ノーベル書房復刻版〈1970年〉による

伝説の創造

合戦は伝説創造の場でもある。義家が活躍した後三年合戦で流布した伝説も多い。忠臣美談風に変造され、戦前の国定教科書の定番として必ず顔をのぞかせるものもある。官職をなげうっての義光の兄義家への来援・参陣の話は有名であり、ご存知の読者も多いだろう。その場面

を対話仕立てでいえば、

（義光）兄上の苦戦の報に接し、上皇へお暇を願い出ましたが、許されず、兵衛尉を辞して参上した次第です。

対する義家は、

（義家）よくぞ遠路の来援、まことにありがたい。そなたとともに兄弟協力のあかつきには、家衡・武衡の討滅もわが手中にあるも同然ではないか。

意訳したが、こんなところで大過はないはずだ。この〝兄弟純情物語〟は、『吾妻鏡』の頼朝と義経の黄瀬《きせ》川での対面の世界へ投影されている（治承四・一〇・二一）。『源平盛衰記』でも、『尊卑分脈』（義光条）でも、トーンはほぼ同様だ。「天下の美談」（『源威集』）は加工されつつ、中世からさらに近世へと広がった。

だが、実際は『為房卿記』に「身の暇を申さず、陸奥に下向す、召し遣わすといえども、已に参り対せず、よって解却《げきやく》さるるなり」（寛治一・八・二九）とあるのが真相といえる。美談仕立てはのちの時代のことだ。

それはともかく、義光は常陸国久慈郡佐竹郷を拠点とし、その子義業《よしなり》は常陸平氏の平清幹の娘と結婚、佐竹氏の元祖となる。後三年合戦が終わった一一世紀末ごろに刑部丞《ぎょうぶのじょう》であった義光は、常陸に地盤を形成しつつあった（『殿暦』長治二・二・一八、『永昌記』嘉承一・六・一〇）。その意味では、東北と関東の接点である常陸北部での義光の活動は坂東周縁での源氏の勢力拡大の一環であり、単純な兄弟愛の所産でもなさそうである。それなりの打算もあってのことだろう。

その義光の郎等の藤原季方の剛勇の話も有名だろう。義家は兵士たちを励ますために毎日の戦闘の結果、「剛臆《ごうおく》の座」をもうけさせたという。つね日ごろから名をはせた義家の郎等でさえ、臆の座についた者がいたなかで、この季方だけはどんなときでも臆の座にはつかなかったという。

また、乱れた雁の列で伏兵を知ったという例の有名な話も、この金沢柵での合戦のときのことだ。関白藤原頼通邸で義家が貞任との戦いの様子を語るのを、当代の大学者大江匡房《まさふさ》が立ち聞きし、「武士として立派だが、兵法を知らないのは残念」ともらしたという。これを郎等から伝え聞いた義家は、匡房に弟子入りし、おのれを戒めつつ兵法を学んだというものだ。『古今著聞集』（巻九「武勇」）に載せる義家の知恵と謙虚さを示す逸話ということになる。前述の「衣のたて……」とともに義家伝説の最右翼に位置するものだろう。

そして伝説といえば、もう一つ、鎌倉権五郎景正の武勇を伝える話もある。これまた金沢合戦のおりのことである。戦闘中に右の眼を射られた景

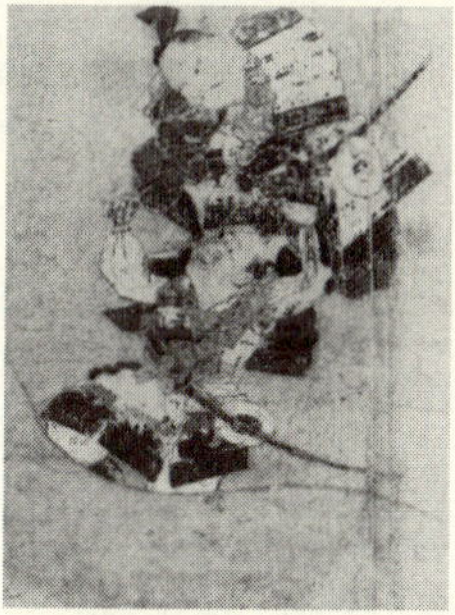
景正の右眼から矢を引き抜く為次『後三年合戦絵詞』東京国立博物館蔵

正に対し、同じ相模出身の武士三浦平太為次（継）は、矢を抜こうとかけ寄った。為次はこのとき、貫《つらぬき》（毛皮の履き物で、甲冑着用のおりにつける）をはいたまま、土足で景正の顔を踏み矢を抜こうとした。しかし、倒れていた景正は、礼儀をわきまえない為次に対して刀を抜き、「矢で死ぬことは当然だが、顔を踏まれるのは我慢ならず」と威嚇した。このため為次もその非礼を改め、膝をかがめて顔を押さえながら矢を抜いたという。景正の武勇と胆力を語る著名な話だが、近世江戸期には、この鎌倉権五郎は歌舞伎十八番の「暫《しばらく》」に登場する。そこでは、景正の後三年合戦での伝説的世界でさえもはや後景でしかないが、わずかな余熱は伝わるようだ。

「武士道」以前

もう少し鎌倉権五郎の世界をつづけたい。後述するが、景正は相模の大庭《おおば》御厨《みくりや》の開発領主でもあった。むろん後三年合戦からしばらく後のことだ。その子孫には、義朝に従い、保元の乱で活躍する大庭景能《かげよし》・景親《かげちか》がいる。

「生年十六歳にて、右の眼を射させて、其矢をぬかずして、答の矢を射て敵をうち、名を後代にあげ、今は神と祝《いわわ》れたる鎌倉の権五郎景政が四代の末葉……」とは、『保元物語』が語る景能兄弟の名乗りの場面だ。ここでは景正は、すでに伝説の人となっている。景正を有名にしたのは、生死を忘れ、負傷をかえりみず敵を討つ執念。敵に背を向けぬ名誉。こうしたことが武勲の伝説を形成させたのだろう。「兵の道」とか「武者の習い」とかよばれた行為には、この景正的世界に通じるものがある。武士の道徳は、後世「武士道」と名づけられた。戦国期以降に理念化され、江戸期には封建教学のうえで大きな役割を担った。しかし加工された「武士道」以前の「兵《つわもの》の道」、あるいは「武者の習い」は、現実のいくさのなかで登場した実戦の倫理から生まれたものだった。当然そこでは、ある種の打算がはたらく。初期の武士の道徳・倫理を、必要以上に美化してはならない。

その点では、為次の行為を不名誉とした景正の心中には、抜きがたいライバル意識があったのかもしれない。坂東平氏の末裔として相模三浦郡を拠点とした為次と、近隣の鎌倉・高《たか》座《くら》郡を本拠とした景正の競合関係である。間接的証拠でしかないが、『水左記《すいさき》』（源《みなもとの》俊房《としふさ》の日記）の記事も参考となろう。後三年合戦後の承暦三年（一〇七九）、相模国住人権大夫為季と押領使景平とが合戦し、為季が景平を殺したため、景平の一族が為季を攻撃したというものだ（同・八・三〇）。

氏名から推して、後三年合戦での三浦為次・鎌倉景正の同族だろう。こうした関係を考えれば、相模国での在地支配をめぐり、以前から両氏はライバルの関係にあったとみてよいだろう。後三年の戦いでは、棟梁義家のもとでその対立は封印されていたが、この時期に再燃したのではあるまいか。とすれば、勇壮な景正の態度も、武士の面目云々を強調できないことになる。

前九年や後三年の合戦に参じた者のなかには、景正や為次のような存在がふくまれていたにちがいない。日常的世界での敵人関係が容易に形成されやすい状況もあった。棟梁とは、そうした矛盾を調整しえた存在ということになる。以下での話は、その棟梁について考えよう。

棟梁の誕生〜王朝的武威の創出

前九年・後三年の両合戦は、棟梁をつくり上げた。結論を先取りすれば、この戦いの意義はそこにあった。坂東と奥羽との相克の第二ラウンド（第二次奥州戦争）を通じ、「兵の家」のチャンピオンが決定した。天慶の乱以降の新軍事貴族（乱の功労者、源・平・藤）のうち、都の権門に近侍し、中央志向を強めたのは源氏の勢力だった。

その源氏による因縁のつけ方が武士の棟梁の誕生につながった。このことを考えるには少し説明が必要だ。そもそも源氏が「兵の家」のチャンピオン（棟梁）となった理由は何か。一つは、畿内周辺を基盤としたことが、摂関家をはじめ諸権門との関係を強めることになった。別の言い方をすれば、天慶の乱後の新軍事貴族の世界で「兵の家」としての最も現実的な途が、中央志向による摂関家との連携だった。

東国での「住人」化（領主化）を進めていた繁盛流・良文流の平氏や秀郷流の藤原氏の堅

固な基盤に、もはや源氏が割り込む余地はなかった。東国での分割はすでに完了していたわけで、ありていに表現すれば、源氏は東国に関しては〝バスに乗り遅れた〟といってよい。このことは、二つ目の理由につながる。

つまり、将門に象徴される坂東的武威（坂東独立構想）とは別の理念による、新たな武威の創出を構想する必要があった。王朝的武威とでも表現できるものがそれで、現実的あるいは体制的といってもよい武の権勢を創り出すことだった。

天慶の乱後の各平氏間の「敵人」関係は、源氏のそうした現実的な武威を創出するうえで、大きな役割をはたした。ここにあっては東国に地盤を有さぬことが有利に作用した。〝近親憎悪〟による「敵人」関係は、忠常の乱でピークをむかえたが、源頼信の投入は結果的にその王朝的武威の創出に寄与したことになろう。

王威・王権の内部にあって、法威（神仏）をも巧みに取り入れることで、源氏の勢力は棟梁の途をあゆむことになる。頼信・頼義そして義家の時代の八幡神の氏神化の成功は、その点でも大きな意義を有した。国家レベルでの守護神を自己の氏神にすえることは、重要な意味をもつといえる。このことは、かつての『将門記』に登場する国家的な武神としての八幡神を、この時期に固有の源氏の氏神へと転生させることにつながった。『陸奥話記』での八幡神の登場は、そうした場面に即応する。その意味では、中世的神祇《じんぎ》体系のなかにあって、王権（王威）を神のなかに位置づける伊勢（天照）・藤原（春日《かすが》）的と並びうる体系が出そろうことになる。それが武威の認知を体制的・現実的なかたちで展開するための前提ともなった。

東国との因縁～源氏神話の原点

頼信以後の坂東とのかかわりは、婚姻や官職の関係を軸にも展開した。平直方の娘との婚姻関係で頼義と鎌倉の関係が形成され、義家が誕生する。さらに、相模守への頼義の補任に象徴されるように、官職を媒介とした因縁も大きい。王朝的武威を背負った源氏の進出は、官職や婚姻の関係を通じ坂東の地に新しい秩序をつくり上げることになる。前九年合戦で参陣した頼義麾下《きか》の「坂東の精兵」たちは、そうした因縁の結果だった。

以上のことを前提に、この両合戦を棟梁の問題に引きつけて考えなおせば、次のような理解も与えられよう。中央軍事貴族の途をあゆみつつあった頼義から義家の時代は、王朝的武威を再生産しつづけるために、武を燃焼させる場を必要とした。前九年・後三年の両合戦は、皮肉にもその場を用意したことになる。かつての蝦夷戦争で、坂東に刻印づけられた〝武の風土〟(兵站基地)を、新たな武威のかたちに変換させたともいえる。それが、坂東の武力が東北へと浸透するうえでのステップともなった。〝人の支配〟を軸とする源氏との主従関係の形成が進んだことは大きかった。

例えば両合戦を通じ、〝重代の恩顧〟の観念が形成された点は、重要だろう。頼義にみる

「従類」（郎従）への恩賞獲得の努力は、その典型といえよう。源氏の私的主従制は、こうしたかたちで進展する。

齢《よわい》八〇にして参陣した大宅光任、およびその子光房の活躍は合戦記に詳しいが、かれらなどはさしずめ頼義・義家二代に仕えた忠臣の証といえよう。後三年の合戦では、三河・武蔵・相模などの武士が参加し、東国・坂東とのかかわりが一層強まった。〝私戦〟と認定された後三年合戦は、逆説的ながら棟梁義家を鮮明なものとした。

よく知られるように、義家はこの戦いに官物を兵粮に宛てることもかなわず、終始〝わたくし〟の世界で戦闘が遂行された。そのため私財を投じ、恩賞にかえた。諸国の百姓の義家への田畠の寄進の盛行とこれの禁止は、棟梁としての義家の人気を語るものだが（『百練抄』寛治五・六・一二）、従者の所領保護のためには兄弟といえども合戦を辞さず、といった世界もある。ここには、官職的・位階的な君臣間の秩列（〝公〟の世界）とは異なる関係があった。

「武士の長者」として、「多く罪なき人を殺す」（『中右記』天仁一・一・二九）と評された義家だったが、棟梁とは、その意味でみずからが王朝的官職を保持し、その足場を確保していなければならない。〝公〟の世界への窓口（権門との人的ネットワークなど）をもつことが要求される。

だが一方では、私的世界での主従関係にあっては、恩賞の要求など主人としての責任も問われる。従者の利益を保護すること、そうした恩顧の観念が従者の奉公を実現する。〝私〟を〝公〟へと接続する存在、棟梁とはそうした人々をいう。兵のチャンピオンとして源氏が棟梁への途を達成できたのも、最終的には〝公〟と〝私〟を巧みに使い分けつつ、人の支配を実現したことによる。

こうした奥羽への強引ともいえる因縁が、頼朝の奥州合戦の「征夷」の論理へとつながり、ひいては、中世の源氏神話の原点となっていく。その意味では、この両合戦は、武家の中世がその正統を主張するための論理の場ともなった。むろん、論理にはときとして伝説が付着していたが……。

両合戦の史料となる『陸奥話記』『奥州後三年記』を分析し、そこから、頼義あるいは義家の棟梁としての未熟さ、坂東の武士団の未組織性を説くことは容易だろう。だが、〝かくあった歴史〟以前に、〝かくあるべし〟と後世伝えられた観念としての前九年像、後三年像の影響も大きかったのである。

『平家物語』も『吾妻鏡』もそのかぎりでは、源氏の神話創造に寄与した。棟梁のイメージをつくり出すための場としても、両合戦は作用した。実際がどうであれ、この両合戦が源氏と坂東との結びつきの原点とされたことは動かない。重要なのは、かく観念された事実なのである。前九年・後三年両合戦は、そうした意味で棟梁誕生の舞台とされる。

義家以後～源氏の内紛

後三年合戦終息から数えて一一年後の承徳二年（一〇九八）、義家は院の昇殿を許された。白河法皇の引級《いんきゅう》が大きかった。「天下第一の武勇の士」（『中右記』同二・一〇・二三）と評された義家も、その晩年は一族の内紛で、源氏は一時衰退する。

以下での話は、この源氏の内紛についてである。まずは弟義綱（賀茂社の社頭で元服したことから賀茂次郎と号した）との対立である。兄の義家とともに前九年合戦に参加、「驍勇《ぎょうゆう》騎射《うまゆみ》は兄に亜《つ》ぎたり」（『陸奥話記』康平五・一二・一七）といわれた義綱は、合戦の勲功の

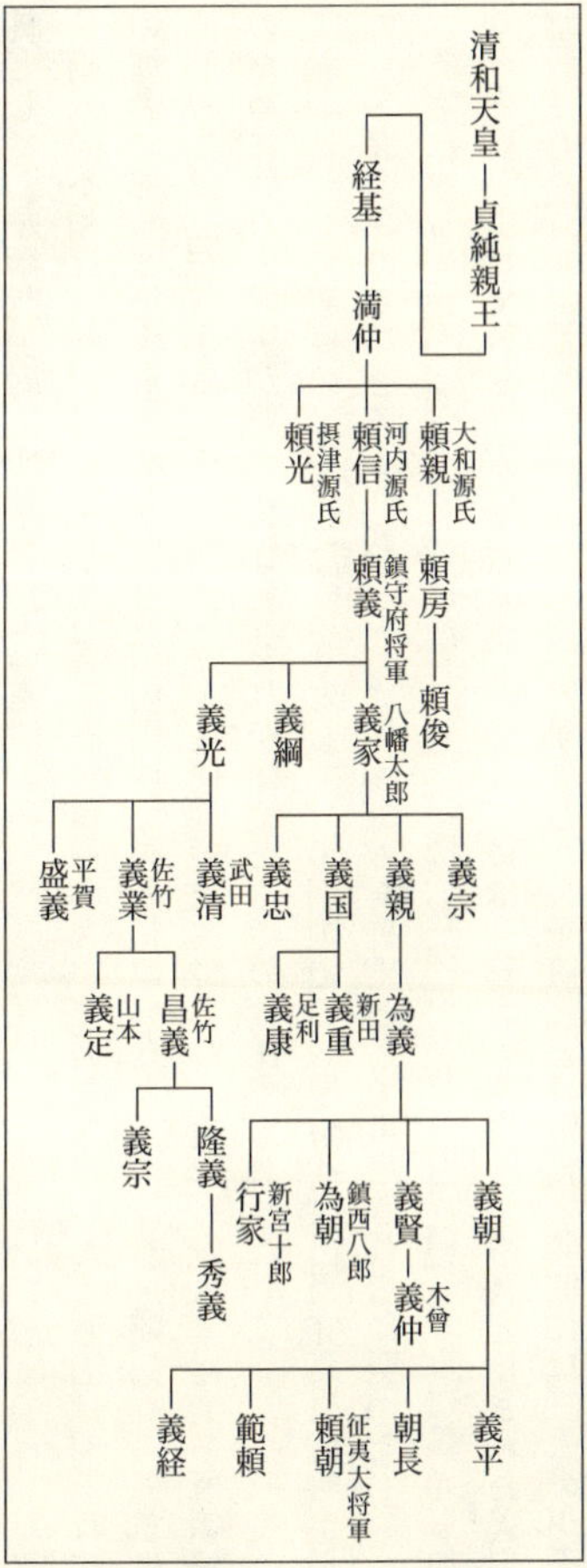

清和源氏略系図

賞として、左衛門少尉に任ぜられていた。

両人の不和は、その後に生じた。寛治五年（一〇九一）のことだった。原因は、それぞれの従者である藤原実清と清原則清の河内国内での所領争いだった。従者・随兵への恩賞は、棟梁の力量を左右する。それゆえにたとえ同族や兄弟であれ、自己の家人・従者の所領保全のためには力の解決が要求される。それが棟梁たる者の責任でもあった。

義綱は、右の事件の二年後に陸奥守として、出羽国での騒擾《そうじょう》事件（出羽守藤原信明が平師妙らに襲撃される）を鎮圧、武名をあげ、義家の対抗馬として重用されるに至った。

義家は嘉承元年（一一〇六）に没したが、後継ぎをめぐり右の義綱、さらに義光も加わり、内紛が生じている。天仁二年（一一〇九）には、義家の四男で後継ぎと目された義忠《よしただ》が暗殺された（『百練抄』同二・二・三）。早死した長子義宗とは別に、義家には三人の男子がいた。次子義親《よしちか》は流罪に処せられ、三子義国《よしくに》は足利氏との関係が深く、この義忠が嫡男と定められていた。

義国は、義家と下野国足利基綱《もとつな》（秀郷流藤原氏）の娘との間に生まれ、新田《にった》・足利両氏の祖となる。この義国は叔父の義光と常陸で合戦し、両者対立の関係にあった（『永昌記』嘉承一・六・一〇）。平重幹と結んだ義光と、隣国下野の豪族足利基綱・源義国との勢力争いということになる。ここには源氏の内紛とは別に、中央軍事貴族たる義家一門が、将門の乱以後の功臣の子孫と〝血の結合〟をくり返し、坂東に進出する姿の一端もうかがえよう。

話をもどすと、義忠暗殺の容疑者として浮上したのは、義綱の三男義明《よしあきら》だった（『百練抄』天仁二・二・一六）。このため父の義綱も追討された。追討使は義親の子為義《ためよし》だった。源氏の嫡流はその為義が継ぐことになるが、義忠暗殺への義明関与は冤罪《えんざい》であったともいわれる。『尊卑分脈』は、その仕掛人が義光だったとする。甥の義忠の嫡流をねたみ、家人の鹿島冠者なる人物を差し向けたという。その鹿島冠者も、証拠を消すために殺されている。その氏名から判断して、常陸国鹿島郡を拠点とした人物で、義光の従者だったと思われる。* かりに『尊卑分脈』が説くところが実説だとすれば、義家との兄弟愛は興ざめということになろうか。

『百練抄』『尊卑分脈』のいずれの説をとるにしろ、義家死後の源氏の没落は内紛も手伝ったらしく、為義の時代はその余波で逼塞《ひっそく》のときをむかえる。中央政界はおりしも義親の追討で平正盛が武名をはせ、やがて忠盛・清盛へとその勢威が隆盛をむかえる時代だった。保元・平治の乱での話は、ここでは諒解の内として、話を次に進めたい。

坂東での源氏勢力のその後についてである。次の課題は、内乱直前の坂東の状況について、義朝を軸に考えてみよう。

＊ 以下は根拠なしの想像である。鹿島冠者はその氏名から鹿島郡を基盤とした武士の可能性が高いことは本文でふれた。「住人」型武者を考えてよいだろう。そのルーツは、義光が平重幹と姻戚関係を有し、常

陸平氏との因縁があったとすれば、鹿島冠者も、常陸大掾の庶流と考えることも可能だろう。

序章で指摘した、鹿島氏の庶流烟田氏の流祖を考えるうえでも、鹿島冠者の存在は興味深い。これ以上の深入りは禁物だが、常陸における坂東武士団の一つ、大掾氏の庶流鹿島氏の史料上での登場を示唆するものとして留意したい。中央軍事貴族の源氏との関係を前提とした主従関係の在り方を語る材料となろう。

義朝と坂東武士団〜大庭御厨事件

再度、話題を坂東の世界に転じよう。前九年・後三年両合戦での「坂東の精兵」たちのその後について考えたい。頼朝の父義朝が主役である。ここでは義朝が関与した相模の大庭《おおば》御厨《みくりや》と下総の相馬《そうま》御厨を素材にみておく。ともに坂東平氏の末流の開発にかかる荘園である。在地領主へと転身したかれらの姿を通じ、その実情をみてみよう。

まずは大庭御厨の場合である。例の大庭景正が、この御厨の寄進主体だった。後三年合戦のおり、眼《まなこ》に矢を射られ武名をはせた伝説の武者鎌倉権五郎である。景正（景政）は、系図（二二五頁）を参照すればわかるように、梶原《かじわら》・大庭氏の祖となる人物で、のちに鎌倉党とよばれた武士団の元祖でもある。鎌倉党は、鎌倉郡を本拠とした血縁的な在地領主の連合体とされる。

この景正は、長治年間（一一〇四〜〇六）に高座《たかくら》郡大庭郷の荒野を国衙の許可を得て開発した（『平安遺文』二四四五号）。大庭御厨の関係を示すこの史料には、「住人平景正」が

「先祖相伝私領」を神宮に寄進したと記されている。景正がのちに御厨として荘園化される地にかかわった点は、この時期の武士を考えるうえで重要だろう。中世武士の履歴はこの「住人」という語に象徴される。かれらは、先祖から伝えられた土地（先祖相伝の私領）をもつ在地領主でもあった。

大庭御厨は、現在の藤沢市鵠沼《くげぬま》あたりといわれる。一般に荒野の開発にあたっては、領主は自己の領域民とともに周辺から多くの浪人を募集し、開発を請負うことになっていた。三年間あるいは五年間の官物や地利の免除という特権が与えられるが、数年後には、国衙から官物などの税が課せられるため、権門に所領を寄進して、官物を免除されようとする。開発の主体となった領主が所領を中央の貴族（この場合は伊勢神宮）に寄進すると、上納

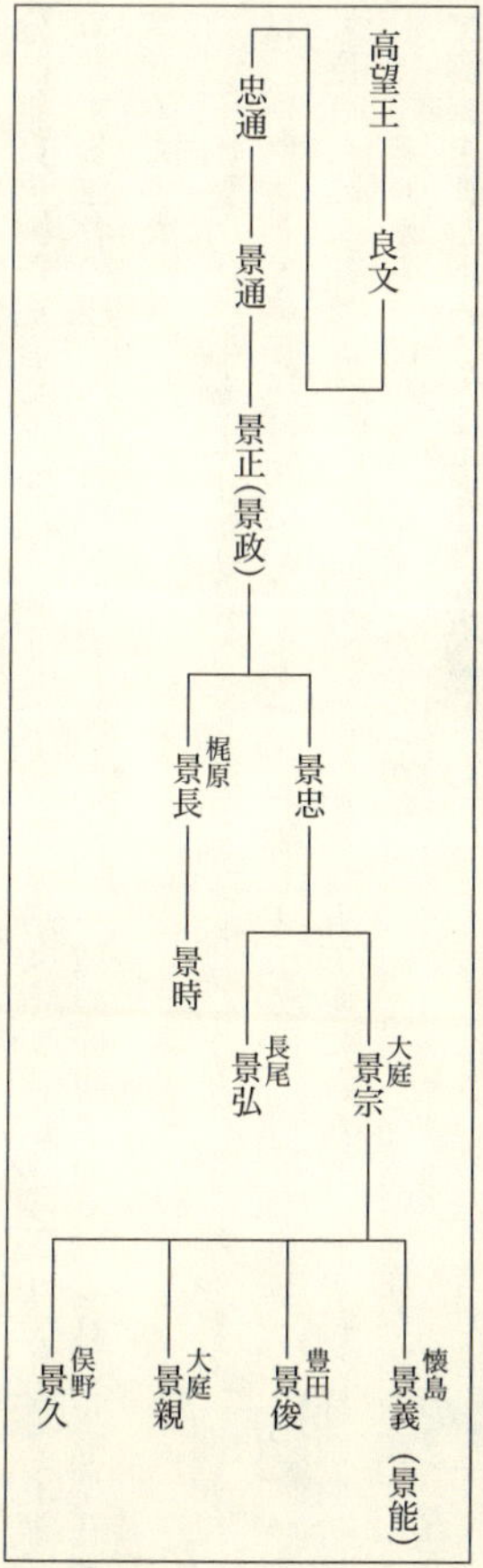

鎌倉党略系図

分の年貢を被寄進者である荘園領主に分与する義務を負い、その見返りとして、国衙をはじめとする他者の圧迫から自領を保護してもらう。一種の保険である。これが寄進型荘園のシステムだった。

景正もそうした慣例にしたがって、鵠沼の地を開発したものと思われる。開発後の条件は、伊勢大神宮御厨とするというもので、それにしたがい、永久四年（一一一六）大神宮の荘園とした（『鎌倉遺文』六一四号）。開発田畠は九五町に及んだ。その後の紆余《うよ》曲折は別として、それから三〇年ほど経過した天養元年（一一四四）、源義朝郎従が国衙在庁と共謀して御厨を押し取ろうとする事件が発覚した。

義朝は六条判官為義《ためよし》の子で、八幡太郎義家の曾孫にあたり、源氏の嫡流を継いでいた。当時、坂東にあって源氏の勢力拡大をはかる義朝にとって、大庭御厨への介入は相模での基盤形成に大きく作用した。源氏の家人化の推進である。義朝の御厨乱入事件は、そうした源氏の坂東での権力増幅運動の一環でもあった。

事の発端は、鎌倉に楯《たて》（館）をかまえた義朝が、鵠沼郷は「鎌倉郡内」と称し、二度にわたり御厨に乱入したというものだ。特に同年一〇月下旬の二度目の乱入にさいしては、在庁官人とともに「上総曹司《ぞうし》源義朝名代《みょうだい》清大夫安行《やすゆき》・三浦庄司平吉次《よしつぐ》・男同吉明《よしあき》・中村庄司同宗平《むねひら》・和田太郎同助弘《すけひろ》」に率いられた千余騎の軍勢が押しかけ、蹂躙《じゅうりん》したとある（『平安遺文』二五四八）。ここに記されている清原安行は、義朝の郎従で、前月にも名代（代理人）

の立場で、在庁官人ともども鵠沼郷に乱入している。

清原氏以下の三浦・中村・和田の面々は、いずれも相模を拠点とした在地武士で、頼朝挙兵のおりにいち早く参陣した武士たちだった。とりわけここにみえる吉明は、「貴種再興の秋《とき》」に衣笠《きぬがさ》城で討死した三浦義明その人だろう（『吾妻鏡』治承四・八・二六）。三浦一族との縁は、義明（吉明）の祖父為次《ためつぐ》が義家の配下として後三年合戦に従軍して以来の関係だ。この時期、侵略される側の大庭氏は景正の孫景宗《かげむね》が御厨の下司《げし》の地位にあった。

この三浦氏と大庭（鎌倉）氏は、ともに相模国住人として、三浦・鎌倉郡の領域的な分割・開発を進めていたわけで、同じ坂東平氏の庶流とはいえ、ライバル関係にあった。後三年合戦にあっては、それぞれの流祖為次・景正ともに義家のもとに参陣し、武功を立てている。為次（三浦）・景正（鎌倉）・義家という三者の関係は、この大庭御厨乱入事件では義明・景宗・義朝と、世代を超えてシフトしている。まことに皮肉な結果だが、この大庭御厨事件のおりには、三浦と大庭（鎌倉）は敵対していた。

この事件は、翌年の天養二年（一一四五）に義朝の乱行の禁止と御厨への乱妨停止《らんぼうちょうじ》の宣旨が出されたものの（『平安遺文』二五四四、二五四八）、うやむやのうちに終わったようだ。

得たもの、失ったものという単純な計算は成り立たないが、〝人の支配〟を軸とする武士の主従関係の形成にこの事件が寄与したことは疑いなかろう。

「源家相伝の家人」の証

この事件からおよそ一〇年、保元の乱が勃発する。保元の乱での義朝配下には、義朝により苦汁をなめた大庭一族も参戦していた。

後三年の合戦に……名を後代《こうだい》にあげ、今は神と祝《いわわ》れたる鎌倉の権五郎景政が四代の末葉、大庭の庄司景房《かげふさ》の子、相模国住人大庭平太景能《かげよし》・同三郎景親《かげちか》とは我事にて候（「白河殿攻め落す事」『保元物語』）

とみえる大庭一族の名乗りの場面には、後三年合戦以来の源家との因縁が説かれている。ここに登場する景能・景親は、のちに頼朝の挙兵にさいして活躍したことがよく知られている。景能・景親の義朝への従軍の事実は、大庭御厨事件を機に源氏の家人化が進んだことを示唆する。

御厨乱入のおり、「国司の進止するにあたわず」（『平安遺文』二五四八）といわしめた義朝の存在は、あるいは「相模国住人」大庭一族の去就を決定づけたろう。保元の乱で義朝が率いた武士団には、そうした力への信奉をいだく坂東出身の武士が多数参加した。そこに登場する武士たちと源氏との因縁には、前九年・後三年合戦への回帰につながる東北・奥州との戦争が横たわっていた。

坂東武士にとって、そこはたしかに伝説創造の場でもあった。この戦争へのかかわりが、源氏との縁を語る証となった。「源家相伝の家人」との意識は、『平家物語』的世界で一般化するが、その起点は前九年・後三年合戦へのかかわりが大きかった。より正確にいえば、かかわっていたとする伝説の存在が大きかった。

それでは相模以外の事情はどうか。今度は下総の相馬御厨を例に、同じく義朝と千葉氏との関係をさぐっておこう。

相馬御厨と千葉氏

「相随ふ輩は誰々ぞ。……上総国には、介八郎、下総国には、千葉介常胤《つねたね》……」――『保元物語』が語る、義朝に従軍する東国武士の面々を記した一節「官軍勢汰《せいぞろえ》」だが、ここには上総広常《ひろつね》・千葉常胤が登場する。これまた頼朝の挙兵に参加し、幕府の宿老的存在となった人物たちである。かれらと義朝との因縁には、相馬御厨がかかわっている。

ちょうど大庭御厨乱入事件と重なる時期である。そこには、義朝を「上総曹司」と表現していたことからも推測できるように、上総氏との関係が濃厚だった。上総氏は千葉氏とともに、良文流に属した坂東平氏の一門で、例の平忠常の末裔にあたる。将門の場合と異なり、忠常の子孫は房総において乱後も勢力を拡大していた。

源氏の嫡流義朝との関係が、どの時点で形成されたかは不明だが、父祖義家以降に積極化したものだろう。内紛による源氏の一時的衰退はみられたが、坂東地域での家人化路線を推進するなかで挽回がはかられた。いわば棟梁としての源氏が「相伝の家人」の論理を増殖させるための基盤整備がなされた時期だった。

それはともかく、その義朝がかかわる相馬御厨について急ぎ指摘しておこう。以下での経過は、久安二年（一一四六）の千葉常胤の寄進状によっている（『平安遺文』二五八六）。相馬郡内に成立した御厨の開発は、平良文までさかのぼるという。村岡五郎と称され、源宛と死闘を演じた兵として『今昔物語』に顔をのぞかせた人物であるが、一〇世紀の人物でもあり、誇張はまぬがれない。

開発領主（在地領主）としての性格を強くもったのは、やはり忠常以後ではなかったか。「下総国住人」と称された忠常の房総三国にまたがる私営田の一つ、相馬郡もそうした支配域に属していたのだろう。忠常の乱で荒廃したとはいえ、この相馬郡をふくめた当該地域は、寄進状に登場する常将・常長（永）へと継承されたと推測される。

かくして常兼《つねかね》へと相伝された相馬地域は、子息常重《つねしげ》が幼少であったこともあり、上総氏系の常時《つねとき》に一時譲られたらしい（これがのちに御厨の支配権の対立の原因となった）。その後、大治元年（一一二六）六月、常重は常時の養子として相馬郡を譲られ、一〇月には「郡務を知行せしむべし」と相馬郡司職に任じられている。その後、この常重は同五年六月に同郡の布施《ふせ》郷を皇太神宮に寄進し、ここに相馬御厨の誕生をみた。

現在の取手《とりで》市をふくむ北相馬郡と手賀沼《てがぬま》以北の我孫子《あびこ》市全域が、この御厨の範囲とされている。常重は、御厨の下司職を確保したうえで、その他の諸権利を保延元年（一一三五）に子息常胤へと譲った。だが、翌年には国守藤原親通《ちかみち》が御厨内の税の滞納を理由に常重を捕縛し、さらに御厨を国司の私領にするという挙に出た。

この相馬御厨の領有をめぐる混乱に乗じ、その地の領主権を奪おうとしたのが、源義朝だった。義朝が常重の従兄弟にあたる常澄《つねずみ》と共謀したものだった。常澄の父常時は一時的だが相馬郡を領有していた。この関係で常澄もその支配権を主張したと推測される。この一族による御厨問題での内紛に義朝が介入したのだった。特に義朝は「上総曹司」とも名乗っており、常澄の系統とは浅からぬ関係があった。

義朝は、常時から養子の常重に譲られた相馬郡の支配権を取りもどすために、常澄の依頼によりのりだしたのだろう。他方、常澄も、源氏の棟梁義朝の勢力下にはいることで、上総国を中心とする領主支配を強化する途を選んだのに相違あるまい。常胤が相伝した相馬御厨は、義朝により天養二年（一一四五）皇太神宮へと寄進される。その後、曲折はあったが、義朝・常胤両者の同一地域の二重寄進ともいうべき状況がつづいたようだ。

義朝への臣従

そもそも、上総・千葉両氏と源氏との関係は、忠常の乱以来ということになる。以後、両者の源氏との関係は実録史料にはみえないが、後世の『千葉大系図』には、常将そして常永の前九年合戦への参陣と、その子常兼の後三年合戦への従軍が記されている。「上総曹司」と称した義朝の登場には、そうした前九年・後三年合戦以来の前史があったとすれば理解しやすい。

下総を基盤とする常重・常胤の千葉氏、上総に依拠する常澄そして広常の上総氏、この双方の内紛を利用しつつ房総方面への進出を企てる義朝、こんな相関図ということになる。この相馬御厨事件と前にふれた大庭御厨事件はほぼ同じころにおきており、義朝の南関東への勢力進出に対応するかたちで起きていることに留意したい*。

それはともかく、相馬御厨の正統なる継承者千葉氏にとって、残された手段は何か。常澄と同じく、彼らも源氏の義朝との関係を深めることだったろう。義朝にとっても、常胤以下の千葉氏との因縁は必要だった。保元の乱（一一五六年）への参加はこれを語っていよう。

相馬御厨のその後についていえば、義朝が平治の乱で没落したため、没官《もっかん》領（没収地）となる（『平安遺文』三三九五）。だが、これで常胤の領有権が回復されたわけではなく、新たに常陸方面から源義宗《よしむね》が介入、最終的にはこの義宗の帰属となる。義宗の父の昌義《まさよし》は例の新羅三郎義光の孫にあたり、佐竹郷を拠点としており、義朝の没落で下総進出のチャンスとみた義光系の義宗が介入したとみてよい。

こうしたこともあり、常胤の相馬御厨の回復・領有は、頼朝とともに佐竹討伐に参じた以後のこととなった。

以上、源氏の棟梁義朝が関与した二つの御厨問題から、一、二の坂東の領主たちの動静を考えた。

次に、この領主たちにより構成された武士団の中身についてもながめておこう。

＊　義朝の東国武士団組織化の動向については、早く安田元久「古代末期に於ける関東武士団」（『日本封建制成立の諸前提』所収、吉川弘文館、一九六〇）があるので参照されたい。なお義朝はこの時期、源氏の勢力拡大をはかり、武蔵方面にも進出していた。以下、この問題をふくめ、源氏の関東進出について補説しておく。

義朝の長子で悪源太と称された義平《よしひら》の母は、一説には三浦介義明の娘といわれる。義平は一五歳の久寿二年（一一五五）、武蔵国の大蔵館（埼玉県比企《ひき》郡嵐山町）で義朝の弟義賢《よしかた》を攻撃し、武名をあげた。上野国の多胡《たこ》郡を基盤とした義賢は「帯刀先生《たてわきせんじょう》」と号し、隣国の武蔵北部に進出しようとこの地域の有力武士秩父《ちちぶ》重隆《しげたか》と結び、独自の動きをしていた。秩父一族は、坂東平氏のうちの武蔵国を基盤とした最有力武士団で、河越《かわごえ》氏をはじめ、畠山・江戸などの有力武士を輩出した。木曾《きそ》義仲《よしなか》は、この義賢を父とする。義平に父を殺されたあと、木曾谷で育てられた。

それはともかく、この武蔵国の大蔵館の合戦も、広くいえば義朝・義平による源氏の武蔵方面への勢力拡大を示す事例といえる（なお、国衙の支配権の掌握を軸に大蔵合戦を論じたものに、峰岸純夫「鎌倉悪源太と大蔵合戦」〈『三浦古文化』四三、一九八八〉があるので参照）。

おりしも、その翌年には保元の乱が勃発する。義朝はすでに京都にあったようだが、義平との間にはそれなりの連携があったとみてよいだろう。

さらに義朝の次子朝長《ともなが》についても、母は相模の武士波多野義通《はたのよしみち》の妹であり、これまた相模武士団との血縁が濃厚だった。そうした点で、源頼義以来、相模との関係は強く、源氏がここを拠点に、海を介して対面する両総地域を射程にしたことは想像がつく。本文でも指摘した「上総曹司」義朝の出現は、これを雄弁に語るものといえよう。

よく知られるように、義朝が保元の乱に参陣したときの肩書は下野守であった。仁平三年（一一五三）に従五位下・下野守に補されている。おそらく、南関東での勢力確定の後をうけ、その構想に北関東がはいりかけたころだったに相違ない。下野守への任命は、義朝の意識的な猟官運動の結果だったのかもしれない。

〝バスに乗り遅れた〟源氏は、開発領主として関東各地に基盤を形成しつつあった坂東平氏諸派を上から包み込むかたちで、主従関係の形成に奔走する。前九年・後三年両合戦はその好機となった。そこでの従軍兵力は、おもに坂東のなかでも相模や両総および武蔵あたりということができる。

義家以降の課題として、京都での地位の相対的低下の一方で、東国地方での基盤整備に目が向けられたのだろう。義朝の課題は、すでにかかわりのある南関東での地盤をより安定的なものにしつつ、その周辺北関東へと武の射程がのびたものと理解できる。下野守への就任は、国衙を介しての主従関係の形成という意味で、源氏勢力の〝促成栽培〟を可能とするものだった。

一般に武士団内部の主従関係の形成は、①公的な権力、具体的には国衙の公権を利用し、②争乱や反乱での軍事力の出動という機会に私的なものへと組み込む方式だろう。前九年や後三年合戦で頼義や義家が陸奥守であったことを考えれば充分だろう。

源氏の坂東での主従制は、国衙権力を巧みに利用し、国守としての立場を生かす方向が強い。畿内に基盤を有した源氏が、摂関家との人脈をフルに利用して受領を歴任するなかで、東国方面へと進出する事情も了解されよう。

「大名」と「小名」〜武士団の構造

武士団は制度的につくられたものではない。いわば領主の所領支配の必要から生まれたものだった。だから政治的・経済的条件に応じてその規模も異なる。本書の冒頭で紹介した畑《かま》田《た》一族のことを思い出していただきたい。鹿島郡徳宿郷を中心とした四つの村々を基盤とする畑田氏の武士団は、千葉氏のそれとは比較にならないほど小さな規模だった。郷村レベルの領主が形成した武士団と、国名や郡名を名字とするような武士団の違いといえよう。

それは別の言い方をすれば、「小名」と「大名」の差でもあった。畑田氏と同様、「小名」レベルの武士という点では、「戦場からの手紙」で紹介した山内経之もそうだろう。戦場にあって、馬や甲冑の補塡もままならなかった経之の姿には、そうした「小名」の悲哀があった。『平家物語』の世界で活躍した熊谷直実もまた「小名」の代表だろう。坂東武士の典型として直実の勇壮さは、手柄・勲功を前にした競争志向の賜物でもあった。抜け駆けという功名には、これまた「小名」としての懸命の自己主張がこめられていた。

それはともかくとして、弱小の武士は、自身と一族子弟のほかは若干の郎等がいる程度で、なかには乗馬の郎等さえもたない者もいた。他方、千葉氏などの「大名」級の武士団は、内部に中小級の武士団をもっていた。家の子や郎等とよばれた武士団の構成員は、自身も小武士団の長として、その下部に自身の郎等や所従をもつというピラミッド的構成だった。

このあたりのことは、千葉氏のライバル上総氏の場合も同様だった。前項でみた相馬御厨事件で登場した常澄は、上総介広常の父にあたる人物として知られる。かれの所領の一つに上総国印旛《いんば》郡の印東荘《いんとうのしょう》があった。現在の佐倉市をふくむ広大な荘園である。中世東国の郡・郷および荘は、その内部に多くの村や「郷」(郡・郷の下部単位のもので、規模としては村と同じ程度のものが多い)をふくむ。国衙領の単位所領としての郷とは異なるものだった。いわば、郡・郷・荘の内部に成立する在地領主の支配の単位(細胞)だった。

このことは、常澄の印東荘の規模を語る史料「印東荘郷司村司交名《きょうみょう》」(『平安遺文』四七五〇)からも推測される。そこには篠塚・中沢などの村や「郷」がふくまれており、荘園内部の基礎単位だったことがわかる。そうした内部の郷村には、下級の荘官として村司や郷司がいた。かれらは、常澄のもとで直接の農業経営にたずさわっていた村落領主とよぶべき存在だった。かれらは種子の下行《げぎょう》をはじめ、勧農政策にかかわっていた「小名」級の領主ということになる。

他方、常澄レベルの「大名」的在地領主は、「上総権介」の肩書からもわかるように、国名を肩書とした国衙の官人である場合が多かった。この印東荘以外にも、埴生《はぶ》荘をはじめ上総各方面への影響力が大であったろう。そこには一族が繁茂し、強大な武士団が組織されるのである。戦闘にさいして「大名」級の在地領主は、支配下の村・郷の領主たちを郎等などに組織し、強力な武士団を動員することになる。

頼朝挙兵のおり、大武士団の首長として二万騎を率いた上総介広常は、この常澄の領主制を受け継いだものだろう。『吾妻鏡』（治承四・九・一九）が指摘するこの数には多少の誇張はあるにしても、軍兵の動員力は所領支配に対応しているとみてよい。

武士団の三類型

武士団という場合、自立した領主間の結合関係が基礎となっているのが特色だった。この点は、私営田領主＝兵《つわもの》段階と比べれば鮮明だろう。例えば武力の編成である。将門でも忠常でも、かれらが動員した軍事力には重層的関係はみえず、このことが主従の忠誠心にも反映された。いうまでもなく、それは私営田領主段階の農業経営にもとづく限界ということでもあった。自立した農民から加地子《かじし》をとるような在地領主の段階にならなければ、本貫の地を離れ、長期にわたり戦闘に従軍することは、やはり不可能だった。

ともかく、坂東の地域には、前九年・後三年合戦に従軍した「坂東の精兵」たちを軸に、領主制の新しい段階が誕生したことになる。郡・郷・荘名を名字とするような「住人」系の領主の誕生である。そうした開発領主（在地領主）により、武士団は構成されていた。

以上のことを念頭におけば、武士団の大きさには三つの区分が考えられよう。

第一は、大庭御厨、相馬御厨に関係した三浦氏や千葉・上総氏のような存在である。三浦介なり千葉介、上総介という肩書が示すように、国衙の在庁職をもつ有力領主がそれだ。＊国や郡名を名字とする武士たちは、かつての軍事貴族たちの末裔ということになる。秀郷流藤原氏に属した下野の小山氏、さらには繁盛流平氏で常陸を基盤とした大掾《だいじょう》氏などは、いずれもこのランクに位置する。かれらは一国や一郡規模で「住人」化し、一族を拡大した。在地領主とはいっても、いわゆる「豪族的領主」とよばれている。

第二は、荘・郷規模で「住人」化した武士団である。鎌倉幕府草創期の基幹をなした領主層といってよい。一般に「地頭的領主」とよばれる。武蔵の下河辺《しもこうべ》庄司行平、畠山庄司重忠のように、庄司（荘司）の職名をみずからに冠した武士たちであり、そのルーツは秀郷流藤原氏や桓武平氏の庶流に位置する流れということになる。戦闘にさいしては、一〇〇騎前後の兵力を動員しえた中堅の武士団である。

そして三つ目が、これより弱小の「小名」級の武士団である。大武士団の構成にあっては、細胞の末端に位置している戦士集団ということになる。同じく在地領主とはいっても、規模の点からは一村程度の支配にかかわる存在（村落領主）ということになる。例の熊谷直実や平山季重などはこの階層に属していた。

＊上総・千葉氏系の武士団の構造や所領支配の特色については、福田豊彦『千葉常胤』（吉川弘文館、一九七三）に詳しいので参照のこと。なお、坂東をふくめた東国地域に豪族的領主が輩出したことは、本文

に記したとおりであるが、かれらの多くが国衙の有力在庁官人であったことは、武士団の形成のうえで大きな影響を与えた。わが国の中世は、古代国家権力を吸収するなかで成立した。その場合、地方における律令権力機構の象徴が地方行政の出先機関としての国衙（国府）にあったことはいうまでもない。

中世社会は、地域領主が、この国衙の機能を吸収する方向で誕生した。その意味では古代の単純な否定や切断ではなく、接ぎ木というかたちで中世が生まれたと言えよう。こうした国衙の権力の残存度が大きかったのは、東国方面に代表される辺境の地域だった。畿内周辺や西国方面に比べて生産力が相対的に低い辺境地域は、中央権力の浸透が少なく、それだけに、私と公の世界が同居するかたちで存在しえた。私的な領主が同時に公的な国家の権力に組み込まれたのは、そうした理由による。

以上の点については、拙著『国衙機構の研究』（吉川弘文館、一九八四）もあわせて参照。

武蔵武士団の分布

領主としての面とは別に、ここでは戦士という面から武士団を考えておこう。武を職能とする戦士を武士と規定した場合、中世的と形容される内容はなんであったのかが問われよう。中世的武芸を象徴するものとして「弓馬の道」が多く語られる。それにしても、個々人の戦闘能力は兵段階と大きな差があったとは思われない。あるとすれば、動員兵力の量や質という戦士集団内部での構造上の問題だろう。兵が登場する平安中期以降と、かれらが「住人」化し、領主的風貌が明確となる平安末期の武士との違いは、武芸という面では思うほどはっきりしない。このことは、かれらが用いた武器や武具の点からも推測できる。

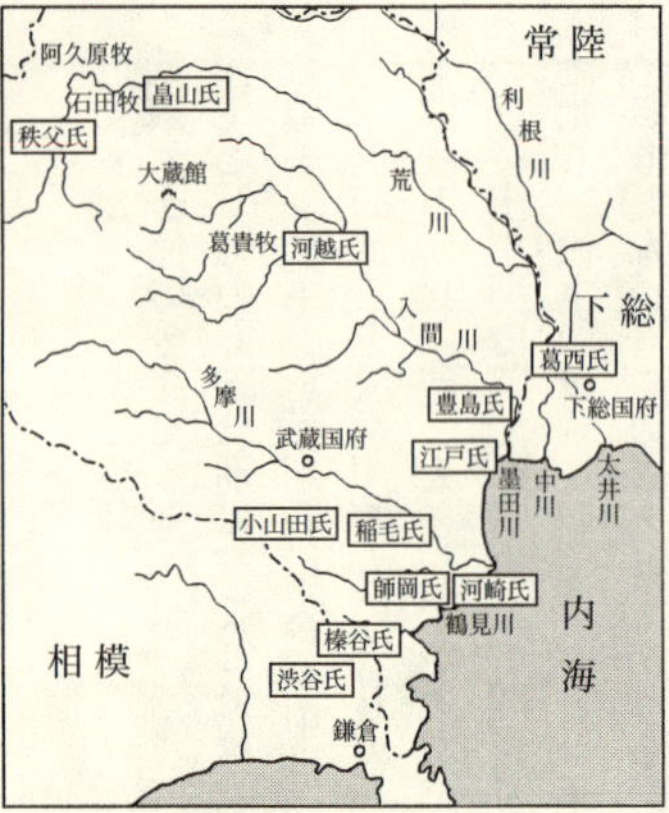

武蔵平氏分布地図　峰岸純夫ほか編『豊島氏とその時代』より

以下では甲冑、とりわけ大鎧《おおよろい》の登場について考えながら、この問題に接近してみよう。前項でふれた相模・下総にかわり、ここでの舞台は武蔵である。その主要な中身は、地下からの発掘にもとづく証言である。その前に武蔵の武士団の分布についての予備知識を押さえておこう。

上の地図を参照していただきたい。武蔵武士の分布のおおよそがわかるはずである。有力武士団の大半は桓武平氏良文流の秩父《ちちぶ》氏に属している（二七〇頁の系図参照）。それを河川域にしたがってみておこう。ごく大まかにいえば、武蔵には三つの河川が貫流していた。北部地域では利根《とね》川に、中部は荒《あら》川に、そして南部の水は多摩《たま》川に集まる。

よく知られるように、利根川が現在の姿となり太平洋に流出するのは、江戸時代の改修による。以前は、今日の江戸川筋が利根川の本流で、その下流が太井《ふとい》（太日）川とよばれた。

秩父山地から流れる荒川の下流が隅田《すみだ》（墨田）川で、武蔵国の東端を画していた。この荒川下流域を開発の拠点としたのが、葛西《かさい》・豊島《としま》・江戸の諸氏だった。さらにその中流域に畠山氏が、また荒川の西を東南に流れる入間《いるま》川沿いに河越《かわごえ》氏が、それぞれ基盤を形成した。

三つめの多摩川は、武蔵国を北西から南東へと貫流、川崎付近で海にはいった。この多摩川とその南を流れる鶴見《つるみ》川沿いにも、秩父諸氏が分出した。地図上にみえる小山田《おやまだ》・稲毛《いなげ》・榛谷《はんがや》・河崎・師岡《もろおか》の一族である。

こうした大河川の流域ごとに点在した秩父平氏の諸流は、それぞれが開発領主として「住人」化していったが、かれら領主はどうやって武器や武具を入手したのだろうか。その糸口となる発掘の成果が、近年得られるに至った。横浜市西ノ谷《にしやと》遺跡がそれだ。筆者も間接的ながらかかわりをもった関係で、以下ではその成果を簡略に紹介しておきたい。

地下からの証言～兵器工房をさぐる

港北ニュータウンの開発にともない、横浜市の都筑《つづき》区の西ノ谷遺跡から鍛冶《かじ》の遺物が発見された。「東国武士の兵器工房」と形容されるこの遺跡は、その出土した品々より、一〇～一二世紀の製鉄遺跡であるとされる。工房跡とみられる遺跡からは、炉・鉄器・鉄滓《てっさい》など、明らかに鍛冶場の存在をうかがわせるものが出土した。

一九八九～九〇年にかけての調査報告によれば、そこには、小札《こざね》や鏃《やじり》など武具・武器の一部も確認されている。特に小札は大鎧の構成部であり、加工途上の札《さね》が多く出土したことは、この地が武具の生産供給の場であったことをうかがわせるという。未製品をふくむ数種

西ノ谷遺跡全景　写真・横浜市歴史博物館

の鉄札の発見は、兵・武士の武具である大鎧とのかかわりを暗示している。西ノ谷遺跡から出土した鉄札は、二四三頁の写真に示すように三行一九孔の札と、二行一三孔の両タイプがあり、捻《ひね》り返しがあるものもみられた。札とは短冊状の板で、鉄や革を材料としてつくられる。一一世紀前後に登場をみる大鎧は、この札を上下につないでできあがっていた。

一般に大鎧の出現は、兵・武士の誕生の時期と合致する。大鎧以前の古代の甲《よろい》は、短甲《たんこう》（鉄板を綴《つづ》り合わせた様式のもの）と騎馬用の挂甲《けいこう》（鉄札を用いた様式）の両系統に大別されるが、大鎧は後者の挂甲の流れに属するとされる。「式正《しきしょう》（正式）の鎧」としばしば指摘されるもので、中世的戦闘に適応したかたちで改良が重ねられ誕生したものだった。

札の組み合わせの意味は、胴部全体を保護すると同時に、馬上での繁速な動きに適合するためであった。鉄片の小札を用いることで、騎射戦にさいしての伸縮を自在にし、すばやい攻撃を可能とした。構造としては、右引合わせの胴と脇楯《わきだて》を着用、これに左右の袖《そで》、栴檀《せんだん》の板、および鳩尾《きゅうび》の板が加わり、さらに草摺《くさずり》（前後・左右の四つに分かれる）で大腿《だいたい》部を保護した。別に籠手《こて》、臑当《すねあて》、貫《ぬき》が付属している。

いずれにしても、この大鎧を構成した主体は小札であったわけで、極端なことをいえば、大鎧は小札の集合体であり、これを種々の色目の紐《ひも》で威《おど》す（綴《つづ》る）ことでつくられていた。

こうした鉄の小札の発掘は、兵や武士についての議論のうえで幾つかの問題を提供してくれる。詳細は関係の報告書をお読みいただくとして、一つは、その鍛冶遺跡が一一世紀前後のものであることから、地域での自給的製鉄の可能性についてだ。

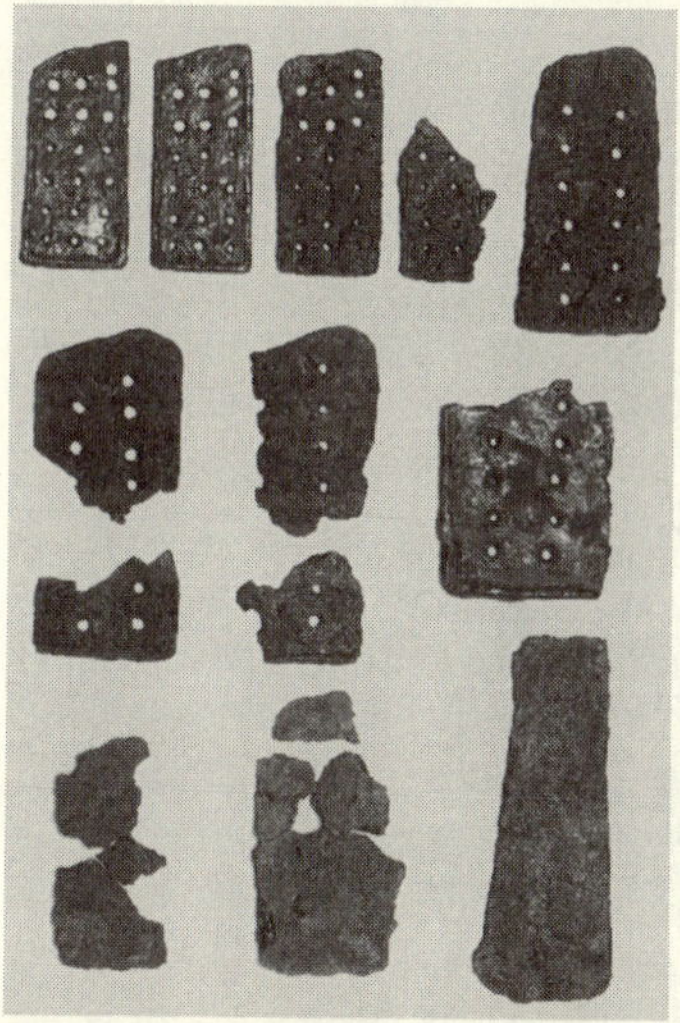
西ノ谷遺跡出土の鉄札　3行19孔の札と2行13孔のタイプに分けられる。写真・横浜市歴史博物館

古代における製鉄事情は、文明の練度に対応するように、〝西高東低〟であった。鉄の価格は九世紀後半以降、東国での自給率が高まって、全国平均化するに至るという。＊王朝国家期は、従来の中央―地方の格差が均一化する時代でもあった。製鉄における価格の一体性は、経済・技術の面で新しい時代をむかえつつあった証拠ということができる。

武的領有者としての兵が、こ

うした時代に誕生していることは、その点でも興味深い。武器・武具の必需品たる鉄は、領主化の途上にあったかれら兵の関心につながったはずだろう。

西ノ谷遺跡は、その意味で地方の時代に見合う鍛冶工房跡として考えることができる。この工房の主《あるじ》はだれなのか。謎は深い。私営田領主の将門の館の周辺に大結《おおゆい》や長洲《ながす》の馬牧や尾《お》崎前山《さきまえやま》の製鉄遺跡があったように、あるいは西ノ谷遺跡も、同様な領主による鍛冶工房だったのか。それとも、より公的な国衙や郡衙関係の兵器センターの跡なのか。さらに時代を下げて、武蔵武士団云々とのかかわりでいえば、鶴見川流域に属するこの地域とのゆかりから秩父平氏の庶流師岡氏の領主製鉄遺跡なのか。いろいろと想像の余地はありそうだ。

＊早い時期の鉄生産は、八世紀段階には畿内と中国地方を中心におこなわれ、東国方面では、ほとんど確認できない。ただ、説話的世界ながら『常陸国風土記』（香島郡条）には慶雲元年（七〇四）国司の綏女《うねめ》朝臣なる人物が佐備大麻呂《さびのおおまろ》を率い、香島（鹿島）の若松の浜で砂鉄を掘り、剣をつくったとの記事がみえている（このことの説話的意味については、拙著『説話の語る日本の中世』〈そしえて、一九九二〉を参照）。これは、国司級官人の主導による製鉄の可能性を示唆するものであろうが、実際には、文献史料からは、西国方面での鉄生産が圧倒的であったことは否定できない。

本文でも指摘したように、こうした製鉄事情の西高東低性に大きな変化がもたらされるのは、九世紀にはいってからだという。この点は『延喜式』からも明らかであり、ここに記されている禄物沽価法《ろくもつこかほう》の規定から判断するかぎり、鉄の価格が全国的に平均化したことがわかる。八世紀にあっては、東国の鉄は異常な高値を示していたわけで、これはその需要に対して供給量が限定され、不足していた結果でもあった。

九世紀はこうした状況が克服され、東国においても、小規模な地域レベルでの製鉄がなされるに至り、これが西国との落差を少なくすることにつながった。

具体的には、東国の尾張や駿河では、鉄価格は八世紀と九世紀を比べると三分の一に急落しているという。鉄価格は一部の地域を除くとほとんどが平均化した価格であった（こうした点については、福田豊彦「文献史料より見た古代の製鉄」〈『古代日本の鉄と社会』所収、平凡社、一九八二〉を参照）。

この鉄生産の関東における広がりは、その後の一〇世紀にもさらに拡大したと想像される。すなわち、供給を支える技術力もさることながら、武器・武具の需要が大きかったことになる。

すでにふれたが、武の先進地域としての坂東が、蝦夷との戦争、さらに俘囚の怨乱、あるいは群党蜂起といった事情のなかで、馬・武器の供給源として期待されたことは推測できよう。とりわけ兵たちが活躍する一〇世紀以降の坂東にあっては、そうした可能性が強い。王朝国家期を通じて東低の傾きは徐々に減少し、一一～一二世紀の在地領主が誕生した段階では、その差はなくなったとみてよいのではないか。その意味では鉄生産の問題は、東国が地域として自己を主張する第一段階（西高東低の減少）とみることも可能だろう。

装飾性や意匠性に富む武器・武具がすべて東国で供給できたわけではなく、現実には京都を中心とした西国での技術的高位は否定しがたい。ただ、単純な一方通行というかたちで武具や武器が流通したわけではあるまい。その意味で本文で紹介した一一世紀前後の鍛冶工房跡とされる横浜の西ノ谷遺跡は、東国での鉄生産を考える重要な証ともなる。とりわけ、ここから出土した大鎧の小札の存在は、地域（在地）製鉄を物語る貴重な発掘例といえそうだ。なお、この小札についての分析結果をふくめて、遺跡全体の概要については、『兵の時代――古代末期の東国社会――』（横浜市歴史博物館・横浜市ふるさと歴史財団埋蔵文化財センター編、一九九八）を参照。

源平争乱の一齣

〝西高東低〟の語感には、何度かふれたが、文明の練度が内にふくまれている。古代の律令貴族が共有する意識だった。三関以東に属する東国は、その東低の尺度にあてはまる。だが、〝武力〟云々という面では、粗野にして、それゆえに野蛮さも同居しうる東国の立場は、逆となるようだ。以下での話は、坂東の武士たちの強さの秘密についてである。単純な表現をすれば、アウトローとしての強さ、これが坂東武者の気質をかたちづくったといえる。いくさにおけるルール無視の戦法も、勝つための手段にほかならなかった。

軍《いくさ》は又親も討たれよ、子も討たれよ、死ぬれば乗り越え〳〵戦う候。西国の軍と申すは、親討たれぬれば孝養し、忌明けて寄せ、子討たれぬれば、其の思い歎きに、寄せ候わず。兵粮米尽きぬれば、春は田作り、秋は刈り収めて寄せ、夏は暑しと云い、冬は寒しと嫌い候。東国にはすべて其の儀候わず。

東国武士の気質を語った有名な『平家物語』(巻五)の一節である。ここには親が討たれても、その屍《しかばね》を乗り越えて戦う東国(坂東)武者の姿が描写され、それとの対比で西国武者の弱々しさが語られている。これは東国の老武者長井斎藤別当実盛が、富士川合戦に向けて平家の大将維盛《これもり》に語る場面であり、いささか東西武士の対比がデフォルメされているようでもある。

その点を差し引いたうえでいえば、右の一節には伝統的秩序（ルール）への対処の違いがみえている。合戦自体、肉親の死とか兵粮米欠乏とかで終止符が打たれるものではない。それは東西共通だろう。問題は、にもかかわらず、西国武士には気質として、そうした社会的なしがらみへの想いが強く、それが戦いの仕方も規定したことにあった。別の言い方をすれば、西国の武士にあっては、文明的練度や文化的洗練が、ルールに依拠したいくさぶりとして反映しただけといえなくもない。

殺傷の場としての戦争が日常化していた世界に身をおく坂東の武者にとって、結果としての野蛮さは、問うところではない。かれらが自己を主張しうるのは、みずからの棟梁を押し立て、それを牽引《けんいん》力として、勢力を浮上させることにあった。

その意味では、源平の争乱は、東の武威を通じて、東国を同等の位相に組み入れることになった。源平の争乱というかたちで表面化した戦争が内乱としての意義をもつのは、ひとえにこの点とかかわっている。頼朝による内乱は、その引き金となった。頼朝の日本国総守護の地位は、諸国の守護を朝廷より委任されることによって東国の世界を国家権力に参画させることを可能にさせたのだった。

坂東武士の強さの秘密

ところで東国武士と対比された西国武士の弱々しさこそが、王朝期を通じて醸成されたルールだった。だから坂東武者の強さとは、このルールの対極に位置するもので、時として戦闘におけるルールの逸脱をもいとわぬ無謀さも併有していた。『平家物語』が語る坂東・東国武士の新鮮で強烈かつ個性的な叙述は、ある種のロマン性をただよわせ、多くの人々を魅了してきた。そうした、坂東武者に対しての史実を超えた観念、その観念の堅固さが、武士についての多くの伝説を育んできたことも事実だろう。このことも認めたうえで、『平家物語』的呪縛《じゆばく》から武士たちを解放してやることも必要なはずだ。

集団としての坂東武士団の強さは、個の総和に帰結される。その場合の個とは、『平家物語』がたたえる世界とは別の意味もある。例えば、一ノ谷合戦における平山季重にしても熊谷直実にしてもそうだろう。かれらの先懸《さきがけ》は、失敗すれば集団に危険をまねく行為だった。武蔵武士の強さとうたわれたもう一つの側面（ルールの無視）にも思いをいたすべきではないか。とすれば、こうした坂東武士の個が集合したところで展開された内乱の勝利とは、平氏に象徴される西国武士の弱さなのではなく、失うものがない東国武士の〝もう一つの強さ〟の証明といえなくもない。騎馬にたけた戦闘・技能上の優位とともに、辺境の坂東が育んだ気質が、それを可能にした。*

かつて反乱というかたちで潰え去った将門の「坂東の夢」は、その後のいくつかの争乱をへて、坂東の地に巨大な武の威力を蓄積させた。その意味でこの反乱を「内乱」へと転換させえたのは、将門以来の坂東の武威の成熟にあった。坂東でつちかわれた二世紀の時間は、頼朝という棟梁をいただくことで、「内乱」への転換を可能にさせた。

すでにみたように、それは、忠常の乱での頼信の存在、そして前九年・後三年合戦での頼義・義家の存在、さらに南関東での義朝の存在という連続的な武の種子によって開花したものだった。さらにその種子の土壌を問うならば、蝦夷戦争以来の兵站基地としての性格が大きい。われわれは、坂東武士の荒々しい姿を、『平家物語』的なロマンのなかに解消してはならない。文学以前に存在した歴史の掘り起こしが必要だろう。中世という時代のみでは解消しえない、地域の古層へのボーリングが要請される。

＊戦前の坂東武士についての観点は、尚武的気風を良とする発想に支えられていた。例えば渡辺世祐・八代国治『武蔵武士』（一九一三、のち復刊、有峰書店、一九七一）の叙述はその代表だろう。ベクトルは異なるが、石母田正の領主制論にも階級としての武士へのロマンチシズムが認められる（この点は二九六～二九八頁の補注を参照）。しかし、近年における武士論の特色は、社会史・軍制史研究の成果のなかで、武士の生態（領主とは別の側面、武芸をもって職能とする戦士としての側面）への着目が進んだことにある。

このあたりの研究の流れは後述することになるが、取り急ぎ指摘したいのは、次の点だ。それは例えば石母田が名著『中世的世界の形成』（東京大学出版会、一九五七）で語った西国社会に属した貴族への評価である。例えば「平安末期における頽廃《たいはい》せる政治とその基礎をなす古代的な土地所有の否定」（同書一七二頁）に頼朝の役割を見出す記述である。ここでは内乱の主導者頼朝は中世の体現者として解されている。「頽廃した古代」＝貴族＝西国という図式である。対する東国は武士＝革命＝斬新ということになる。おそらくそれは、石母田以前から定着したイメージにほかならなかった。

近代の歴史学が東国に西欧ゲルマンの封建制と同質の場面を見出して以来の発想だった。そこにあっては、本文で指摘した『平家物語』的英雄ロマンチシズムが容易に同居しやすかった。したがって東国や坂東の武士の強さを問題にしようとする場面は、革新的な新しさの代名詞として東国武士が取り沙汰された。だからなぜに強いのかという問いに対しては、西国武士（それは貴族の「頽廃」と同居した平家の武士がイメージされている）の弱々しさのみが、強調されてきた。それでは、東国武士が勝利を収めたことへの解答にはならないだろう。最近の論者でいえば、高橋昌明や野口実・川合康の一連の仕事（前掲）には、右の問題意識が反映されている。

「内乱」の一〇年

このあたりで頼朝を登場させたい。語るべき内容は山ほどある。しかし、ここでは治承《じしょう》・寿永《じゅえい》の乱とよばれる「内乱」の意義のみに限定して述べておく。源平の争乱として世に知られる場面は、これまた了解のうちにあるものとしてあつかいたい（二五二頁の年表を参照）。

そこで「内乱」をどう定義するかである。いろいろな議論はあろうが、ひとまず、戦乱の広さと深さが時代の変革に直接的影響を与えたもの、これを「内乱」とよびたい。広さを地域的な連動性のなかで、深さを階層的な浸透性という局面で解することもできるだろう。

治承四年（一一八〇）八月の頼朝による山木《やまぎ》（兼隆《かねたか》）攻略で開始されたこの乱は、元暦二年（一一八五）三月の長門《ながと》壇ノ浦合戦での平氏族滅で終わる。源平の争乱というレベルでは、この数年間が「内乱」としての密度が最も高かった。坂東を震源地とした「反乱」は全国へと拡大、「内乱」へと変化した。

この乱を通じ、頼朝の小さな政権は東国政権としての基盤をかためた。寿永二年（一一八三）の「十月宣旨」で、まず国衙在庁（地方行政府とそこにつめる役人）の支配権を核とする「東国沙汰」の権限が与えられ、ここに幕府の第一歩がはじまった。つづく第二のステップは、平氏滅亡後の文治元年（一一八五）に訪れる。同年末の義経《よしつね》問題を機に、頼朝は守護・地頭補任《ぶにん》の勅許《ちよつきよ》を与えられる（「文治の勅許」）。これが、わが国の中世社会を規定する最も大きな枠組を提供したことは疑いないだろう。

大局的にみれば、第一の「十月宣旨」は頼朝を「謀叛人」＝反乱者の地位から解放したことを意味した。それは、反乱勢力としての〝坂東〟が、京都の王朝国家にその存在を容認されることにもつながった。第二の「文治の勅許」は、坂東が武力にものをいわせて後白河院を中心とした王朝側にせまり、譲歩を引き出したものだった。譲歩の内容は、いわゆる守護・地頭の設置の権である。義経の追捕や逮捕を名目に、諸国の治安・警察の権（諸国守護権）を与えられたことになる。

これが中世社会の枠組を規定した理由は、東国を基盤とした武士たちがその任につくこと

年　月		内　　　容
治承4 (1180)	4	以仁王、平氏追討の令旨を発する
	8	頼朝、伊豆国で挙兵
	9	木曽義仲、信濃国で挙兵
		千葉常胤、源頼朝のもとに参ずる
		上総介広常、2万騎をひきいて頼朝のもとに参ずる
	10	頼朝、鎌倉に入る
		富士川合戦
治承5 (1181) (養和1)	8	藤原秀衡を陸奥守、城助職を越後守とし、反乱軍追討を命ずる
寿永2 (1183)	5	砺波山合戦（倶利伽羅峠の戦い）
	6	木曽義仲軍、加賀国篠原で平氏軍を破る
	7	平氏一門都落ち、宗盛、安徳天皇・建礼門院を奉じて西海へ向かう
		義仲・行家ら入京、後白河院が平氏追討の院宣を下す
	10	十月宣旨
寿永3 (1184) (元暦1)	1	木曽義仲を征夷大将軍に任ずる
		源範頼・義経が勢多・宇治で義仲軍を破る
		源頼朝に平氏追討の宣旨を下す
	2	一の谷合戦、範頼・義経の軍、平氏を破る
元暦2 (1185) (文治1)	2	屋島合戦、源義経、讃岐国屋島に平氏を破る
	3	壇ノ浦合戦、義経・範頼、長門国壇ノ浦に平氏を破る
	11	「文治勅許」
文治3 (1187)	2	源義経の奥州潜伏が発覚
文治5 (1189)	閏4	藤原泰衡、陸奥国平泉の衣河の館に源義経を討つ⇒義経自害
	6	頼朝、かさねて奥州追討宣旨の発給を要請、鎌倉に軍勢が参集しはじめる
	7	藤原泰衡追討のため鎌倉を進発
	8	阿津賀志山合戦
		頼朝、平泉に入る
	9	頼朝、藤原泰衡を追って厨川に北上を開始
		泰衡、比内郡贄柵で家人河田次郎に討たれる
		陣岡で比企能員らの北陸道軍と合流
		泰衡の首が陣岡に届き、梟首される
		源頼朝、全軍をひきいて厨川に至る
	10	頼朝、鎌倉に帰着

治承・寿永の内乱／奥州合戦関係年表

で、国家守護権を執行する地位と立場を与えられたことにある。かれら在地領主層が鎌倉の武威を背景に、諸国にその根を拡散させる契機ともなったからである。

在り体にいえば、武士が国家に認められたということだ。守護・地頭への任命というかたちで、頼朝に率いられた武士たち（武家）が国家権力の内部に正式の居場所を与えられたのだった。軍事権門としての武家が社会的に、そして国家的に認知されたともいえる。むずかしくいえば、平安末期以来、成長してきた領主（武士）が、階級としての自己を私法的世界から国家認定の公法的世界に位置づけられたということである。

いずれにしても「内乱」の意義とは、広く武士＝在地領主層を巻き込み、参加させたところにあった。同じ支配層の側にありながら、在地領主としての武士の立場には、新興勢力としての弱さが否めなかった。伝統に根ざした都市貴族（荘園領主）への服従を余儀なくされ、みずからが開発し領有した土地の権利が、安定を欠いていたからだった。「内乱」は平安期以来のこうした事態をご破算にするほどの変革だった。頼朝に結集した武士たちは、この戦争への参加が自己の存立の保証につながることを知っていた。「内乱」がもつ階層的浸透性（深さ）とは、このことにかかわる。

たしかに「内乱」は、源平の争いという要素をもっていたが、平家の滅亡で乱が終わったわけではなかった。最終的には、文治五年の頼朝による奥州藤原氏の討滅までつづいた。その意味では、治承から文治年間の一〇年におよぶ時期を「内乱」ととらえることができる。

前半を対平氏戦として、後半を対奥州戦と考えることもできるが、この二つの段階は、単なる時間的な差ではなかった。

対平氏戦は、反乱勢力として出発した頼朝が自己を謀叛人から平氏の追討者へと転換させ、最終的には公戦の執行者の立場で遂行された。だが、義経問題を機に展開した第二の「内乱」奥州合戦は、頼朝側の内なる論理から出発した私戦の要素が強かった。それは棟梁「鎌倉殿」を権威づけるための戦いだった。これをへることで、坂東の武威は西国《さいごく》にも、東北にも〝輸出〟された。東国武士団の「西遷・東遷」（おもに九州や東北方面の敵人没収地に、御家人たちが地頭職などを与えられて移住すること）は、これを意味した。いわば日本国が鎌倉的武威で均一化されたことになる。「内乱」が有したもう一つの側面である地域的運動性（広がり）とは、これにかかわる。

事実、中世の主役をなした領主＝武士たちが、「内乱」が与えた深まりと広がりの果実を手にすることで、地域的分権の萌芽が現実のものとなる。その意味で、かれら武士層に与えられた地頭職の存在は大きかった。室町期さらには戦国期の著名な大名たちの前身は、この鎌倉時代の守護や地頭に由来するものが少なくない。いわば封建制の画期として、「内乱」の一〇年を押さえることができる。

頼朝の奥州合戦について

以下では、その「内乱」のなかで、地域としての坂東が深くかかわった奥州との合戦をみておく。経過の大枠は『吾妻鏡』からのものである。

文治五年（一一八九）の秋、二ヵ月にして、奥州の藤原氏は滅亡した。奥州に逃れていた義経は、この年の春、鎌倉側の執拗な追捕のまえに自害していた。よく知られるように頼朝の奥州進攻は、この義経の奥州逃亡を口実としてなされた。頼朝にとって、平氏討滅後、鎌倉側を脅かしていた奥州勢力を除くことが課題とされた。この合戦の意味についてはのちに述べるとして、合戦自体の経過を確かめておこう。

大きく三つに整理される。第一は、鎌倉を出発した頼朝の軍勢が白河関を越え、奥州勢と直接に対峙《たいじ》、合戦するまでの段階である。七月一九日、奥州に向けて出陣した鎌倉側の編制は、海道軍には千葉常胤《つねたね》・八田《はった》知家《ともいえ》率いる下総・常陸両国の武士団が、北陸道は比企《ひき》能員《よしかず》・宇佐美《うさみ》実政《さねまさ》の上野《こうずけ》・下野《しもつけ》の武士団が、そして頼朝みずから率いる主力は、畠山重忠《はたけやましげただ》を先鋒《せんぽう》とし、平賀《ひらが》義信《よしのぶ》・安田《やすだ》義定《よしさだ》・和田《わだ》義盛《よしもり》・三浦《みうら》義澄《よしずみ》・梶原景時《かじわらかげとき》らの有力武将により構成されていた。途中、宇都宮・佐竹の武士団を合流させ、八月八日には、伊達《だて》郡の阿津賀志（厚加志）山に到着した。ここに布陣した奥州の藤原国衡《くにひら》（秀衡《ひでひら》の子）率いる二万の軍勢を畠山重忠や和田義盛・小山朝政《おやまともまさ》らの軍勢が撃破、一二日には陸奥の多賀《たが》国府に進軍した。

第二は、阿津賀志山の合戦を制した頼朝勢が、藤原泰衡《やすひら》を追撃し、その拠点平泉《ひらいずみ》入りするまでの段階である。いわば奥州合戦の最大のヤマ場にあたる。東海道を進んだ千葉常胤・八田知家らの軍と合流した頼朝軍は、多賀国府を出発、二〇日には玉造郡《たまつくり》に進軍、泰衡の多加《たか》波波《はば》の城を攻略する。泰衡は北走をつづけ、これを追撃して鎌倉勢は二二日に念願の平泉入りをはたし、翌日の八月二三日には都に戦況を報じた。白河関を越えて一ヵ月にも満たない快進撃だった。「秋風に草木の露を払はせて君が越ゆれば関守もなし」(文治五・七・二九)と、梶原景季《かげすえ》が頼朝に献じた有名な歌、そのもののストーリーが展開したことになる。

そして第三は平泉陥落後から泰衡滅亡までの段階である。八月二六日、頼朝のもとへ泰衡から赦免を請う書状が届けられた。そこには、義経誅殺《ちゅうさつ》の勲功を無視し、奥州を攻略することへの理不尽を説き、陸奥・出羽両国の鎌倉側への進上とともに、御家人に列せられたき旨が記されていた。

その後の九月二日、頼朝は平泉を出て、因縁の地岩手郡の厨川《くりやがわ》へと出陣した(この地はかつて前九年合戦において、父祖源頼義が安倍貞任を討滅した地であった)。翌三日、北方の糠部《ぬかのぶ》方面へと逃れる途上であった泰衡は、郎従の河田次郎に肥内郡の贄柵《にえのさく》で殺された。六日には、追討軍が頼朝とともに陣岡《じんがおか》に参集、泰衡の首実検がなされ、ここに奥州合戦は幕を閉じた。その後、平泉にもどった頼朝は、恩賞の授与をはじめ、奥羽両国の戦後処理をおこない、一〇月末に鎌倉へと凱旋《がいせん》した。

以上が第二の「内乱」ともいうべき奥州合戦の概要である。まさに鎌倉側の圧勝に終わった戦いだった。勝つべくして勝った戦いとの感もぬぐえない。それにしても泰衡に象徴される平泉の論理には、不戦の意志もみえていた。〝降伏し、御家人として遇されたい〟。この泰衡のことばはそれを語っていよう。

合戦の次第を京都へ報告した頼朝が、このなかで鎌倉出立以来の経過を述べつつ、泰衡の首級不進上の理由を「さしたる貴人にあらず、かつは相伝の家人なり」と語っているのは、この奥州合戦の鎌倉側の思惑を端的に表明したものだろう。

「征夷」の系譜と「日本国」の創出

奥州平泉との合戦は、蝦夷征服戦争、前九年・後三年合戦につづく第三次東北戦争だった。坂東の履歴を考えるうえで、奥州東北の存在はたしかに大きかった。坂東の歴史的風貌は、戦争により固有のヒダを刻みつけられた。三次にわたる戦いは、そのいずれにも「征夷」の側面があった。とりわけ頼朝による奥州合戦は、「征夷」の最終章として「日本国」の創出につながるものだった。

むろん、観念としての「日本国」は、律令制を原理とした古代国家でも存在していた。五畿七道制にもとづくそれである。だが、法や観念を離れた支配の現実からすれば、畿内を軸として成立した古代の国家にとって、東北は支配の圏外とされていた。異域だった。このことは何度かふれた。〝仮想敵域〟を「東夷」＝東北に見立てることで、軍事的緊張関係を演出したと言える。古代国家のお手本ともいうべき中国の蛮夷意識の投影でもあった。

したがって、「征夷」の論理とは、この異域にある種の文明的秩序（この場合、皇化・王化主義といってよい）を加え、〝調教〟する行為ということになる。いわば、武力をともなう政治的啓蒙化だった。

頼朝は武家を権門として確立するにあたり、この政治的啓蒙化を征夷の論理に組み込み、推し進めた。結果として、二つの事柄が実現した。その一つは、国家領域としての「日本国」を名実ともに成立させたことだった。

奥州藤原氏の打倒は半自立地域の解消を意味したわけで、「日本国」の実際はここに成立したともいえる。頼朝による「征夷」は、国家の奥州への支配を現実のものとしたことになる。頼朝に授与された征夷大将軍は、その意味でまことにシンボリックというほかはない。

頼朝にとって、この官職は、それまでの国家が埒外《らちがい》とした領域（東夷）の編入の表現だった。権大納言《ごんだいなごん》でもなく、近衛大将《このえたいしょう》でもなく、征夷大将軍を要請したことの意味はそれなりに考えておくべき問題だろう。武権＝幕府の存在を証明する出生の論理、これが「征夷」だった。坂上田村麻呂以来の〝点〟としての支配を、〝面〟という領域レベルに組み入れた頼朝は、「天下草創」に寄与したことになる。

以上が、「日本国」成立に見合う公の論理の場面とすれば、二つ目は頼朝の私的な論理にかかわる問題である。それは、源家の父祖頼義・義家以来の武威の系譜の総決算を意味した。指摘されているように、頼朝の奥州合戦は前九年合戦の再現としての意味も強かった。

平泉を脱した藤原泰衡を追撃し、厨川へと赴いた頼朝の内奥を、『吾妻鏡』は「曩時《のうじ》（遠い昔）の佳例」と表現した（文治五・九・二）。

厨川柵は、かつて頼義が前九年の役において宿敵の安倍貞任を討ったところだった。数日後、陣岡に届けられた泰衡の首級は、頼義の時代の貞任と同様、八寸の鉄釘《てつくぎ》に打ちつけられたという（同五・九・六）。まさに過去の再現だった。

頼朝のこうした演出は、従軍した家人たちに大きな政治的効果を与えた。奥州制圧の正当性を歴史に問いかけることで、かつての「坂東の精兵」たちの子孫を頼朝へと結合させることになったからだ。奥州合戦は坂東による共同幻想のなかで実行され、鎌倉的な枠組での中世を定着させた。共同幻想の中身は、多くの伝説が創造された前九年や後三年の合戦ということになろう。

奥州への因縁のつけ方を、頼朝は、源氏の家人の成敗《せいばい》という論理を押し出すことで実行した。同時にそれは、棟梁「鎌倉殿」を東国の武士に認めさせるための内なる戦争だった。王朝国家の代表・後白河法皇が、言を左右にして奥州追討の院宣を出ししぶった事情も、頼朝側の内在的論理（安倍氏の後裔である奥州藤原氏への私的成敗権の行使）を保証することへの警戒であった。

にもかかわらず、頼朝は奥州へ軍を進めた。家人への成敗という都合のよい理由を持ち出すことで、奥州合戦を実行した。むろん藤原氏が謀反人義経をかくまったことがその口実を与えた。「軍中にあっては、将軍の命令は天子の詔《みことのり》に優越する」(『吾妻鏡』文治五・六・三〇)との有名な大庭景義のことばも、奥州進攻を支える論理となった。進攻の主体は坂東の武士団だった。かれらは前九年合戦において、頼義とともに戦った「坂東の精兵」たちの末裔だった。その意味では、再度坂東は、東北と相克することとなった。古代は公の場面で坂東を引き出したが、中世は私の世界で坂東を用いたともいえる。

ちなみに奥州合戦には、坂東出身の家人のみならず諸国の武士団を源氏の傘下に入れるための〝踏絵〟としての性格もあった。かつて敵対した平氏の家人は、奥州への参陣と引き換えにその罪がご破算となる、そんな場を用意したことにもなる。越後の雄族城《じょう》長茂(『吾妻鏡』文治五・七・二八)や阿津賀志山の合戦で大友能直《よしなお》に与力した斎藤実盛の外甥宮六傔仗《みやろくけんじょう》国平《くにひら》(同・八・九)はその好例だろう。

坂東から関東へ

治承四年(一一八〇)八月、頼朝は伊豆国の蒲屋御厨《かばやのみくりや》に非法を停止《ちょうじ》する下文《くだしぶみ》を出した。旗挙げ直後の小さな自己主張だった。むろん反乱勢力としての私的なものだ。『吾妻鏡』はそれを「これ関東の事施行の始なり」と記している(治承四・八・一九)。鎌倉幕府の公式の記録ともいうべき同書には、「関東」の語が満ちている。

ここでの課題は、その関東に込められた歴史的イメージを、坂東と対比しながら語ることにある。『吾妻鏡』を例に検証してみると、関東の用例は三〇〇前後にも及ぶ。対して、坂東の用例は数例を数えるにすぎない。要は鎌倉的な中世は、関東の語を頻用させたということだろう。その意味では「内乱」は、坂東にかわり関東を誕生させたともいえる。

むろん、両者とも地域区分を示す古代以来の用語である。だが幕府が使用する関東は、武家の政治的象徴の範域としてのそれであった。多分に観念の産物だろうが、関東が主役の座についたようだ。兵の坂東から武士の関東へ、こんな流れを考えてもよいかもしれない。『陸奥話記』が表現した例の「坂東の精兵」は、『吾妻鏡』にあっては多分に「関東の軍士」におきかえられているとみてよいだろう。そのあたりに、坂東から関東への変化をかぎとりたい。

ところで、この関東の語に類似するものに東国がある。東国・西国《さいごく》としばしば併称されるが、中世は関東とともに、東国という語も発達させた。関東あるいは東国観念の成熟は、他方でこれと対をなす関西・西国の語の登場をうながした。こうした東西の地域的対概念の成立は、〝西高東低〟の律令国家の段階では存在しえない。

西国とは、東国概念の成立が前提となっている。それゆえに東国世界が自己を主張する段階に見合うかたちで、西国の語も広がる。一〇世紀の将門の乱は、坂東が〝面〟として反乱した時期であった。坂東=東国の自己発揚ともいうべきこの段階以降、西国の観念は広がりをみせる。藤原純友の反乱地域を西国と称したのは、その早い例とされる（『本朝世紀』）。元来、畿内以西を基盤とする律令国家に西国なり関西の語は不要だった。それは国家権力の東漸のなかで、「東」が「西」の水準へと到達することで生まれたものだった。国家領域のレベルでの東国や西国は、そのかぎりでは王朝国家の産物ということもできる。坂東の「反乱」は、そうした点でも大きな意義をもった。

そして平安末期の「内乱」は、その東国の観念を、鎌倉幕府を誕生させたことでさらに成熟させた。その成熟の過程で、関東の語が発酵・定着した。関東が坂東にかわり中世に広く一般化する事情には、こうした点があったようだ。

将門か頼朝か

それでは坂東が急速に色あせた理由はなにか。この点を考えるために、次のような問題を立ててみよう。それは将門的「坂東」と頼朝的「関東」の違いということだ。ここにいう将門的の中身は、要は坂東主義のことをさす。坂東独立のミニチュア的国家構想のことである。足柄・碓氷両坂を武力でかためるあの「坂東の夢」のことである。それは、一一世紀の忠常の乱で再びふくらみかけたが、王朝的武威の前にしぼんでしまう。将門そして忠常へと継承された「坂東の夢」は、「反乱」というかたちで鎮圧されたが、一二世紀の「内乱」は、その夢を現実のものとする好機となった。

「内乱」の初期、有名な富士川合戦後のこと、頼朝は敗走する平家を追撃し上洛の姿勢をかためたが、上総・千葉・三浦などの名だたる諸豪族は、これにこぞって反対した（『吾妻鏡』治承四・一〇・二一）。かれらはいずれも坂東平氏の末流で、いわば将門的「坂東」の後継者であった。この坂東主義の中心人物が上総介広常とされる。千葉常胤とともに平忠常の直系にあたるかれは、坂東屈指の豪族的領主でもあった。その広常の気概は、頼朝に対してさえ「公私共に三代の間、いまだその礼をなさず」（同、治承五・六・一九）といわせた有名な話も残されている。

こうした広常の意識に、将門や忠常を投影させることは、それほどむずかしいことでもあるまい。たしかに、広常は「ナンデウ朝家ノ事ヲノミ身グルシク思ゾ、タヾ坂東ニカクテア

伝・源頼朝木像　東京国立博物館所蔵

源頼朝の墓　鎌倉市雪ノ下

ランニ……」（どうして朝廷のことばかり気にするのか。坂東にあって泰然としていればよい）と語ったという。この『愚管抄』（巻六）の記事が示すように、朝廷への配慮を重んずる頼朝への批判があった。

こうして、富士川合戦の後に頼朝が示した上洛の意志は、撤回された。有力豪族の反対とともに、時期尚早という情勢判断から関東の経営が優先されたためだった。指摘されているように、この時期の頼朝には二つの道があったという。一つは、京都の朝廷と訣別《けつべつ》し、坂東の自立を断行する方向だ。そして二つは、朝家の固めとして上洛するという方向である。いわば坂東主義か、王朝（京都）主義かの相克である。頼朝は最終的に後者を選択した。この道を選ぶことで、広常に代表される坂東主義（坂東独立構想）を放棄した。頼朝による広常暗殺はこれを語るものであった。

広常が頼朝に誅されたのは、挙兵から二年を経過した寿永二年（一一八三）のころだとされている。「寿永の十月宣旨」はこの段階だった。頼朝の鎌倉が、小政権として東海・東山道諸国への支配（国衙在庁指揮の権限など）を認められた時期でもあった。この宣旨により、「坂東」の反乱勢力は、国家権力の分枝の地位を容認されたわけで、「関東」はここに誕生する。

政治の流れに引きつけながら、坂東から関東への変化を読み解くとすれば、こんなところだろうか。それでは「内乱」がもたらした「関東」は、中世の日本に何をもたらしたのだろうか。最後にこのあたりのことを展望しておこう。

武のビッグバン～王朝的武威と在地的武威

武家政権の成立は、坂東の風景（歴史的地位）を塗りかえた。坂東のもつ歴史的原形質が、奥羽（蝦夷）との戦争を通じ形成された兵站基地にあったことは、すでにふれた。坂東の地がもったこうした性格は、律令国家から王朝国家への転換をへても、わずかながら命脈を保ちつづけた。

王朝国家期の坂東の兵乱には、蝦夷戦争により蓄積された武のエネルギーが、この地で発散されたという一面もあった。しかし、王朝国家はこうした武の暴発を巧みに利用しながら、坂東の〝調教〟に成功する。しばしば指摘される在地領主＝武士の体制的容認*を通じ、王朝国家はさらなる段階へ脱皮したことになる（後期王朝国家体制）。頼朝による「内乱」は、坂東が保持した武威の最終的発露といえそうだ。

そのあたりをおさらいしたい。すでにふれたが、王朝国家的な請負い体制のなかで、武器・武芸の職能者＝兵が登場するに至った。坂東のもつ武の先進性が、早熟なかたちでこうした武力の保持者（兵）の出現をうながし、やがて武士の誕生を可能とした。この坂東に孕《はら》まれた武威の系譜は、将門の乱において「反乱」として現実化した。「兵威を振いて天下を取る」との将門的な坂東の武威は、その後の兵たちの消長のなかで領主的武威へと変貌することになる。

この過程は、私営田領主から在地領主への大きな流れに対応していた。そのエポックとなったのが、将門の乱の再来とされた平忠常の乱であった。しかし忠常のもった武力は、将門の場合と同じく兵的基盤に立っていたがゆえに、同じく「反乱」という形態で終わることになる。

将門そして忠常と、坂東が地域としてもった武力の自己主張は、かれらと同質の武力（王胤・貴族の末裔で、地方に留住した軍事貴族）により鎮圧された。蝦夷戦争の後遺症ともいうべき「怨乱」や群党鎮圧のなかで登場した新しい武力の担い手、それが兵だった。

将門以後の兵の成長は、坂東に勝ち組同士の分割を可能にさせた。忠常の乱は、そうした将門の乱の勝ち組同士の私的な争いでもあった。しかし、この忠常の乱も、この時期の王朝国家の新しい武力の前に鎮圧されることになる。将門の乱後に形成された「中央軍事貴族」がそれだ。かれらが「兵の家」の形成者となり、王朝国家の武力基盤を支えることになる。平忠常の乱がこの時期に誕生した「兵の家」のチャンピオン源頼信に鎮圧されることで、従来の坂東の秩序は様相を一変した。

この王朝的武威を背負うことで、源氏勢力は坂東・東国に新しい足場をつくることに成功する。現代風にいえば〝武のビッグバン〟ともいえる現象が生まれた。武威の磁場たる坂東を、主従の関係を軸に再編する動きが出てきたのである。

大局的にみれば、頼朝の武家政権（鎌倉的武威）は、父祖の頼信（忠常の乱）・頼義（前九年の役）・義家（後三年の役）によって築かれた王朝的武威と、坂東の地で育まれた将門以来の在地的武威の統合として登場したといえる。この鎌倉の政権がもった二つの方向（王朝的武威と領主＝在地的武威）とは、取りもなおさず頼朝個人が有した貴種性と、頼朝の幕府が基盤とした地域性という二つの側面に根ざすものだった。

その意味では、頼朝による平泉への進攻は武力による〝通分〟を意味したわけで、奥州を包摂し、坂東に同化させることで「日本国」を誕生させたと言えよう（例えば、奥州総奉行の設置をはじめとした、坂東武士団の東北移住〔東遷〕）。

領域版図としての日本は、まさに鎌倉幕府とともに成立した。律令制に立脚した集権的古代ではなく、分権的中世の産物だった。坂東と奥羽との相克は、ここにおいて最終的に決着する。頼朝により樹立された武家政権が与えたもの、そして奪ったものはなんであったのか。わが国の中世という時代は、この坂東を基盤とした鎌倉的武威の世界に規定されながら展開する。七〇〇年にわたる以後の武家政権の歴史は、ここにスタートした。＊＊

そのさい、武家が自己の存在証明を、多く「征夷」にもったことの意味は、やはり問われなければならないだろう。頼朝の鎌倉はいい意味でも、悪い意味でも、そのお手本を提供した。

＊　坂本賞三は『日本王朝国家体制論』（東京大学出版会、一九七二）のなかで、一〇世紀以降の王朝国家

の特色を、基準国図《きじゅんこくず》の成立や免除領田制《めんじょりょうでんせい》というシステムの確立にともなう国司（受領）の国務請負い体制と理解、その後、一一世紀後半には別名制《べつみょうせい》や郡郷制の改編をふくむ新しい段階の王朝国家への移行を論じ、それを前期と区別して後期王朝国家と呼称した。この後期王朝国家の特色は、在地領主の広汎な成立を前提としており、そうした在地領主層を体制的に容認することでスタートしたとする。

ここでは、この問題を武士の問題に引きつけながら、もう少し肉づけしておこう。つまり、在地領主の体制的容認とは、武士にとって何を意味したかという問題である。結論をいえば、在地領主としての武士身分の成立は、かれらを国家（国衙）の公権に組み込むことを意味した。この時期に改編が進む国衙軍制の整備は、そうした武士＝在地領主の登場に対応していた。右に述べた在地領主の体制的容認とは、こうした点とかかわっている。それは、都市貴族（貴族・寺社）などの荘園領主ともども、公権（職）を分有しつつ一般百姓・農民を支配する中世的システムの成立を意味した。

つまり、兵は武士となることで、支配層内部での公権の分配・分有にあずかりうる地位をより確実なものとした、といえる。国衙という地方行政機構への官人身分としての参画を通じ、より安定した所領・領域支配が可能となったからだ。中世的に自己を変容させた国衙の権力に見合うかたちで、兵（私営田領主）も武士（在地領主）へと変貌する。

坂東地域にあっては、地方軍事貴族にルーツをもつ兵たちの末裔が、国衙の行政を分割・委任された。頼朝の挙兵に応じた坂東武士団の首長の多くが、介や大掾などの国衙在庁職を帯有していたことは、右のことをよく物語っていよう。

＊＊　鎌倉幕府＝武家政権の学史的位置づけについて、少し整理してみよう。これはひとえに、中世国家をどのように解するかにかかっている。網野善彦がその著書『日本中世の非農業民と天皇』（岩波書店、一九八四）において指摘する「東日本の史家」と「西日本の史家」との見解の違いにも関係しよう。鎌倉幕

府や江戸幕府の成立に画期を見出す考え方、要は、東国政権論にかかわるものは前者、そして南北朝内乱期の天皇権力の衰退に画期をみる後者という図式である。

たしかに鎌倉幕府を例にとれば、東日本の研究者の多くは、幕府を中世国家ないし東国国家ととらえる足場に立つ。石母田正『古代末期政治史序説』（未来社、一九五六）、佐藤進一『日本の中世国家』（岩波書店、一九八三）、石井進『日本中世国家史の研究』（岩波書店、一九七〇）等々の諸著作はその傾向がある。

他方、西日本の研究者にあっては、国家公権の一分肢あるいは公家政権下の鎌倉幕府という理解をとることが少なくないようだ。黒田俊雄の提起にかかる権門体制論もこの延長ということになる（『日本中世の国家と宗教』岩波書店、一九七五）。上横手雅敬『日本中世政治史研究』（塙書房、一九七〇）、あるいは大山喬平『鎌倉幕府』（『日本の歴史』9、小学館、一九七四）も、広くはその流れといってよい。

より簡略に言えば、簒奪《さんだつ》政権に立脚した〝新種〟としての武家の政権に中世国家の画期を求めるのか、それとも、国制史の枠組を重視し、王朝内部での〝侍大将〟的な一権門と解するのかということになる。こうした極論はあくまで四捨五入的思考の所産でもあり、いささか危険ではあるが、整理の方向としては許されるはずだ。

そしてこの大きな流れを推し進めれば、その原点が、戦前以来の中田薫と牧健二両者による守護・地頭論争にゆきつくことは、想像できるはずだ。頼朝を第二の天皇と見立て、京都に対抗する政治権力と認識する中田の立場は、石母田をへて、東日本の史家たちには受け入れやすい論理ということになる。他方、「日本的封建制」を標榜する牧健二の場合は、委任封建制なる概念を適用することで、武家による簒奪あるいは対立というかたちで幕府を認定するよりも、包摂というかたちで解する。このあたりは、各論者により研究史の見方に幅があろう。中田・牧の学説もふくめた武家政権に対する認識については、拙著『武士団研究の歩み』Ⅰ（新人物往来社、一九八八）を参照。なお、武士論全体の史学史的な流れについては、終章でもあつかったので参考にしていただきたい。

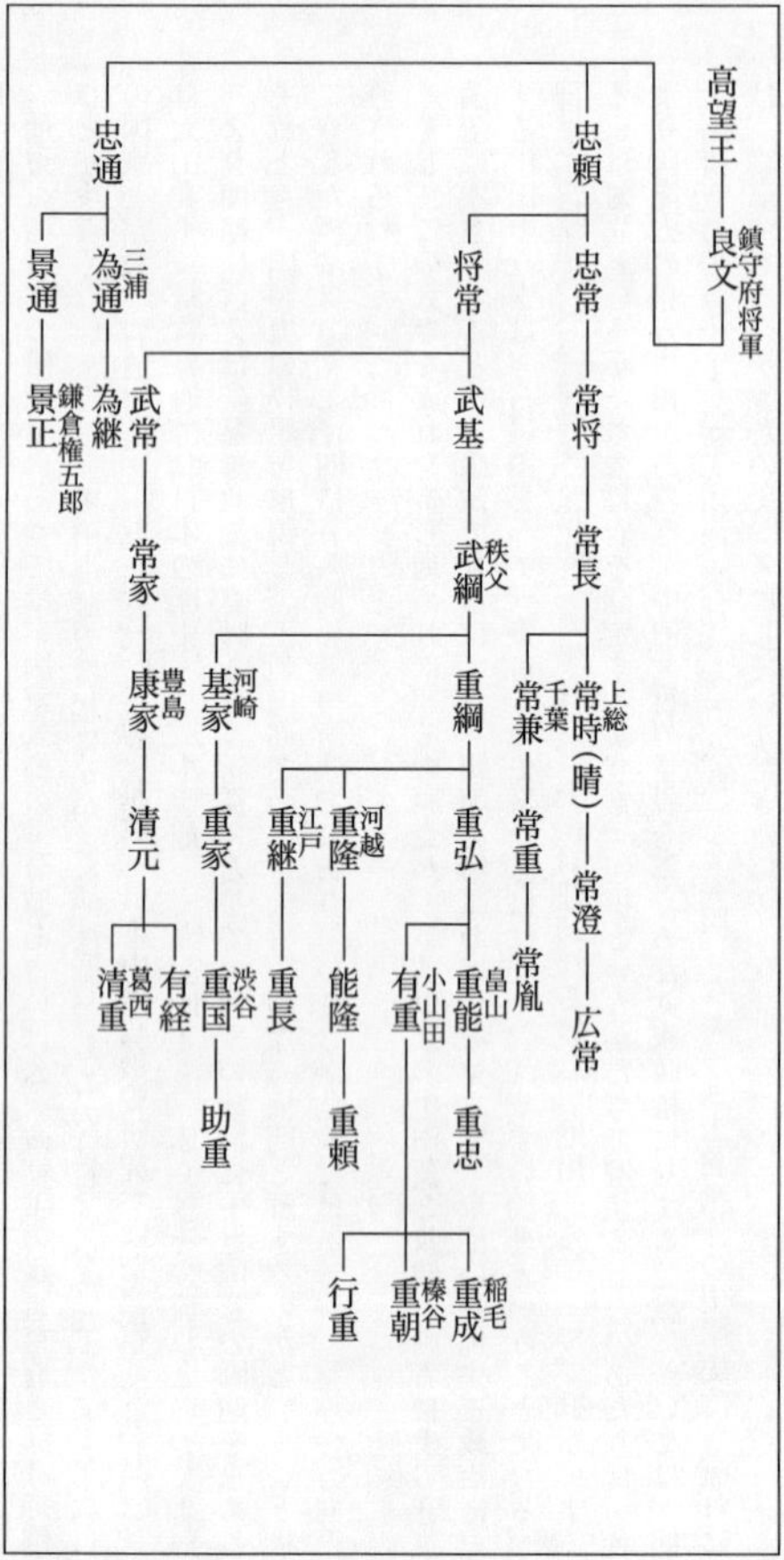
高望王
鎮守府将軍
良文
忠頼
忠常
常将
常長
上総
常時（晴）
常澄
広常
千葉
常兼
常重
常胤
将常
武基
秩父
武綱
重綱
重弘
畠山
重能
重忠
稲毛
重成
榛谷
重朝
行重
小山田
有重
河越
重隆
能隆
重頼
江戸
重継
重長
河崎
基家
重家
渋谷
重国
助重
武常
常家
豊島
康家
清元
有経
葛西
清重
忠通
三浦
為通
為継
景通
鎌倉権五郎
景正

武蔵平氏略系図

終章　武士の発見

坂東という地に宿された武の光源に、中世への連鎖を読み解く。こんな観点から、古代から中世への推移を考えてきた。

本章での話は、そうした武士への学史的な問いかけが主題となる。存在としての武士を問うことは、場合によっては中世という枠組を超えた作業をともなう。武士とは何か、近代の歴史学にとって武士論とは何であったのか、そのあたりの論跡についても考えたいと思う。こうした問題を考えるには、武士そのものの射程では把えられない論点もある。越境しなければ収まらない大きさがあることも確かだ。武士あるいはこれを生み出した中世という時代への認識が議論の対象となろう。

まずは、前章来の総括をほどこしたうえで、武士とは何か、をあらためて問うこととしよう。

坂東の履歴

どんな地域にも、歴史のなかで切り取った場合に似つかわしい時代がある。地域が自己を主張する、そんな時代がある。坂東にもそれはあてはまる。坂東の語感に宿された兵《つわもの》なり武士の時代は、地域としての履歴を飾るうえでふさわしい。武家の政権を誕生させた坂東は、中世という時代の原郷でもあった。

そうした坂東の履歴を、武に焦点をすえて述べてきた。そこでのポイントは、奥羽＝東北との相克が軍制に与えた影響である。九世紀来の蝦夷《えみし》との戦争で坂東に打刻された兵站《へいたん》基地としての性格だった。この〝武の遺伝子〟の組み込みが、その後の坂東の歴史的特質を規定した。徴兵システム解体後、軍団制にかわるべく登場した健児《こんでい》制とこれを補完する俘囚《ふしゅう》制は、傭兵的要素の萌芽ともなった。九世紀をとおした慢性的騒擾や軍事的緊張（蝦夷問題や新羅問題）への対応として俘囚の活用が進められたが、これが同時に群党勢力と結合し、坂東のアナーキーは深刻化するに至った。九世紀後半における坂東を中心とした蝦夷・俘囚勢力の相つぐ蜂起は「怨乱」としての側面を有した。

九世紀末から一〇世紀初頭にかけての王胤（軍事貴族）の坂東下向は、この地域の群党の鎮圧に効果を発揮した。親王任国が設定された九世紀の坂東にあっては、少なからず軍事貴族を育む基盤が形成されつつあった。都にあって洗練された武芸を体得していたかれらは、兵《つわもの》とよばれた。留住・定住のすえ、地方名士として坂東各地に勢力を拡大する。のちに領主として成長するのは、こうした兵の子孫たちだった。

一〇世紀半ばの将門の乱は、坂東の地域が覚醒《かくせい》させた兵による「反乱」だった。軍事貴族たる将門が王胤の末裔として、京都の天皇（本皇）に異旗《ことはた》を立てた。「新皇」としての将門の王国は未遂に終わったが、武士の誕生にとって果実が与えられた。それは、乱の鎮圧者――平貞盛・藤原秀郷・源経基――がその武功のゆえに四位・五位の位階を与えられ、名実ともに軍事貴族に列せられたことである。厳密な意味での武士とは、かれらの子孫たちが各地域に繁茂し、在地領主としての風貌を明確にした段階で誕生する。

一一世紀前半の平忠常の乱は、兵から武士への転換に位置したもので、私営田領主の最後の反乱といわれる。将門の乱以降、権門との連携を中央で強める一方で、地方にあっては地盤の強化が進められていた。忠常の乱はそうした天慶の乱での勝ち組同士の地盤・勢力争いとしての性格も認められる。この坂東の再分割に乗じ、自己を主張しはじめたのが源氏の諸勢力だった。

畿内を中心に地盤形成を進めていた清和（陽成）源氏は、満仲《みつなか》以降、摂関家への武的奉仕によって「都の武者」の地位を不動のものとしていた。忠常の乱は、坂東への進出をもくろむ清和源氏にとって絶好の機会となった。頼信以下、頼義・義家・義朝に至る歴史は、乗り遅れた坂東への勢力扶植の動きとしてとらえられる。八幡神の勧請《かんじょう》をふくめ、坂東武士との主従関係の構築、さらには権門の政治力を背景とした坂東諸国への受領《ずりょう》任命など、いずれもが、坂東を基盤としない源氏の対応といえた。

一一世紀後半は、兵が武士へとその風貌を明確にする時期でもあった。武芸を業とした兵が地域に根ざした「住人」と化したとき、在地領主が登場する。自己の氏名に「地名」を冠するような段階の武士、これが中世という時代に再生産された在地領主的武士ということになる。東北＝奥羽を舞台とした前九年・後三年の合戦は、源氏が坂東からその射程をのばすうえで、飛躍をもたらした。

ここに登場する「坂東の精兵」たちのなかには、鎌倉幕府の樹立に参じた武士の始祖もいた。奥羽を舞台とした二つの戦争は、武家としての源氏の勢威を高め、合戦に加わった多くの武士に棟梁推戴《すいたい》の条件を可能にさせた。源氏は、奥羽を利用することで自門の勢力増殖に成功したといえる。

坂東に蓄積された武威の力は、「内乱」の主導勢力と結合、ここに権門としての新しい政治勢力を誕生させる。鎌倉に樹立された武家の政権は、辺境の坂東をステップとすることで中世国家の一翼を担うことになった。頼朝に結集したかれらは、兵の末裔として在地領主へと転身した武士であった。〝武士の武士による政権〟がもたらしたものが、東アジア世界での異端だったとしても、中世の現実は、この武士を受け入れることで「内乱」を終息させた。

「坂東の履歴」というテーマに即していえば、特筆されるのは、やはり東北＝奥州とのかかわりである。古代から中世にかけて、地域としての歴史が武の世界で発揚した例は多くはない。その意味で東北との相克は、地域としての坂東に武の練磨を体験させたといえる。

第一次の蝦夷との戦争と、それから断続しながら現象する九世紀の蝦夷・俘囚問題しかり、そして前九年・後三年両合戦に象徴される第二次の戦争しかり、ということになる。両者ともども「怨乱」「反乱」として認識しうるとすれば、頼朝による奥州藤原氏との戦いは、「内乱」の延長に位置した第三次の戦争ということになる。

以上、雑駁《ざっぱく》な説明となったが、九世紀から一二世紀の流れを〝武の年代記〟風におさらいの意味を込めて語ってみた。

次の課題は、史実のレベルを離れ、武士論の在り方について考えつつ、武士研究の来歴をさぐることにある。

中世とは何か

ここでは、武士の時代、中世とは何かを考えてみたい。この問いは、あるいは武士そのものにもつながるはずだ。本書では中世という時代区分を自明のものとして用いてきた。平安後期から鎌倉・室町期に及ぶ時代概念ということになる。時代区分上での中世という表現が一般化したのは、そんなに古いことではない。せいぜい半世紀程度だ。ただし学史上からいえば明治期の限られた専門書には「中世」の表現がみえる。

例えば原勝郎（一八七一〜一九二四）『日本中世史』（冨山房、一九〇六）がそれである。西洋史の学識を土台に、タキトゥス『ゲルマニア』からの知見を駆使したもので、わが国の歴史学のうえでの記念碑的な作品といえる。取り急ぎ指摘したいのは、この原の作品が語る近代日本の思惑についてである。別の言い方をすれば、「中世」という語に付着した近代日本の意識についてである。

結論からいえば、近代とは「中世」を「発見」した時代だったといえる。この場合の「中世」とはむろんヨーロッパである。武士の時代＝中世にそうした想いが確認できる。とすれば、原が書名に「日本」を付したことの意味も理解できるはずだ。歴史の普遍性への問いかけという歴史家としての学問的営為もさることながら、近代明治という時代に裏打ちされた思惑の重さも注視したい*。

このことを考えるには、いささか遠まわりだが以下の点だけは確認したいと思う。史学史上における文明主義・文化主義ともいうべき二つの旋律についてである。大局的にみれば、前者は日本の歴史のなかに貫流する西欧的場面、そして後者は逆に非西欧の場面を意識する流れである。誤解をおそれずにいえば、世界史との普遍性・共通性という局面のなかで、日本の歴史を投影させる前者の立場、他方、文化としての特殊性・固有性を重視し、日本それ自体の民族史に比重をおく後者の立場といえそうだ。

別の表現をすれば、発見すべき対象が、「ヨーロッパ」なのか「日本」なのかの相違ということになろうか。この場合の発見とは、むろん同一性なり存在証明というほどの意味で、今風にいえばアイデンティティーということになる。要は自国の歴史への価値の問いかけでもあった。

文明的水平思考において、西欧との同一性や近似性のなかで日本の歴史を汲み上げること、そうした思想的営為が、「脱亜入欧」的観念につながることは、容易に想像されよう。

他方、文化的垂直思考にあっては、普遍性という広がりよりは、民族レベルでの個別性へのシフトが重視される。ここにあっては、発見されるべきは「日本」それ自体ということになる。あるいは日本を軸とする「アジア」が射程にはいる。それは「脱亜入欧」ならぬ「脱欧入亜」ということになる。この方向が極端に傾けば、皇国史観ともなる。

近代史学史をひもとくとき、われわれはこの両者の点滅を確認できる。そして、その点滅のおりのポイントが、「中世」そして「武士」だったのではないか。こうした諸点をふまえたうえで、前述の原勝郎『日本中世史』を読み直すならば、そこに西欧が暗喩《あんゆ》されていることは明らかだろう。日露戦争終了時に脱稿した同書には、「入欧」への想いがはたらいていた。先進の西欧を日本に見つける。それはまさに、「日本における中世の発見」にほかならなかった。古代でもない。近世でもない。まして近代でもない。「中世」それ自体が、意味をもったのだった。西欧中世に通じる日本の中世、それこそが、脱亜の証明につながった。

＊原の武士論の特色についてみると、その第一は文化的熟度を基礎にした東国・西国の比較から、粗野な東国のエネルギーに注目し、東国を基盤とした源氏による政権樹立の必然性が指摘されている点であろ

う。そして第二は、同書にしばしば引用されるところのタキトゥス『ゲルマニア』との比較にみる東国＝ゲルマニア観である。西洋史を修得した原のグローバルな意識の反映をここに確認できる。こうしてみるとき、『日本中世史』なる書名に表現されている「日本」そして「中世」いずれもが、西欧に対しての自己主張の表現ということもできる。原の主張は、「近代」を共有しようとした史学界の内なる願いとでも表現しうるもので、この意識の背景には、いわゆる脱亜の発想を読み取ることもできる。

ところで東国・西国比較論を前提とする第一の点については、例えば「東国にありし武士の発達は西国も亦之を有せざるにはあらざるのみならず、其修養の深浅に至りては、西国は寧ろ却《かえ》りて東国に優ること数等にして、其一般の開化の度は殆《ほとんど》近畿に儔《ひと》しきものありしならむ」として「文化」「文明」の西高東低性が語られており、かかる西国の優位性が逆に西国をして「奮起して気運を転回せむこと」への困難を招来させたこと、かくして「王朝の末造の気運の刷新の、彼の進歩したる西国に起こらずして、却りて麁《そ》野《や》の境にある東国に起こりしは決して怪むに足らざることなりとす。唯源平二氏の相争へるや、源氏は主として東国の兵に依り、平氏は西国を以て其根拠となせるよりして」と指摘し、これが東国・西国の武士道＝主従関係の形成に影響したという。

ここで原は源平二氏の対立意識にふれ、在来史家の見解を批判し、「史家往々にして、此二氏の間には、由来相容れざる族閥の争の存するありて、治承元暦の戦は即此大勢の必然の結果なりと誤認する」と述べ、両者の対立宿命観を批判している。

また東国＝ゲルマニア観に関連する第二の点では「当時の東国はタキッスが記述せる羅馬《ローマ》帝政時代の独逸《ドイツ》人種の部落に彷彿たるものなりしなるべし」として『ゲルマニア』を引用し、両地方の戦闘形態や地形的等質性が語られている。同時にかかる武人勢力が東国に胚胎した事情について、ランケの『羅馬史』に論及して「凡《およそ》国家に交戦の必要絶えざる場合にありては、武人の勢力の次第に膨脹し来り、其初にありて単に為政者の爪牙《そうが》として、甘んじて其使役を受けしものも、主客其地を易へ、終に制馭し難きに至る」

との説を引用し、東国武人輩出の背景について、将門の乱以降の東国諸乱と武人とのかかわりについて指摘している。

「武士の発見」あるいは「日本の発見」

脱亜の証明——それは何か。封建制の共有がそれだった。封建制という中世に固有の社会システムが日本と西欧を結ぶ交点と解されたからだった。その中世の封建制の創出に寄与した武士や武士団への関心が、明治後期、急速に歴史学の世界で活況を呈するのは、こうした事情による。武士の政権たる鎌倉の幕府は、ゲルマン世界に比すべき中世の象徴と映ずることになる。東方ゲルマン的未開のエネルギーが東国・坂東と対比されたことは、いうまでもない。こうした観点は、比較法制史の分野での武士や中世社会の研究を精彩あるものとした。

極論すれば、中世という時代のみが、日本と世界（西欧）を結びつける〝切り札〟だったことになる。歴史への問いかけが「中世」を、そして「武士」を発見したことになる。武士への関心にはそうした学問事情がはたらいていた。

このことは、例えば主従制についての議論からも明らかである。前述した文明主義に立脚した場合、西欧との同居志向に比重がおかれた。そこでは主従制に関しても、双務的契約型の主従関係が日本にも適用しうるとする。

しかし「武士の発見」にもう一つ、文化主義に立つ日本への回帰をふまえた場面もあった。それこそが「日本の発見」と重なる。主従関係の議論でいえば、片務的契約型の隷属性を強調する考え方がそれだ。この場合、武士とは日本的中世・日本的封建制のエースともなった。大正末から昭和戦前期にかけての武士論の論調に、そうした傾向を読み取ることは容易だろう。

とすれば、「武士の発見」は常にネガとポジの関係が確認されよう。西欧への憧憬《しょうけい》と日本への回帰の二つだ。武士研究もまた時代と無縁ではなかったことになる。

栄光の代名詞〜〝青い鳥〟としての封建制

武士・中世・封建制の三者が一体として認識されたことの意味は、理解していただけたかと思う。世界へのまなざしを歴史にすり合わせたとき、封建制とは栄光の代名詞だった。西欧との同居という夢とまぎれもなく重なっていたからだ。脱亜入欧へ向けての小さな夢は、近代日本のスローガンだった。

明治初期の岩倉遣外使節団が目ざした「東洋ノ英国」(『米欧回覧実記』)への志向にも、そうした片鱗はみえていよう。明治後期はその夢が実現された段階だった。日清・日露の二つの戦争での勝利が拍車をかけたことはいうまでもない。東洋の小国日本が西洋に送りつづけた〝ラブコール〟だった。その解答の一つが、〝青い鳥〟よろしく中世を、そして封建制を発見したことだった。

彼我の封建制を比較し、その異同に留意をはらいつつも、そこに「幸福なる変則」を見出した朝河貫一《あさかわかんいち》（一八七三〜一九四八）、あるいは西欧封建制概念の日本への適用を徹底させようとした福田徳三（一八七四〜一九三〇）、さらには前述の原勝郎、中田薫など、いずれもが「日本における中世の発見」に尽力した歴史家たちだった。細部を別にすれば、思考上での方向性に違いはない。日本にも貫徹したであろう封建制、その封建制への共有を「幸福」と解した、幸せな時代の認識がそこにある。

武士への関心も、そうした西欧封建制との関連から問い直される。簡略にいえば、封建制の萌芽とされた私的な経済基盤＝荘園への着目と、これを温床とした武士という図式だった。例えば中田薫が「職《しき》」の公法的官職性よりも私法的用益性に重点をおき、不動産物権化の過程を追究する姿勢は、その代表といえよう。

このことは武家＝幕府への評価にもつながった。「当時の源頼朝は其名義は一朝官に過ぎずと雖《いえど》、其実は天皇と相対したる第二の主権者に外ならざるなり」（「鎌倉時代の地頭職は官職に非ず」『国家学会雑誌』二一―三、一九〇七、のち『法制史論集』第二所収、岩波書店、一九三八）との指摘は、その点を語っている。頼朝（武家）を天皇と相対する第二の主権者とみなす立場ということになる。

それは、官制大権の委任というかたちで武士の政権の存在を認めようとした伝統的解釈とは一線を画するものだった。天皇を否定せず、官制大権上の国家守護者とみなす江戸期以来の幕府観と明らかに異なっていよう。中田が地頭職の官職性（公法性）を否定したのは、封建制の原基たる私的要素を「職」自体のなかに見出そうとしたことによる。*

いささかむずかしい説明がつづいたが、一九〇〇年代初頭の明治末の史学界の潮流は確認できたと思う。武士あるいは中世への評価は、そのかぎりでは西欧への視線のなかにあったことになる。

＊ 中田の代表的論文をみると、「『コムメンダチオ』と名簿捧呈の式」（『法学協会雑誌』二四―二、一九〇六）、「日本庄園の系統」（『国家学会雑誌』二〇―一・二、一九〇六）、「王朝時代の庄園に関する研究」（『国家学会雑誌』二〇―三～一二、一九〇六）、そして「鎌倉時代の地頭職は官職に非ず」（『国家学会雑誌』二一―三、一九〇七、右諸論文いずれも、のち『法制史論集』第二集所収、前掲）などがあり、中世分野に限定すれば、中田説の骨格はこの時期に形成されていることが確認できる。

明治末年に公表された前記諸論考はいずれも、西欧との比較法制史上の論点を射程に入れたものであるが、その中核をなすものが土地制度＝荘園に関する考察であった。ゲルマニスト中田の軸心は西欧中世との同居性の確認という横への広がり（〝水平的思考〟）のなかにあったわけで、日本の史的展開を法制度に即して検討する伝統的方法論と同じではない。こうした中田の方法は、近世以来の史学界がもっていた〝くびき〟からの脱却を可能にさせた。中田が「地頭職は官職に非ず」と明言しえたのも、右の諸点を抜きにしては理解できないはずである。

地頭職＝官職↓官制大権の委任＝補任手続の変化という従来の国制・制度史上での通話的理解への批判が、そこにはあった。頼朝を天皇と相対した第二の主権者とみなす中田の頼朝への高評価は、右の点と結びついている。近世以来の史書にあっては、頼朝の創始した武家の幕府像は、決して天皇を否定したものではなかった。少なくとも尊王思想が濃厚となった段階では、幕府政治の位置づけに関しては官制大権の委任を前面に押し出すことが前提となっていた。幕府政治はその意味では決して簒奪《さんだつ》政権とはなりえなかった。中田の場合むしろ政権担当者頼朝の地位を天皇と並びうる第二の主権者と認識することによって、幕府を官制大権上の国家守護権者として位置づける立場は薄くなっている。

二つの封建制

ところで封建制とは、一般によく知られるように、西洋史でいうフューダリズム(Fudalism)の訳語であった。そこには大きく二つの内容がふくまれていた。一つは、土地の給与を通じて形成された主人と従者の秩序という法的側面からの解釈。二つは、自立した農民（農奴）が領主により支配され、現物の地代（年貢）を納入するという経済的側面からの解釈である。後者については、農奴それ自体の概念が定立しがたく諸説があるが、前者に関しては、鎌倉時代の将軍と御家人（武士）の関係がこれに想定されている。封建制概念が導入された近代史学の誕生期には、この二つの側面が明瞭に意識されないままに用いられたことは、否定しがたかった。

ところで右のような内容をもった封建制の語には、中国の国家統治としての用法もあった。これは西欧のそれが歴史上の社会制度としての概念であったのに対し、中国的用法は、歴史性は問うところではなかった。

諸侯を地方に封じ建て、統治の実をあげた周代の制度に源流を発するもので、その後の秦《しん》の郡県制と対比される。いわば分権の封建制度と集権の郡県制度ということになる。統治方式としての二つの制度は、歴史を超えて幾度か中国史上に顔をのぞかせた。その場合の封建制は、中世という時代に固有の西欧的な社会概念ではなかった。

当然ながら明治前半までの歴史学の世界では、中世という時代概念も封建制という社会概念もその射程の外だった。江戸期以来の余韻が残っていた時代でもある。そこでの封建の語は中国的なそれだった。これを清算したのは、やはり、明治後期にはいってからだった。その点では、二〇世紀の初頭はわが国の歴史学、とりわけ中世という分野が学問上の光源を見つけた段階といえる。

このことは日露戦争後の原勝郎『日本中世史』の存在からもうなずけるはずだろう。武士、さらには武家の政権があらためて着目されたのも、そうした事情によっていた。封建制という概念が中国的な意味合いを払拭するのは、この時期のことだった。

例えば田口卯吉《たぐちうきち》（一八五五～一九〇五）である。福沢諭吉とともに文明史論の泰斗と目されたこの人物は、市民的歴史学の祖とされている。明治一〇（一八七七）～一五年に発表された『日本開化小史』は、その田口による本格的な文明論的通史だった。

ここには何度も「封建」の語が登場する。だが、文脈からみて明らかに「郡県」との対比で語られているそれであった。「封建の権輿《けんよ》より鎌倉政府創立に至る迄の地方の有様」との同著の章題（第三章）が語る表現、あるいは「郡県と封建とを較ぶるとき、封建こそ弊害多からめ、然れども中央集権の甚しき郡県ならんよりは、封建は利ある事なり」（同、第三章）との表現も、文脈から中国的なそれであると了解される。

封建概念の適用云々でいえば、官学アカデミズムの骨格をつくった重野安繹《しげのやすつぐ》（一八二七〜一九一〇）の所論でもいえる。「日本に封建の制なし」（『東京学士会院雑誌』一四—六、一八九二）もその意味では、中国的な概念を前提としての議論だった。田口や重野の時代は、中国的意味での封建制の語は生きていた。ともかく西欧史学の本格的導入とそれへの定着のなかで、封建制はこれまでとは違い、西洋へとシフトするためのキーワードと認識される。

いかがであろうか。封建の語に宿された意味が、さほど単純ではないことをご理解いただけただろうか。武士への想いも、これと軌を一にしていた。封建制、中世、そして武士を発見することで、近代日本は普遍的世界に身をおく切り札を準備したともいえる。

それでは封建制研究と分かちがたく結びついた武士の研究が、その後どのように変貌するかを読み解いてみよう。

「幸福なる変則」

「世界の歴史に於ける極僅少の人種のみが享有したる幸福なる変則」——朝河貫一は封建制をこう指摘した。* *The Document of Iriki*（『入来《いりき》文書』）の編纂で知られたこの人物は、米国にあって日本の歴史との掛け橋となった。西欧封建制への投影に性急だったわが国の史学界にあって、西欧のマナー（manor）と日本の荘園の相違など、封建制への議論に一石を投じた研究者といえる。その朝河をして、「幸福なる変則」と指摘させた封建制とはなんであったのか。いうまでもなくそれは、〝先進〟文明諸国が体験した歴史上の共有法則でもあった。

　この点に関連し、いささか余談に属するが、明治の末にドイツに留学した福田徳三にこんな逸話が残されている。福田は留学先でブレンタノに師事し、西欧の歴史の講義を聴きつつ「常ニ彼ガ微笑ヲ湛フル」様子だったという。その理由は「予ガ師ヲ通ジテ欧洲経済史ニ就テ聞ク所ハ、悉《ことごと》ク日本ノ歴史ト一致スレバナリ」（『日本経済史論』序論、宝文館、一九〇七）というものだった。いうまでもなく、「微笑」の正体は、封建制を発見したことの喜びにほかならない。[**]

　それはすでにふれた原勝郎が、あるいは中田薫が共有した意識だったろう。朝河も同一の線上に位置したと考えてよい。ただそこに若干の違いを認めるとすれば、西欧の封建制の日本への適用に終始した段階から脱しはじめたところに位置していたことである。朝河の論考が登場する段階は、封建制の適用それ自体を認めたうえで、日本的なものへの回帰が登場する。大正期から昭和期にかけての時代は、史学史的にみれば、そうした段階といえる。「西欧」を発見することとは別に、「日本」が発見された時代だった。この点はすでに少しふれた。

それは、かつて中世を発見することで西欧の封建制を見出した状況（「日本における中世の発見」）とは異なり、「中世における日本の発見」への変化でもあった。西欧と異なる日本の中世＝封建制の発見だったといってよい。

冒頭に紹介した朝河の見解は、そのかぎりでは「日本」を見つける、あるいは日本的封建制を発見する媒介ともなった。このことは中田薫と激烈な守護地頭論争を展開した牧健二の封建制への認識に、朝河との学説的関連を確認できるからだ（武士論から少し遠くなっているのを承知でつづけたい。封建制にかかわる論議の意味を考えることは、歴史学全体の動向につながると思うから）。

牧の指摘する日本的封建制とは、公法的要素の残存を説くところにあった。要は私権の拡大から封建制への移行を論ずることへの疑問が前提となっている[***]。頼朝に分与された諸国守護権に対する歴史的内容をめぐり、中田薫との論争もこれと関係している。それは、普遍の相のなかに日本を投じることで西欧にシフトした中田と、特殊の相で日本にシフトした牧との対比ということができる。

＊　明治末以降、比較法制史の仕事に身を投じた朝河の幾多の業績のなかで、特に注目されるのが昭和初年に完成をみた *The Document of Iriki*（『入来文書』）であろう。右の仕事を通じて朝河は西欧のマナーと

日本の荘園を明瞭に区別した。従来から、荘園とマナーの表面的類似性を前提として西洋封建制の原理を日本に適用しようとする傾向が少なくなかったが、そうした学問動向に対し朝河の研究は一石を投じたものであった。朝河の封建制度についての理解は「日本の封建制度に就いて」(『歴史地理』三五―四、一九二〇、『亜細亜協会報告』訳者上野菊爾)に要約されている。朝河は日本の封建制を、第一期＝鎌倉～建武政権期、第二期＝南北朝以降～関ケ原合戦、第三期＝江戸幕府段階と区分したうえで、「フューダル」の本質について次のように説明する。すなわち、支配階級が相互補助をなす武士の主従的段階よりなり、しかも全階級が土地所有権を「連鎖的」に有し、支配的武士階級の私権が「公権の押領、私制度の公的利用」という状態のなかで「完全に公と私との混合若《も》しくは合体」した社会状態としている。

さらにこの「フューダル」の発生については、その国家が中央集権に近い状態であり、過去に氏族政治の経験をもち、かつ「土地経済時代」であることに加えて、社会秩序不安の醸成という諸条件が必要であったと指摘している。ここに「世界の歴史に於ける極僅少の人種のみが享有したる幸福なる変則」として封建制を理解する朝河の立場が示されている。

＊＊ 参考までに、福田徳三の見解をみておく。*Die gesellschaftliche und wirtschaftliche Entwickelung in Japan*（『日本における社会並経済的進化』一九〇〇、のち邦訳『日本経済史論』坂西由蔵訳、宝文館、一九〇七）は題名から推察されるように、法制史のみならず経済史的観点を加味しつつ日欧の封建制度研究に先駆的役割をはたしたものであった。欧米史家の日本研究は多くこの福田の著作に依拠している。福田は同著で①「原始時代」、②「帝権拡張時代」、③「封建時代」、④「専制的警察国家の時代」と前近代を四期に区分し、①を氏族制度による大化改新以前の段階、②を律令を基礎とした一〇世紀前半までの段階、③を一〇世紀の荘園制度からこれが変質し知行制に移行した徳川氏以前の段階、④を開国まで

の江戸期の段階として、それぞれを詳述する。

ここで最も特徴的なことは、近世の警察国家の指摘であろう。従来「封建制度」を論ずる場合、中国的概念が投影された江戸期に「封建制度」の完成型を求める考え方が強かったが、福田がここで近世江戸期国家を前述のごとく理解し、封建国家と区別したことは斬新な見解であった。

そして肝心の③「封建時代」については藤原氏の台頭と荘園の盛行を西欧のグルヘンシャフトやマナーと比較しつつ、荘園の発生によりもたらされた所有権の変遷が社会組織にいかなる影響を与えたかと問い、「荘園起りてより以来、国民が明かに農兵の二階級に分たるゝを見る」（前掲書、一三六頁）と述べ、荘園の発達に伴い自由民が、㈠「隷属的な士卒」と㈡「臣属的な農民」という二種の「領主に属する不自由民」にわかれた点に論及し、㈠を後世の「侍」につながる家人・郎等の源流に、㈡を士卒を養う農民と理解し、㈠㈡の集積が荘園の大領主たる条件となったとし、これに合致した源平両勢力が武家の政権につながったことが語られている。

結論として政権が武門に移る過程について、「朝廷文弱に流れて皇権先づ衰頽し、次に其の実権を収めたる藤原氏亦衰ふ。其の間、独立の農民消滅して大地主起り多数の武臣を養ひて其の権力を張り漸次に政治上の権力を其の手に収め之に依て事実に於て独立の主権者となるに至る。即ち、皇権の衰ふるは、数多の領主の起れる所以なり」と論じている。集権から分権化の進行のなかに武人＝領主の自立を考える理解が示されているように、福田の所論は徹底した西欧的封建制概念に立っている。

＊＊＊　牧は中田の見解を部分的に認めつつも「職」の官職的・公法的側面に注目し、「職」の所有よりも「土地」の所有を一歩進んだ段階としており、「職」を基礎とする荘園制が克服された段階に封建制の成立をみている。中田も封建制の成立画期という点では、牧の理解とさほどのズレはないが、私法的要素を封建制の重要なファクターとみなす中田の場合は、むしろ封建的要素の胚胎段階を問題としているわけで、

そのあたりの相違が「職」に対する評価の違いとして出ているのではあるまいか。この「職」への認識の違いをふくめて武家政権全体の評価にかかわる問題として大きな意義があるのが、守護・地頭論争ということになろう（その詳細は、拙著『研究史　地頭』吉川弘文館、一九八三参照）。

〝青い鳥〟のゆくえ

武士論に引きつけるならば、封建的主従制の適用において、双務的契約を前提とする立場と片務性に本質を見出す立場は、右の議論に通底する。いずれにしても、武士にかかわる研究は封建制論議と密接なかたちで進展した。

明治後期はその意味で武士と封建制を発見した第一段階といえる。「西欧の発見」のなかに世界との同居を確認したところから、第二段階は、特殊日本的な側面への評価がなされる時期である。大正～昭和前期に及ぶこの段階は、「日本の発見」に焦点がすえられた。

以上のような総括が可能だとして、「発見」された中身が西欧にしろ、日本にしろ、そこには封建制への想いが込められていたことを忘れてはならない。朝河が「変則」とよぼうが、それは日本の存在証明にほかならなかった。「幸福なる変則」の「幸福」に力点がおかれたことは留意されてよい。封建制への共有を「幸福」と認識しえた時代、ということができる。

そこでは、武士への評価も高かった。歴史の光源を「西欧」におく場合も、「日本」におく場合も、封建制は歴史学にとって「幸福」の象徴なのであった。正のベクトルとしての認知、戦前における歴史学の大局的流れにあって、封建制の論議が担った役割とは、このようなものであった。武士研究もまたその延長にあったことはいうまでもない。

それでは、そうした封建制論は、その後どうなってしまったのか。「幸福なる変則」のゆくえである。それは同時に武士論のゆくえでもある。予想されるのは、戦後における価値転換にともない、封建制もまた負の要素と同化したとの観点だろう。だが、これはいささか短絡すぎる見方だろう。

たしかに戦後、封建遺制云々が盛んに論議され、前近代の克服すべき対象として問題視されたことはあった。が、それはムードとしてのそれであって、事実は武士も封建制も、依然として「幸福」の枠内にあった。マルクス主義歴史学が隆盛を示した戦後にあってさえ、一貫していたといってよい。今度は「世界史の基本法則」とのかかわりで、封建制を探す旅がはじまっただけだった。

そのあたりの事情は、戦後の古代・中世史分野でのバイブル的存在となった石母田正の著書『中世的世界の形成』においても確認できる。

しばしば指摘されるように、領主制論の提唱者石母田にあっても、武士階級への過度の評価が民衆（人民）の過小評価をもたらしたとの見方はそれを示していよう。その意味では〝青い鳥〟としての封建制は、戦後にあっても武士ともども根強く中世史の土台を支えたといってよい。

もう一つの「発見」へ

武士論のゆくえを考えるために、もう少し石母田を掘り下げる。古代を克服する中世への推進主体として武士を規定する石母田にとって、武士は階級の解放者としての役割をもった。ここにあっては、克服されるべき古代と新生の中世という構図ということになる。簡略に記せば、農村に生まれた武士が都の貴族社会を打倒・克服する。そんな枠組で総括できるだろう。

このことは中世の武士階級の組織者頼朝への評価ともかかわる。「政治家としての偉大さはその代表する階級の後れた水準と傾向を一歩超克することになければならない」(『中世的世界の形成』一七四頁)としたうえで、「自己の歴史的役割を自覚しえず、古代との妥協のうえに安定した幕府政治を構築した」との頼朝批評には、石母田が革命家頼朝にいだいた武家政権樹立者への過度の期待も読み取れよう。

一見して否定的とも思われる頼朝の評価は、他方で古代の解放者たる頼朝への〝期待値〟の表明でもあった。石母田にあっては、打倒すべき古代には天皇制が暗喩されていたわけで、武士により結集された封建のエネルギーに、戦後の新生日本を重ねたと解してよさそうだ。このあたりは、かつて中田薫が頼朝を天皇にかわるべき第二の主権者と論じた場面にも通じる。

石母田が発見した「中世的世界」とゲルマニスト中田のそれとはむろん同一ではない。しかし、中世、武士、そして封建制への想いは、同じ方向だった。石母田における西欧とは、中田と同様「進歩」の象徴であったが、その意義は〝近代化〟という尺度ではなく、マルクス主義に立脚した〝世界史的基本法則〟という尺度でのそれであった。

それでは、封建制への認識が、戦前来の「幸福なる変則」の歩幅から解放されるのは、いつなのか。石母田の領主制論でさえ、大局的には「幸福なる変則」に収斂されたものとすれば、「不幸なる変則」とでも形容できるかたちで武士を認識したのはいつのころか。

多分、ドライで散文的な武士像の登場がそれに該当しよう。一九八〇年代以降、急速に広がりを示しはじめた社会史研究を土台に展開した武士＝職能人論には、そんなにおいが漂っているようだ。

ネガとしての武士観

武士がある種、負のイメージで語られはじめたのは最近のことである。武士＝殺傷を業とする職能人との観点である。粗野な暴力という負のイメージには、武士を歴史にもったことの「不幸」がみえる。

ここには、それまでの歴史学が、あるいは中世史が見出したものとは別の意味でのもう一つの「発見」があった。それには多分に、辺境日本の特殊性という社会的環境への洞察がふくまれていた。近年、議論されている「辺境の武人政権」との発想に根ざした武士の認識に、西欧へのまなざしはない。鎌倉幕府という武人の政権を生み出した日本歴史の特殊性こそが問題とされており、昨今における武士観の一つの潮流には苦悩と自虐さえ感じる。武士を宿したことの特殊性が、マイナスのイメージとして語られる。

「武人政権の誕生は、東アジア世界における例外、しかも不幸な例外であった。それは、東アジア世界の辺境ならではの、悲惨な光景であった」との入間田宣夫「守護・地頭と領主制」(『講座日本歴史 中世1』一二二頁、東京大学出版会、一九八四)の見解はこれを代表しよう。* 鎌倉の武家政権がその後の歴史に与えた「否定的影響」の大きさを問うことで、近代の「侵略戦争の触媒」となった点を強調する。そこには、東国発西欧経由で中世武士を発見した、かつての伝統的思考への否定があった。

ここに表明された考え方の軸心は、アジアにあった。西欧主義から脱した歴史学界が、アジアとの共生・共存をさぐるなかで見出した方向性ということもできる。「武人よりは文人、武勇よりは安穏に価値を見出す東アジア世界の常識」(前掲書、一二二頁)から逸脱した中世日本のもう一つの姿が指摘されている。

近代日本の翳《かげ》りの原点を中世の武士に問うなかで、あらためて〝武士とは何か〟が論議されることとなった。それはかつての武士=在地領主を中世社会の建設者として肯定する立場へのアンチテーゼでもあった。「武士のもつ犯罪者的側面」「職業的殺し屋」「弓馬の芸によって他と区別される社会的存在」（高橋昌明「武士の発生とその性格」『歴史公論』二―七、一九七六）等々、職業的戦士としての性格を社会的、歴史的に掘り下げる試みも、右の線上に位置するものといえよう。

以上みたように「武士の発見」というテーマに即していえば、明治以来の近代史学の流れのなかで、武士は、日本近代の出発点の証明者として長らく位置づけられてきた。光源体が西欧だろうと日本だろうと、肯定的評価の対象とされてきた。法制史研究を主軸とした伝統的歴史学の世界での常識は、戦後のマルクス主義に立脚した領主制理論にあってさえ、武士の優位性が近代化の議論と結合し語られていた。

しかし他方で、武士の生態が着目されるに及び、その否定的側面が指摘され、ネガとしての武士観も議論されるに至った。そこには、近代化論への傾斜をいましめようとする方向も強くはたらいていた。

このような正負両面での「武士の発見」には、良かれ悪しかれ、政治への認識がはたらいていたことは否定できない。それは端的にいえばヨーロッパかアジアかの選択といっても過言ではない。武士研究はこの二つの振幅のなかを行きつ戻りつした。そこに肯定と否定が重なる。こんな構図が学史をひもとくことで与えられる。むろんすべての武士論がそうではないが、学問的潮流からいえば、そうした把握ができる。

＊負の遺産としての武士を強調する入間田の思考には以下のような特徴がある。すなわち、武士をもって近代日本の侵略の代弁者と解する認識が溶け込んでいよう。武人政権の尚武性が近代に〝相伝〟され、武士とはその意味で、われわれが背負うべき十字架の原点だったのではないか、と。入間田の主張を私流に解釈すれば、こんなところだろう。

そこには侵略された側の歴史の記憶（鎌倉幕府による奥州合戦）を東北ナショナリズムの側から読み解くという側面もあったと思われる。侵略される側の苦しみと痛みを、勝者の鎌倉幕府に突きつける。その勝者の価値観が歴史に継承され、近世そして近代を規定したことの重みをどう考えるべきかという問いかけにほかならない。おそらくかつての中世の奥羽に、侵略された東アジア地域が重ねられているのだろう。

はなはだ刺激的な武士観であるが、これとても大局的にみれば、武士を通じて東アジアを、そして日本を発見することにほかならない。たとえ発見された武士が否定をふくむものだとしても、である。

ところで、入間田の所論に特徴的な社会的存在としての武士への認識を意識的に俎上《そじょう》にあげたのは、やはり戸田芳実をもってその嚆矢とする。一九六〇年代後半以降、新領主制論の旗手として人民闘争史研究をリードした戸田の論点は、アジア的封建制を基軸とした中世社会像の析出にあった。

かつて石母田に代表される領主制論者が描く武士は、人民＝民衆の側に立ち、古代的専制からの解放者として認識されていた。いわば武士への心情的傾倒が、被支配者たる民衆の代表というかたちで投影されていた。しかし現実の歴史においては、武士（在地領主）はその当初から支配階級に位置しており、一見、中央の権門貴族（荘園領主）と対立するかに映ずるのは、同一支配者層の権力の相克を語るにすぎない、と。

こう解する戸田の立場（新領主制論）と石母田らの古典的領主制論の相違は、武士を民衆の〝敵〟とみるか、〝味方〟とみるかという点にある。と同時に、それは中世という時代の成立画期の理解にも連動することになった。石母田に代表される後者は、頼朝とその幕府に古代を否定する最大の役割を与えた。「頼朝は自己の歴史的任務を国家の鎮護にあると考えたのであるが、国家の守護とはけっして兇徒の追討のみにあるのでなく、平安末期における頽廃せる政治とその基礎をなす古代的な土地所有の否定にあることを認識すべきであった。しかるに彼が在地の動揺に対してなしたものは、かえって東大寺支配の勝利、武士団の敗北を援けること以外にはなかったのである」（『中世的世界の形成』、一七二頁）との石母田の見解に、そうした点がよく語られている。

その意味では、頼朝による治承・寿永の乱は、「源平の合戦」という以上に、清新な東国が「頽廃せる政治」権力の基盤西国（貴族）を打倒する革命と設定される。したがって中世の成立は、一義的にはこの乱により成立した鎌倉幕府をステップとして成熟するとの立場である。

他方、戸田に代表される新領主制論の場合は、武士（軍事貴族）の成立を早期に見立て、それまで古代的土地所有とされた荘園制それ自体を封建的土地領有のシステムと解している。ここでは、中世の成立期は平安中期以降に求められ、頼朝の鎌倉幕府の成立は支配者である貴族・武士相互の権力の平行移動と認識されることになる。

いささか補足が長くなったが、武士＝職能人論が本格的に登場する背景として、戸田らにより提起された右の新領主制論との関連は無視できない。こうした考え方の延長のうえに、一九七〇年以降には軍制史研究への地平が開拓される。武士＝職能人論が急速に進展するのは、これ以降のことだった。ちなみに、職能・武芸人論は以前にも若干ふれたように（四五〜四七頁の補注参照）、学史的には領主制論以前からの古典的観点であり、戦後にあっても佐藤進一などに継承されている。しかし、その潮流と社会構成史や人民闘争史に立脚したなかでの議論とは、切り取った中身の部分は同じにみえても、背後にあるものは同一ではない。

そうした学史的な流れのなかで、武士の源流をどこに設定するかが改めて課題となる。これまで農民とともに被支配者の代表として解されてきたかれら武士を支配階級に設定したことで、新たな武士像の提出が可能となった。武士は最初から支配階級である以上、支配手段としての暴力装置＝武力が議論されることになる。この時代の社会史の盛行と相まって、本文でも記したごとき殺生を業とした武士としての側面が重視されるようになった。

と同時に、戸田により提起された「軍事貴族」概念は、武士誕生の議論を領主制の問題から解放することにもなった。従来、草深い農村から出発したとされた武士が軍事貴族にルーツを有する以上、むしろ京都こそが発生の基盤ではないかとの考えはこうして登場する。戸田の見解を継承した高橋昌明の理解もそうした点に依拠していよう。武士をハダカにすることで、領主制論ではみえなかったものが職能人論ではみえることになる。膨大な学説史のエキスのみをかみくだいて表現すれば、およそこのようになる（詳細は拙著『武士団研究の歩み』Ⅱ、前掲を参照）

いささか冗長な説明になったが、アジア的封建制に立脚した新領主制論から軍制史へと移行するなかで、領主としての側面とは別の武士の生態が問われ、これが職能人論に影響を与えたことは了解されたであろう。

領主制論と職能人論のはざま〜地域論の再生

最後に「武士の誕生」という本書のテーマにしたがって、武士成立の筋道を論理的に確認しておきたい。武士研究の二つの振幅には、これまでみたように、「ヨーロッパ」と「アジア」という光源が宿されていた。しばしば指摘されることがある。領主と戦士という二つの側面は矛盾しないと。〝ある意味〟ではとの限定を付せば、そのとおりであろう。だが、この考え方は鎌倉幕府以後の中世の武士には有効であるが、武士の発生を議論するには有効ではない。この二つの見方の限界をきっちりと認識したうえで、武士の誕生について考えるべきだろう。

本書で兵と武士を区別し、領主制の成熟度を尺度にしたのは、そのためである。本論でも指摘したように、兵としての武的領有者の誕生は、領主制論では解けない（なぜならかれらのルーツは、農民ではなかったから）。軍事貴族に主要なルーツを有したことが重要だったわけで、このかぎりでは職能的戦士としての存在がのちの武士の原形となったと考えられる。職能人＝戦士という側面は、この兵段階に顕著なものと理解できる。

しかしこの兵が中世に適応するためには、地域主義に立脚した在地の領主への転身が必要となる。武士団の成立には、所領・所職を媒介とした主従制の形成が前提となろう。坂東における争乱の諸段階は、その主従制の進展に大きな役割を演じたということができる。

右の理解にしたがうならば、兵から武士へという図式には、当然ながら職能人・戦士としての側面から領主としての側面への変化が宿されていることになる。このように職能人・戦士論に立脚すれば、従来の領主制論が主軸とした階級移行論の軛《くびき》から解放され、豊かな武士像の提供が可能になる。少なくとも農民の有力者が自衛し、名主化し、そして武士になったという苦しい説明は不要となろう。論理的な筋道は明白だからだ。

だが、この職能人論にも限界はある。武的領有者（兵）それ自体の歴史的性格の変化に対する視点だ。中世という時代に対応した武士の固有性が不明瞭になると思われるからである。すでに武士の語が『続日本紀』にみえていることからすれば、職能的要素のみでこれをくくることはむずかしい。戦士としての側面を考えるうえでは、中世固有の職能・武芸の中身の論議が深められねばならないはずだろう。

以上のような意味において、本書は職能人・戦士論と領主論との交点をさぐることで武士とは何かに対する議論を進めてきた。それは両者の妥協でも折衷でもない。

従来の武士研究では、研究史的な把握を軽視し、潮流の原点から解きほぐす努力を怠ってきた気もする。その意味で、両説が矛盾するものではないと、明快に言い切ることはできない。なぜなら、何度かふれたように、職能人論は領主制論への疑問を前提としたとの研究史上の当然の流れがあるからだ。要は妥当する場を異にするという面においてのみ矛盾しないだけであり、これに対しどれだけ自覚的であるか否かも忘れてはならない。

本書にあって、叙述の総合化に意をはらいつつ、武家政権へと結実する流れのポイントを坂東に設定したのも、右に述べたことと関係する。おおげさにいえば地域論への回帰ということになる。東国・坂東という地に西欧中世の原像を発見しようというものでもなく、逆に日本あるいは辺境の有した負の遺産のなかで、坂東の履歴を組み立てたわけでもない。西欧にもアジアにも偏しない、地域そのものに立脚した坂東の履歴を描きたかっただけである。

参考文献

序章　ある武士団のものがたり

『鉾田町史　中世史料編　烟田氏史料』（鉾田町史編さん委員会編・刊　一九九九）
『日野市史　史料集　高幡不動胎内文書編』（日野市史編さん委員会編・刊　一九九三）
小川　信「南北朝期における在地領主の実態と合戦の一断面」（『國學院大學大學院紀要』文学研究科二三輯　一九九一）
関　幸彦「『武』の光源――甲冑と弓矢――」（福田豊彦編『中世を考える　いくさ』所収　吉川弘文館　一九九三）
関　幸彦「中世烟田氏の世界」（『鉾田町史研究　七瀬』八号所収　一九九八）
関　幸彦『説話の語る日本の中世』（そしえて　一九九二）
石井良助『日本法制史概説』（弘文堂　一九四八）
石井良助編『法制史』（「体系　日本史叢書」4　山川出版社　一九六四）
安田元久「武士団の形成」（岩波講座『日本歴史』古代4　一九六二）
安田元久『武士団』（塙書房　一九六四）
大饗　亮『封建的主従制成立史研究』（風間書房　一九六七）
戸田芳実『日本領主制成立史の研究』（岩波書店　一九六七）
石井　進『中世武士団』（『日本の歴史』12　小学館　一九七四）
石井　進『鎌倉武士の実像』（平凡社　一九八七）
河合正治『中世武家社会の研究』（吉川弘文館　一九七三）
牧　健二『日本封建制度成立史』（弘文堂書房　一九三五）

竹内理三『古代から中世へ』（吉川弘文館　一九七八）
中田　薫『法制史論集』（第二巻　岩波書店　一九三八）
『八千代町史　通史編』（八千代町史編さん委員会編　一九八七）
木村　礎『村の語る日本の歴史』（そしえて　一九八三）
永原慶二『日本の中世社会』（岩波書店　一九六八）
永原慶二『日本中世の社会と国家』（日本放送出版協会　一九八二）
黒田俊雄『日本中世の国家と宗教』（岩波書店　一九七五）
網野善彦『日本社会の歴史』（中）（岩波書店　一九九七）

Ⅰ　怨乱

戸田芳実「国衙軍制の形成過程」（『初期中世社会史の研究』所収　東京大学出版会　一九九一）
西岡虎之助「武士階級結成の一要因としての『牧』の発展」（『荘園史の研究』上巻所収　岩波書店　一九五三）
福田豊彦「王朝軍事機構と内乱」（『中世成立期の軍制と内乱』所収　吉川弘文館　一九九五）
福田豊彦『平将門の乱』（岩波書店　一九八一）
福田豊彦編『承平・天慶の乱と都』（週刊朝日百科『日本の歴史』59　一九八七）
関　幸彦「平安期、二つの海防問題」（『古代文化』第四一巻　一九八九）
関　幸彦「武士とは何か」（峰岸純夫ほか編『新視点　日本の歴史』四　新人物往来社　一九九三）
石井昌国『蕨手刀』（雄山閣出版　一九六六）
佐々木稔「鉄と日本刀」（福田豊彦編『中世を考える　いくさ』所収　吉川弘文館　一九九三）
日本学士院編『明治前日本造兵史』（日本学術振興会　一九六〇）

網野善彦『東と西の語る日本の歴史』（そしえて　一九八二）
高橋昌明「将門の乱の評価をめぐって」（『文化史学』二六　一九七一）
高橋昌明「説話の奥行きを探る」（『神戸大学文学部紀要』二七号　二〇〇〇）
元木泰雄『武士の成立』（吉川弘文館　一九九四）
近藤好和「武器から見た中世武士論」（『日本史研究』四一六号　一九九七）
近藤好和『弓矢と刀剣』（吉川弘文館　一九九七）
下向井龍彦「七世紀後半の東アジアの動乱と日本の軍制」（福岡県総務部国立博物館対策室編『大宰府学事始め』1　一九九八）
関口　明『蝦夷と古代国家』（吉川弘文館　一九九二）
高橋　崇『蝦夷』（中央公論社　一九八六）
高橋　崇『律令国家東北史の研究』（吉川弘文館　一九九一）
新野直吉『古代東北の開拓』（塙書房　一九六九）
新野直吉『古代東北の兵乱』（吉川弘文館　一九八九）
石井良助『大化改新と鎌倉幕府の成立』（創文社　一九七二）
豊田武編『東北の歴史』上巻（吉川弘文館　一九六七）
高橋富雄『蝦夷』（吉川弘文館　一九六三）
前沢和之「上野国交替実録帳　解題」（『群馬県史』資料編4　一九八五）
福井俊彦『交替式の研究』（吉川弘文館　一九七八）
佐藤宗諄『平安前期政治史序説』（東京大学出版会　一九七七）
石母田正『古代末期政治史序説』（未来社　一九六四、のち、『石母田正著作集』再録　岩波書店一九八九）

笹山晴生『平安の朝廷』（吉川弘文館　一九九三）
青木和夫『古代豪族』（『日本の歴史』5　小学館　一九七四）
林屋辰三郎『中世の開幕』（講談社　一九七六）
村井康彦『律令制の虚実』（講談社　一九七六）
吉村茂樹『国司制度崩壊に関する研究』（東京大学出版会　一九五七）
保立道久『物語の中世』（東京大学出版会　一九九八）

Ⅱ　反乱

戸田芳実『初期中世社会史の研究』（東京大学出版会　一九九一）
福田豊彦『東国の兵乱とものののふたち』（吉川弘文館　一九九五）
福田豊彦『中世成立期の軍制と内乱』（吉川弘文館　一九九五）
福田豊彦『千葉常胤』（吉川弘文館　一九七三）
中田　薫『法制史論集』（第三巻下　岩波書店　一九四三）
関　幸彦『武士団研究の歩み』Ⅰ・Ⅱ（新人物往来社　一九八八）
関　幸彦「『寛仁異賊之禍』と府衙の軍制」（安田元久先生退任記念論集『中世日本の諸相』上所収　吉川弘文館　一九八九）
高橋昌明「騎兵と水軍」（戸田芳実編『日本史』2所収　有斐閣　一九七八）
高橋昌明『清盛以前』（平凡社　一九八四）
高橋昌明「武士の発生とその性格」（『歴史公論』二―七　一九七六）
網野善彦『日本中世土地制度史の研究』（塙書房　一九九一）
井上満郎『平安時代軍事制度の研究』（吉川弘文館　一九八〇）

上横手雅敬「平安中期の警察制度」（竹内理三博士還暦記念会編『律令国家と貴族社会』所収　吉川弘文館　一九六九）
上横手雅敬『日本中世政治史研究』（塙書房　一九七〇）
安田元久『武士世界の序幕』（吉川弘文館　一九七三）
安田元久『日本初期封建制の基礎研究』（山川出版社　一九七六）
義江彰夫『歴史の曙から伝統社会の成熟へ』（山川出版社　一九八六）
義江彰夫『神仏習合』（岩波書店　一九九六）
大森金五郎『武家時代之研究』巻一（冨山房　一九二三）
野口　実『坂東武士団の成立と発展』（弘生書林　一九八二）
入間田宣夫『武者の世に』（『日本歴史』7　集英社　一九九一）
石井　進『中世武士団』（『日本の歴史』12　小学館　一九七四）
石井　進『鎌倉武士の実像』（平凡社　一九八七）
峰岸純夫ほか編『豊島氏とその時代』（新人物往来社　一九九八）
山路愛山『源頼朝』（東洋文庫所収　平凡社　一九八七）
坂本賞三『日本王朝国家体制論』（東京大学出版会　一九七二）
高田　実「十世紀の社会変革」（『講座日本史』第二章　東京大学出版会　一九七〇）

Ⅲ　内乱

葛飾区郷土と天文の博物館地域史フォーラム『葛西氏とその時代』（崙書房出版　一九九七）
上横手雅敬『源平の盛衰』（講談社　一九九七）
上横手雅敬『日本中世政治史研究』（塙書房　一九七〇）

元木泰雄『武士の成立』（吉川弘文館　一九九四）
野口　実『武家の棟梁の条件』（中央公論社　一九九四）
野口　実『中世東国武士団の研究』（高科書店　一九九四）
大森金五郎『武家時代之研究』巻一（冨山房　一九二三）
石母田正『中世的世界の形成』（東京大学出版会　一九五七）
石母田正『古代末期政治史序説』（未来社　一九六四、のち、『石母田正著作集』再録　岩波書店　一九八九）
牧　健二『日本封建制度成立史』（弘文堂書房　一九三五）
安田元久『地頭及び地頭領主制の研究』（山川出版社　一九六一）
安田元久『武蔵の武士団』（有隣堂　一九八四）
安田元久『源義家』（吉川弘文館　一九六六）
安田元久『鎌倉開府と源頼朝』（教育社　一九七七）
安田元久『日本初期封建制の基礎研究』（山川出版社　一九七六）
関　幸彦『研究史　地頭』（吉川弘文館　一九八三）
関　幸彦『国衙機構の研究』（吉川弘文館　一九八四）
関　幸彦『蘇る中世の英雄たち』（中央公論社　一九九八）
関　幸彦『武士団研究の歩み』Ⅰ・Ⅱ（新人物往来社　一九八八）
高橋昌明・山本幸司編『武士とは何だろうか』（『朝日百科・日本の歴史』別冊8　一九九四）
奥田真啓『中世武士団と信仰』（復刻版　柏書房　一九八〇）
川合　康『源平合戦の虚像を剝ぐ』（講談社　一九九六）
石井　進『鎌倉武士の実像』（平凡社　一九八七）

石井　進『鎌倉幕府』（『日本の歴史』7　中央公論社　一九六五）
福田豊彦『千葉常胤』（吉川弘文館　一九七三）
山本幸司『頼朝の精神史』（講談社　一九九八）
西岡虎之助「坂東八ヵ国における武士領荘園の発達」（『荘園史の研究』下巻一所収　岩波書店　一九五六）
庄司　浩『辺境の争乱』（教育社　一九七七）
竹内理三『武士の登場』（『日本の歴史』6　中央公論社　一九六五）
『武家政権の形成』（『日本歴史大系』4　山川出版社　一九九六）
『貴族政治と武士』（『日本歴史大系』3　山川出版社　一九九五）
家永三郎「古代政治社会思想序説」（日本思想史大系8『古代政治社会思想』所収の解説　岩波書店　一九七九）
鈴木国弘『在地領主制』（雄山閣　一九八〇）
五味文彦『院政期社会の研究』（山川出版社　一九八四）
『日本古代の鉄生産』（たたら研究会編　六興出版　一九九一）
『古代日本の鉄と社会』（東京工業大学製鉄史研究会編　平凡社　一九八二）
佐藤進一『日本の中世国家』（岩波書店　一九八三）
大石直正ほか編『中世奥羽の世界』（東京大学出版会　一九七八）
入間田宣夫『中世武士団の自己認識』（三弥井書店　一九九八）

終章　武士の発見

関　幸彦『武士団研究の歩み』Ⅰ・Ⅱ（新人物往来社　一九八八）

牧　健二『日本封建制度成立史』（弘文堂書房　一九三五）
入間田宣夫『中世武士団の自己認識』（三弥井書店　一九九八）
石母田正『中世的世界の形成』（東京大学出版会　一九五七）
石母田正『古代末期政治史序説』（未来社　一九六四、のち『石母田正著作集』再録　岩波書店　一九八九）
永原慶二『歴史学叙説』（東京大学出版会　一九七八）
斉藤　孝『昭和史学史ノート』（小学館　一九八四）
原　勝郎『日本中世史』（冨山房　一九〇六）
朝河貫一「日本の封建制度 Feudal Institution に就いて」（『歴史地理』三五—四　一九二〇）
大久保利謙『日本近代史学の成立』（『大久保利謙歴史著作集』7　吉川弘文館　一九八八）
木村　礎編『日本封建社会研究史』（文雅堂書店　一九五六）
戸田芳実編『中世社会の形成』（『シンポジウム・日本歴史』5　学生社　一九七二）
永原慶二編『中世国家論』（『シンポジウム・日本歴史』7　学生社　一九七四）
福田徳三著・坂西由蔵訳『日本経済史論』（宝文館　一九〇七）
戸田芳実『日本領主制成立史の研究』（岩波書店　一九六七）
戸田芳実『初期中世社会史の研究』（東京大学出版会　一九九一）
高橋昌明・山本幸司編『武士とは何だろうか』（『朝日百科・日本の歴史』別冊8　一九九四）
石井　進「中世社会論」（『岩波講座　日本歴史』8　中世4　一九七六）
上横手雅敬「封建制概念の形成」（牧健二博士米寿記念会編『日本法制史論集』所収　思文閣出版　一九八〇）
福田豊彦『中世成立期の軍制と内乱』（思文閣出版　一九九五）

あとがき

〝武士の誕生をテーマにした概説書を〟――編集部の要望は、このようなものだった。武士論は現在、大きな曲り角にきており、錯綜をきわめているようだ。その点では、まことにタイムリーな申し出ではあるが、いささか荷重にすぎたようでもある。ともかく奮闘がはじまった。どんな問題提起ができるのか。一般書としての性格をふまえて、どのような切り口を用意できるのか。易しく表現することのむずかしさを、あらためて体験させられた気もした。

武家の政権成立までを射程に、古代社会の胎内に育まれた中世をどう描くのか。いろいろと考えた結果、東国を軸とした武士の成立史論、というかたちをとることとした。一見平凡のようだが、そうではない。そこでは西国での純友の乱や保元・平治、さらには源平の争乱といった基本メニューはすべてはずされている。

そのかわり、東国の武的原形質を〝歴史的遺伝〟から汲み上げる。そんなアプローチを前提に、九世紀まで射程を広げて考えようとした。いわば東国・西国均等のボーリングから、東国に焦点を定め、地域としての坂東に〝武〟の遺伝子が組み込まれる過程を追究する試み、オーバーに表現すれば、そうなる。本書の問題意識には、そんな想いが込められている。

と同時に、次のことも念頭にあった。それは武力の問題を武士論もふくめ、広く軍制論のなかで位置づけたかったことである。本文でも指摘したように、領主制論あるいは職能論とのすり合わせのなかで、武士の誕生をどう描くことができるかが問題となる。

そのためのプログラムとしては、東国の兵乱に取材することが近道のはずだ。本書が坂東地域を軸に、そこに展開される兵乱の諸相に意をそそいだ理由である。こうした問題意識から本論部分では、「怨乱」「反乱」「内乱」という三つのキーワードを設定してみた。

一二世紀末の頼朝による治承の内乱に至るまでの東国・坂東の来歴を語るうえで、右の用語はそれぞれに意味をもつものだった。この三つの用語は、以前に執筆した共著『中世日本の地域的諸相』(南窓社、一九九二)での拙稿で使用した。それは、限られた紙幅のなかで骨格のみの叙述だったことから、再度、肉付けをしつつ、本書で武士成立史論に見合うかたちで練り直しをおこなった。

また、序にあたる「ある武士団のものがたり」は、筆者が一九九四年から関係している鉾田町史編さん事業での成果でもある。烟田氏という小さな武士団の足跡をトレースすることで中世武士の真実を語ろうとした。『平家物語』や『太平記』の世界とは異なる、平凡な武士たちの一所懸命を指摘しようとした。この烟田氏もまた坂東が育んだ。そうした坂東の史的風土を、古代にさかのぼり、武士の誕生の過程を問う、序章以下はそうした大きな流れのなかにある。

ちなみに本書の青写真は、数年前の茨城大学人文学部での集中講義が土台となっている。本文に付加した補注のなかには、そのおりの余韻を残すものもあるはずだ。一般読者には、いささか〝うるさい〟ものとなったかもしれないが、中世武士論の現在を知るためには、本文ともども一体として読んでいただきたい。細部にわたる研究史については、拙著『武士団研究の歩み』を参照していただければと思う。

最後に〝研究史を書いた以上は、自説を開示する責任がある〟との明快な主張を言いたげに、本書の出版を熱心にすすめられたNHK出版の石浜哲士氏にもお世話をおかけした。あらためてお礼を申し上げたい。本書は、これまで断続的なかたちでしたためてきた武士論の、私なりの拙い解答でもある。

一九九九年九月

関　幸彦

学術文庫版あとがき

「武士の誕生」と題した本書は、文字通り武士の発生、誕生の流れを九世紀から一二世紀の時代軸に即し検討・整理したものである。東国に誕生した鎌倉幕府の成立と、これを支えた武士団の生成に射程を据え、総合的に論じたものだ。

蝦夷戦争後の蝦夷問題が、律令国家の軍制にどのような影響を与えたのか。この論点を皮きりに、怨乱―反乱―内乱をキーワードに律令軍制から王朝軍制への流れのなかで武的領有者の動向を組み立ててみた。旧来の通説をふまえ、近年の研究成果を出来るだけ吸収した武士の通論を叙述すること、これが本書刊行当初の筆者の意識だった。一般書レベルからは距離がある詳細な補注も、そうした目的に即したものだった。

学術文庫版への改訂にあたっては、当初の意図を汲んでいただき、限られた紙幅のなかで対応していただいた。ただし巻末に一般読者の便宜に供するという意味合いで付載した関連史料については残念ながら割愛させていただいた。また、改訂に当たり、引用史料や字句の誤記など修正すべき内容については可能な限り改めた。

こうした細部での修正を除けば、本書は全て原形のままである。十数年前の仕事であり、加筆すべき諸点もあるが、当時における私自身の到達点でもあり、そのままの形で示すこととした。

本書執筆時、武士や武士団についての研究は大きな曲がり角に来ていた。一九七〇年代以降の軍制史研究の進展のなかで、領主制論からの武士成立史論にも修正が迫られつつあった。武士＝職能論からの積極的提言もこれに拍車をかけた。それらの研究状況をふまえ、トータルな形での武士研究への提案が模索されていた。本書はその流れに沿う形での仕事だった。従来ともすれば武士成立史は一〇世紀の将門から説き起こすと相場が決まっていた。

しかし「兵《つわもの》」たるかれらの存在を生み出した歴史的背景にまで言及しなければ、真の武士研究の原点には立てないのではないか。蝦夷問題や新羅海賊問題を介して律令国家段階での軍事発動への言及も、そうした問題意識に根ざしたものだった。戸田芳実・福田豊彦両氏によるこの方向での積極的提言を参考にしながら、東国政権（鎌倉幕府）成立にいたる長期の歴史を東国や東北の地域史に焦点を絞り考えたのも、そうした事情にもとづいていた。

そこで常に念頭にあったのは、〝何が問題であるか〟そして〝どう問題にすべきか〟この二点だった。例えば本書のⅠ「怨乱」の章で取り上げた「軍事貴族」という概念についても、この用語が登場する学史的背景とともに、何故にこの概念が必要とされるのか。あるいはどのような論理的補助線を引けば武士論に接続できるのか。このことを補注・補説で丁寧に説いたつもりだ。単なる概説ではなく深く新たにクワ入れをした学説史の流れが鳥瞰できる叙述にしたかったからである。

筆者の研究来歴などといえば痴《おこ》がましいが、三つほどの分野を耕してきた気がする。一つは研究史・史学史的分野での仕事である。二つは政治・制度にかかわる問題、そして三つは説話・文学など虚構や観念の問題である。『武士の誕生』(日本放送出版協会、一九九九年)は二つ目に挙げた分野での自分なりの解答だった。『武士団研究の歩み』Ⅰ・Ⅱ(新人物往来社、一九八八年)の成果をふまえ、これを消化しながらの武士像の提供が自身の課題だった。『東国の争乱と奥州合戦』(吉川弘文館、二〇〇六年)や昨年上梓した『その後の東国武士団』(吉川弘文館、二〇一一年)は、本書の延長に位置した仕事といえる。その点では『武士の誕生』は私の仕事の上では、扇の要に位置するものだった。

本書を世に送り出し既に一三年経過したことになる。一九九九年の初版以来、四回ほど版を重ねた本書が、今度、学術文庫に加えられることとなったことは、筆者にとって大いなる慶びである。この間、武士論も大いに進展があり、諸種の角度からの新たな研究の登場を見るに至っている。その点では、本書も〝過去〟の一冊になったのだと思う。文庫版になることで、多くの読者に読んでいただく機会が増えたことは嬉しく思うと同時に、〝過去〟に身を置くことのできた恵みにも感謝したい。私事にわたるが今年齢六〇を迎え、自身の研究への新たなるステップになるように、今後とも精進したいと思う。

最後になったが、校閲に尽力をいただいた縁の下の力持ちの方々、さらに本書の刊行に多大の力添えを頂戴した編集部の梶慎一郎氏にも謝意を表したい。

二〇一二年　師走

関　幸彦

KODANSHA

本書の原本『武士の誕生―坂東の兵どもの夢』は、
一九九九年に日本放送出版協会より刊行されました。

関　幸彦（せき　ゆきひこ）

1952年北海道生まれ。学習院大学大学院人文科学研究科史学専攻後期博士課程修了。日本大学文理学部教授。主な著書に『北条政子』『東北の争乱と奥州合戦』『百人一首の歴史学』『鎌倉殿誕生』『その後の東国武士団』『承久の乱と後鳥羽院』『「国史」の誕生』ほか。

講談社学術文庫

定価はカバーに表示してあります。

武士《ぶし》の誕生《たんじょう》

関《せき》　幸彦《ゆきひこ》

2013年１月10日　第１刷発行
2024年４月15日　第５刷発行

発行者　森田浩章
発行所　株式会社講談社
東京都文京区音羽 2-12-21 〒112-8001
電話　編集（03）5395-3512
販売（03）5395-5817
業務（03）5395-3615

装　幀　蟹江征治
印　刷　株式会社ＫＰＳプロダクツ
製　本　株式会社国宝社
本文データ制作　講談社デジタル製作

ISBN978-4-06-292150-3

「講談社学術文庫」の刊行に当たって

これは、学術をポケットに入れることをモットーとして生まれた文庫である。学術は少年の心を養い、成年の心を満たす。その学術がポケットにはいる形で、万人のものになることは、生涯教育をうたう現代の理想である。

こうした考え方は、学術を巨大な城のように見る世間の常識に反するかもしれない。また、一部の人たちからは、学術の権威をおとすものと非難されるかもしれない。しかし、それはいずれも学術の新しい在り方を解しないものといわざるをえない。

学術は、まず魔術への挑戦から始まった。やがて、いわゆる常識をつぎつぎに改めていった。学術の権威は、幾百年、幾千年にわたる、苦しい戦いの成果である。こうしてきずきあげられた城が、一見して近づきがたいものにうつるのは、そのためである。しかし、学術の権威を、その形の上だけで判断してはならない。その生成のあとをかえりみれば、その根は常に人々の生活の中にあった。学術が大きな力たりうるのはそのためであって、生活をはなれた学術は、どこにもない。

開かれた社会といわれる現代にとって、これはまったく自明である。生活と学術との間に、もし距離があるとすれば、何をおいてもこれを埋めねばならない。もしこの距離が形の上の迷信からきているとすれば、その迷信をうち破らねばならぬ。

学術文庫は、内外の迷信を打破し、学術のために新しい天地をひらく意図をもって生まれた。文庫という小さい形と、学術という壮大な城とが、完全に両立するためには、なおいくらかの時を必要とするであろう。しかし、学術をポケットにした社会が、人間の生活にとってより豊かな社会であることは、たしかである。そうした社会の実現のために、文庫の世界に新しいジャンルを加えることができれば幸いである。

一九七六年六月　　　　野間省一

貝塚爽平著
富士山の自然史

三つのプレートが出会う場所に、日本一の名峰は、そびえ立っている。日本・東京の地形の成り立ちと風景と足下に隠された自然史の読み方を平易に解説する。ロングセラー『東京の自然史』の入門・姉妹編登場。

2212

橋本一夫著
幻の東京オリンピック １９４０年大会 招致から返上まで

関東大震災からの復興をアピールし、ヒトラーやムソリーニとの取引で招致に成功しながら、日中戦争勃発で返上を余儀なくされた一九四〇年の東京オリンピック。戦争と政治に翻弄された人々の苦闘と悲劇を描く。

2213

五味文彦著
鎌倉と京 武家政権と庶民世界

中世とは地方武士と都市庶民の時代だった。武家政権の誕生前夜から鎌倉幕府の終焉にかけての、生活の場とその場での営為を通して、自我がめざめた「個」の時代の相貌を探究。中世日本の実像が鮮やかに甦る。

2214

家近良樹著
江戸幕府崩壊 孝明天皇と「一会桑」

薩長を中心とする反幕府勢力が武力で倒幕を果たしたという常識は本当か。王政復古というクーデタ方式が採られた理由とは？　孝明天皇、一橋、会津、桑名藩という知られざる主役に光を当てた画期的な幕末史！

2221

宮脇俊三著
全線開通版 線路のない時刻表

完成間近になって建設中止となった幻のローカル新線。その沿線を辿る紀行と、著者作成による架空の時刻表を収録した。第三セクターによる開業後の実乗記を加えた、全線開通版。付録として、著者の年譜も収録。

2225

宮尾しげを著
すし物語

大陸から伝来した馴れ鮓は押しずしを経て、江戸期に一夜ずし、にぎりずしとなる。すしの歴史から江戸・明治の名店案内、米・魚・のりなどの材料の蘊蓄、全国各地のすし文化まで、江戸文化研究家が案内する。

2234

日本の歴史・地理

天皇陵
「聖域」の歴史学
外池　昇著

二〇一九年、世界遺産に登録された百舌鳥・古市古墳群。巨大古墳はなぜ、仁徳陵とされたのか。幕末以降の「天皇陵決定」の歴史を解明し、近世・近代史研究の立場からあらゆる論点を検証。「歴代天皇陵一覧」を掲載。

2585

中世の罪と罰
網野善彦／石井　進／笠松宏至／勝俣鎭夫著（解説・桜井英治）

悪口は流罪、盗みは死罪……時に荒々しくも理不尽にも思える中世人の法意識とは？　十篇の珠玉の論考から、時の彼方に失われた不思議な中世日本の姿が見えてくる。稀代の歴史家たちによる伝説的名著！

2588

英雄伝説の日本史
関　幸彦著

平将門、蘆屋道満、菅原道真ら歴史の敗者は、いかに語り継がれ、時代を超えて蘇ったか。古典文学から近代の国定教科書まで、伝説の中に中世史の再発見を試みる。義経は、こうしてチンギスハンになった！

2592

南朝全史
大覚寺統から後南朝へ
森　茂暁著

謎多き南朝。その実像は、政治・文化的実体をともなった本格政権だった。幕府に対し劣勢に立ちながら長きにわたり存続できたのはなぜか。厖大な史料を博捜し、大覚寺統から後南朝まで三百年を描き切る決定版。

2604

武士の町　大坂
「天下の台所」の侍たち
藪田　貫著

「天下の台所」は町人だけのものではなかった！　大坂城や町奉行所で多くの武士たちが仕事をし、生活を楽しみ、そして歴史を動かしていた。日記や文書、絵図面など多彩な史料を駆使して描き出す快心作！

2614

上杉謙信
井上鋭夫著（解説・山田邦明）

やがて信長をも破った「越後の龍」はどのように歴史の表舞台に躍り出たのか。国衆に手を焼きながらも強国へとまとめあげていく波瀾万丈の生涯を、達意の文体であざやかに活写する。謙信伝の古典的名著！

2621